Einfluss nicht-marktlicher Tätigkeiten auf den materiellen Wohlstand und die Einkommensverteilung in Deutschland

Sozialökonomische Schriften

Herausgegeben von
Bert Rürup und Werner Sesselmeier

Band 50

Zu Qualitätssicherung und Peer Review der vorliegenden Publikation

Die Qualität der in dieser Reihe erscheinenden Arbeiten wird vor der Publikation durch einen Herausgeber der Reihe geprüft.

Notes on the quality assurance and peer review of this publication

Prior to publication, the quality of the work published in this series is reviewed by one of the editors of the series.

Sandra Hofmann

Einfluss nicht-marktlicher Tätigkeiten auf den materiellen Wohlstand und die Einkommensverteilung in Deutschland

Bibliografische Information der Deutschen Nationalbibliothek
Die Deutsche Nationalbibliothek verzeichnet diese Publikation
in der Deutschen Nationalbibliografie; detaillierte bibliografische
Daten sind im Internet über http://dnb.d-nb.de abrufbar.

Zugl.: Landau (Pfalz), Univ., Koblenz-Landau, Diss., 2015

Der Druck dieser wissenschaftlichen
Arbeit wurde gefördert von

Gedruckt auf alterungsbeständigem,
säurefreiem Papier.

Lan 1
ISSN 0172-1747
ISBN 978-3-631-65992-2 (Print)
E-ISBN 978-3-653-05475-0 (E-Book)
DOI 10.3726/ 978-3-653-05475-0

© Peter Lang GmbH
Internationaler Verlag der Wissenschaften
Frankfurt am Main 2015
Alle Rechte vorbehalten.
PL Academic Research ist ein Imprint der Peter Lang GmbH.

Peter Lang – Frankfurt am Main · Bern · Bruxelles · New York ·
Oxford · Warszawa · Wien

Diese Publikation wurde begutachtet.

www.peterlang.com

Inhalt

Abbildungsverzeichnis

Tabellenverzeichnis

1 Einleitung

1.1 Motivation und Fragestellung

In der wirtschafts- und sozialpolitischen Diskussion werden vielfach Aussagen zur Wachstums- und gleichzeitig Wohlstandsentwicklung auf Grundlage des Bruttoinlandsprodukts getätigt. Dabei entsteht oftmals der Eindruck, dass Wachstum und Wohlstand synonym verwendet werden. Daneben ist die Kritik am Bruttoinlandsprodukt und an der damit einhergehenden Wachstums- und Wohlstandsdiskussion so beliebt wie regelmäßig.[1] Die Grundidee des BIPs war jedoch ausschließlich, die wirtschaftliche Leistungskraft einer Volkswirtschaft zu eruieren. Eine Messung des Wohlstandes war dabei nicht vorgesehen.[2]

In zahlreichen Initiativen wird auf politischer und wissenschaftlicher Ebene seit vielen Jahrzehnten versucht, das BIP als Wirtschafts- und Wachstumsmaß zu einem Wohlstandsmaß weiterzuentwickeln. Im Jahre 2007 diskutierten zum Beispiel die EU, der Club of Rome, der WWF, die Weltbank, die OECD und die Vereinten Nationen auf der Konferenz „Beyond GDP" über die Weiterentwicklung des BIPs zu einem Wohlstandsindikator.[3] Im Vordergrund standen ökologische, soziale und ökonomische Dimensionen eines solchen Indikators. Daneben wurde auf europäischer Ebene im Jahr 2008 vom damaligen französischen Präsidenten Sarkozy die 22-köpfige „Stiglitz-Sen-Fitoussi-Kommission"[4] unter Leitung der beiden Nobelpreisträger Joseph E. Stiglitz und Amartya Sen sowie des französischen Ökonomen Jean-Paul Fitoussi eingesetzt. Die Kommission erarbeitete Vorschläge, um durch Weiterentwicklung der Volkswirtschaftlichen Gesamtrechnung und der statistischen Berichterstattung einen Beitrag zur Messung des (materiellen) Wohlstandes und des sozialen Fortschritts leisten zu können.[5] Aus den Kommissionen ergeben sich einige zentrale Forderungen, die vor allem zur besseren und umfangreicheren Erfassung des materiellen Wohlstands beitragen sollen:[6]

---

1 Vgl. Meadows (1972).
2 Vgl. Lepenies (2013), S. 11.
3 www.beyond-gpd.eu.
4 www.stiglitz-sen-fitoussi.fr/en/index.htm.
5 Vgl. Stiglitz et al. (2009).
6 Vgl. Braakmann (2010), S. 610f.; Neben dem materiellen Wohlstand, der durch Wirtschaftsindikatoren gemessen werden kann, schlägt die Stiglitz-Sen-Fitoussi Kommission zudem Indikatoren zur Messung der Lebensqualität sowie der Nachhaltigkeit

1

- Stärkere Fokussierung auf die Einkommenssituation
- Stärkere Betonung der privaten Haushaltsperspektive
- Erfassung der Haushaltsproduktion
- Berücksichtigung der Einkommensverteilung.

Diese Forderungen sollen als Leitfaden zur Umsetzung geeigneter Maßnahmen und Initiativen dienen.

Ergänzend zeigt die vom Deutschen Bundestag eingesetzte Enquete-Kommission „Wachstum, Wohlstand, Lebensqualität" in ihrem Abschlussbericht auf, dass für einen ganzheitlichen Wohlstands- und Fortschrittsindikator keine Alternativen zum BIP gefunden werden müssen.[7] Vielmehr sollen die vorhandenen Strukturen und Möglichkeiten des BIPs zielgerichtet ergänzt werden, um umfassendere Aussagen nicht nur zum Wirtschaftswachstum, sondern auch zur Wohlstandsentwicklung in einer Volkswirtschaft generieren zu können.

Als zentrales Ergebnis der erwähnten Untersuchungen lässt sich festhalten, dass das BIP zur Messung der Wirtschaftsleistung bzw. des Wirtschaftswachstums konzipiert war und dafür auch weiterhin genutzt wird.[8] Die Interpretation des BIPs als Wohlstandsindikator ist dagegen nur eingeschränkt möglich, da es sich auf die messbare wertschöpfende Marktproduktion beschränkt und daher einige zentrale wohlstandsrelevante Aspekte vernachlässigt. Dies lässt sich mittels zweier Aspekte belegen:

Einerseits werden wichtige nicht-marktliche Tätigkeiten wie beispielsweise die Haushaltsproduktion oder ehrenamtliche Tätigkeiten, trotz ihres Einflusses auf den (materiellen) Wohlstand einer Gesellschaft, nicht erfasst. Andererseits wird durch das BIP die Einkommensverteilung, die unter Wohlstandsgesichtspunkten relevant ist, nicht berücksichtigt.[9] Darüber hinaus werden die Interdependenzen zwischen Wohlstandsindikatoren und Verteilungsaspekten in den bisherigen Diskussionen nur theoretisch thematisiert. Eine empirische Auswertung von Wohlstands- und Verteilungseffekten wurde noch nicht umgesetzt. Ausgehend von diesem offenen Forschungsbedarf wird im Rahmen der vorliegenden Arbeit folgender Frage nachgegangen:

Wie können materielle Wohlstands- und Verteilungsaspekte in einem Indikator erfasst und quantifiziert werden?

---

und der Umwelt vor. Eine prägnante Übersicht zu den zentralen Forderungen in diesen beiden Bereichen ist auch bei Braakmann (2010) zu finden.

7 Vgl. Bundestag (2013).
8 Vgl. Chaloupek, Feigl (2012), S. 787.
9 Vgl. Chaloupek, Feigl (2012), S. 778.

Dazu werden im Folgenden diejenigen nicht-marktlichen Komponenten identifiziert, die Einfluss auf den materiellen Wohlstand und die damit einhergehende Verteilung haben. In diesem Zusammenhang wird geklärt, ob das verfügbare Einkommen der Haushalte als materieller Wohlstand interpretiert werden kann. Dabei werden die Einflüsse sozioökonomischer Merkmale wie etwa des Geschlechts, des Alters oder des Haushaltstyps im Kontext der materiellen Wohlstandsentstehung diskutiert. Diese Arbeit setzt sich daher zudem mit folgenden ergänzenden Fragestellungen auseinander:

- Können durch die Erfassung und Quantifizierung nicht-marktlicher Tätigkeiten materielle Wohlstands- und Verteilungseffekte gemessen werden?
- Welchen Einfluss hat die Berücksichtigung von nicht-marktlichen Tätigkeiten auf die materielle Wohlstandsentwicklung?
- Wie wirkt sich die – teilweise fiktive – Entlohnung von nicht-marktlichen Tätigkeiten auf die Einkommensverteilung aus?
- Welche monetären Auswirkungen hat die Berücksichtigung von nicht-marktlichen Tätigkeiten auf die individuelle Wohlstandssituation?
- Welche sozioökonomischen Gruppen tragen am meisten zur materiellen Wohlstandsentwicklung bei?
- Welchen Einfluss hat das zusätzliche – zum Teil fiktive – Einkommen aus nicht-marktlichen Tätigkeiten auf sozioökonomische Einkommensdifferenzen?

1.2 Aufbau der Arbeit

Die Arbeit ist wie folgt aufgebaut: In Kapitel 2 wird ein Überblick über die verschiedenen Wohlstandsaspekte in der wissenschaftlichen Diskussion präsentiert. Darauf aufbauend werden im dritten Kapitel Determinanten des materiellen Wohlstands und Verteilungsaspekte im Kontext der materiellen Wohlstandsmessung abgeleitet. Das vierte Kapitel beschäftigt sich ausgehend von der Beschreibung der Datenlage mit der empirischen Umsetzung eines Indikators, der materielle Wohlstands- und Verteilungsaspekte berücksichtigt. In Kapitel 5 werden die Ergebnisse unter materiellen wohlstands- und verteilungsrelevanten Gesichtspunkten ausgewertet und analysiert sowie eine kritische Würdigung der Ergebnisse dargelegt. Die Arbeit schließt mit einem Fazit und dem Aufzeigen des weiteren Forschungsbedarfs.

2 Ansätze zur Wohlstandsmessung im wissenschaftlichen Diskurs

In diesem Kapitel wird die Aussagekraft des BIPs als Wohlstandsindikator diskutiert und dabei gängige Kritikpunkte wie die Vernachlässigung von nicht-marktlichen Tätigkeiten oder Verteilungswirkungen aufgegriffen. Darüber hinaus werden verschiedene Ansätze der Wohlstandsmessung vorgestellt. In diesem Zusammenhang wird näher auf die Enquete-Kommission von Stiglitz, Sen und Fitoussi, die darauf aufbauende Kommission des Deutschen Bundestages sowie das Arbeits-BIP als ein Ansatz zur Operationalisierung einiger gängiger Kritikpunkte des BIPs als Wohlstandsmaß eingegangen. Es wird zwischen monetär messbaren Wohlstandsindikatoren, die zum Teil die Kritikpunkte des BIPs internalisieren und nicht-monetären Wohlstandsindikatoren, die subjektive Faktoren in den Vordergrund stellen, unterschieden. Im Kontext dieser Arbeit wird der Fokus auf die Wohlstandsindikatoren gelegt, die monetär und ökonomisch quantifizierbar sind. Abschließend wird der entsprechende Forschungsbedarf abgeleitet, den die oben aufgeführten Fragestellungen unterstreichen.

2.1 Bruttoinlandsprodukt als Wirtschaft- und Wachstumsindikator

Der schwarze Freitag und die große Depression hatten weltweit weitreichende wirtschaftliche Auswirkungen, die allerdings statistisch nicht messbar waren.[10] Im Jahr 1934 entwickelte der US-Wirtschaftswissenschaftler Simon Kuznets[11] das Bruttoinlandsprodukt, um die Wirtschaftsleistung einer Volkswirtschaft messen und bewerten zu können. Bereits zu diesem Zeitpunkt stellte Kunzets heraus, das von der Wirtschaftsentwicklung eines Landes nicht auf den Wohlstand einer Gesellschaft geschlossen werden kann.[12]

---

10 Der schwarze Freitag bezieht sich auf Freitag, den 25.10.1929, an dem die Aktienkurse des Dow-Jones-Indexes den größten Rückgang zu verzeichnen hatten. (vgl. u.a. bpb – Stichwort Schwarzer Freitag).

11 Im Jahr 1971 erhielt Simon Kuznets den Wirtschaftsnobelpreis für seine Forschungsarbeit im Bereich des Wirtschaftswachstums und dessen Auswirkungen und Einfluss auf ökonomische und soziale Strukturen (vgl. http://www.nobelprize.org/nobel_prizes/economic-sciences/laureates/1971/).

12 Vgl. Kuznets (1934), S. 7.; Schrooten (2012), S. 207ff.

Im Folgenden wird ein kurzer Überblick über die Zusammensetzung und Aussagekraft des BIPs als Wirtschafts- und Wachstumsindikator gegeben. Anschließend werden Grenzen sowie Kritikpunkte des BIPs als Wohlstandsindikator aufgezeigt.

Gemäß der Definition des Statistisches Bundesamt ist

> *„[d]as Bruttoinlandsprodukt (BIP) [...] ein Maß für die wirtschaftliche Leistung einer Volkswirtschaft in einem bestimmten Zeitraum. Es misst den Wert der im Inland hergestellten Waren und Dienstleistungen (Wertschöpfung), soweit diese nicht als Vorleistungen für die Produktion anderer Waren und Dienstleistungen verwendet werden. Das BIP wird in jeweiligen Preisen und preisbereinigt (Deflationierung mit jährlich wechselnden Vorjahrespreisen und Verkettung) errechnet. Das preisbereinigte BIP stellt die „reale" Wirtschaftsentwicklung im Zeitablauf frei von Preiseinflüssen dar."*[13]

Als zentrale Größe zur Messung der Produktion umfasst das BIP die erwirtschaftete Wertschöpfung einer Volkswirtschaft. Als Resultat einer statistischen Kreislaufanalyse kann das BIP als Kennzahl der Volkswirtschaftlichen Gesamtrechnungen (VGR) sowohl auf der **Entstehungsseite** (Produktionsansatz), der **Verwendungsseite** (Ausgabenansatz) als auch über eine **Verteilungsrechnung** (Einkommensansatz) ermittelt werden.[14]

Der Fokus bei der Entstehungsrechnung des BIPs liegt auf den einzelnen Branchen bzw. den Produzenten, in denen die wirtschaftliche Leistung erbracht wird. Mithilfe von Produktionsstatistiken (Kostenstrukturerhebung, Monatserhebung im Einzelhandel, etc.) kann die Bruttowertschöpfung aller Wirtschaftsbereiche einer Volkswirtschaft bestimmt werden. Nach Berücksichtigung von Gütersteuern und Gütersubventionen resultiert das Bruttoinlandsprodukt zu Marktpreisen. Ausgehend vom BIP lässt sich durch die Integration des Saldos der Primäreinkommen aus der übrigen Welt zudem das Bruttonationaleinkommen (BNE) ermitteln, das auch bei der Verteilungsrechnung eine entscheidende Rolle spielt.[15]

Im Gegensatz dazu wird auf der Verwendungsseite die wirtschaftliche Leistung durch die Endverwendung der produzierten Waren und Dienstleistungen bestimmt. Im Fokus der BIP-Berechnung stehen somit die Endnachfragekomponenten. Hierbei handelt es sich zum einen um die Konsumausgaben der privaten Haushalte, der privaten Organisationen ohne Erwerbszweck und des Staates und

---

13 Statistisches Bundesamt, Zahlen und Fakten, BIP, online abrufbar unter: https://www.destatis.de/DE/Meta/AbisZ/BIP.html.

14 Vgl. Statistisches Bundesamt (2007).

15 Vgl. Statistisches Bundesamt (2007), S. 47ff.; Statistisches Bundesamt (2013a), S. 331.

zum anderen um die Bruttoinvestitionen (Ausrüstungs- und Bauinvestitionen, sonstige Anlagen, Vorratsveränderungen und Nettozugang an Wertsachen). Darüber hinaus wird noch der Außenbeitrag (entspricht der Differenz von Exporten und Importen) berücksichtigt. Bei der verwendungsseitigen Berechnung des BIPs werden vor allem Einzelhandelsstatistiken, Investitionserhebungen und Außenhandelsstatistiken herangezogen.[16]

Als dritte Möglichkeit kann das BIP über eine Verteilungsrechnung, also mit dem durch den Produktionsprozess entstandenen Einkommen, bestimmt werden. Neben den Arbeitnehmerentgelten, die den größten Anteil des Einkommens darstellen, bilden die Unternehmens- und Vermögenseinkommen, Produktions- und Importabgaben an den Staat, Subventionen des Staates sowie Abschreibungen das Bruttonationaleinkommen. Wie bereits bei der Entstehungsrechnung beschrieben, kann das BNE durch Subtraktion des Saldos der Primäreinkommen aus der übrigen Welt zum BIP überführt werden. In Deutschland ist die eigenständige Erfassung des BIPs durch die Verteilungsrechnung aufgrund mangelhafter Basisdaten zu den Unternehmens- und Vermögenseinkommen nicht möglich. Daher wird diese Größe als Residualgröße in der VGR abgeleitet.[17]

Die drei Berechnungsvarianten sowie die dazu verwendeten Statistiken verdeutlichen, dass das BIP geeignet ist, um die wirtschaftliche Leistung eines Landes zu ermitteln und zu bewerten und damit Wachstumsaussagen getätigt werden. Allerdings können damit keine weiteren direkten Wohlstandsaussagen außer „BIP-Wachstum = Wohlstand-Wachstum" abgeleitet werden. Durch das BIP werden ausschließlich Outputs, jedoch keine Outcomes der produzierten Güter und Dienstleistungen gemessen, sodass mögliche (nicht monetäre) externe Effekte oder Auswirkungen auf das Wohlbefinden keine Berücksichtigung finden.[18] Dies zeigt auch, dass zur Bewertung der Wohlstandssituation weitere Kennzahlen als die Wirtschaftsleistung nötig sind.[19] Damit ist das BIP eine der wichtigsten makroökonomischen Größen zur Bewertung der wirtschaftlichen Situation eines Landes.

Neben sämtlichen Transaktionen der privaten Haushalte, der Unternehmen sowie des Staates finden dabei auch Verflechtungen der Volkswirtschaft mit dem Ausland in Form von Import-Export-Beziehungen Berücksichtigung. In der VGR werden somit marktliche Größen abgebildet, die mit Marktpreisen

---

16 Vgl. Statistisches Bundesamt (2007), S. 224ff.; Statistisches Bundesamt (2013a), S. 331.
17 Vgl. Statistisches Bundesamt (2007), S. 175ff.; Statistisches Bundesamt (2013a), S. 331.
18 Vgl. Pennekamp (2011), S. 14f.
19 Vgl. Mucha (2013), S. 100.

bewertet werden können. Es werden daher nur quantitative, nicht aber qualitative Beziehungen erfasst.[20] Des Weiteren beruht die Berechnung des BIPs auf dem Prinzip der doppelten bzw. mehrfachen Buchführung.

Basierend auf dieser Systematik werden hier einige allgemeine Kritikpunkte, die aus der Berechnungssystematik des BIPs resultieren, aufgezeigt. Durch die Bewertung des Gesamtwerts der in einer Periode erstellten Waren und Dienstleistungen ist das BIP als eine statische Größe zu betrachten, die intertemporale Auswirkungen nicht berücksichtigen kann.[21] So kann beispielsweise ein Konsumverzicht für Humankapitalinvestitionen nicht bei der Berechnung des BIPs erfasst werden. Im BIP werden Abschreibungen, d.h. die rechnerischen Kosten für die Abnutzung des Produktionsvermögens, berücksichtigt. Damit geht eine Fokussierung auf die Messung des materiellen Lebensstandards einer Gesellschaft einher und es kann bei langfristig-intertemporalen Vergleichen zu einer Verzerrung der Ergebnisse kommen.[22] Darüber hinaus erhöhen (volks-)wirtschaftliche Schäden – wie etwa Autounfälle oder Naturkatastrophen – das BIP. Die Kompensation der entstandenen Schäden, z.B. durch Autoreparaturen, verstärkte Nachfrage nach medizinischen Leistungen oder Aufräumarbeiten nach einem Hochwasser beeinflussen das BIP positiv. Allerdings werden bei diesem Bewertungsansatz die negativen nicht-monetären externen Effekte und deren Auswirkungen auf die Wohlfahrt und den Wohlstand nicht berücksichtigt. Unter dem Begriff Wohlfahrt wird dabei meistens die (subjektive) Lebensqualität oder Wohlbefinden verstanden, während der Begriff Wohlstand auf den (materiellen) Lebensstandard abzielt.[23] Des Weiteren findet die Verteilung von Wohlstand, Armut und Sicherheit in der aktuellen Form des BIPs keine Berücksichtigung.[24] Neben den allgemeinen Kritikpunkten des BIPs zeigen sich somit auch spezifische, die sich bei der Interpretation des BIPs als Wohlstandsmaß ergeben. In diesem Zusammenhang lassen sich folgende zentrale Aspekte ableiten, die im Folgenden kurz charakterisiert werden:[25]

---

20 Vgl. Mucha (2013), S. 94.
21 Vgl. Mucha (2013), S. 95.
22 Vgl. Braakmann (2009).
23 Vgl. Berger-Schmitt, Noll (2000), S. 30f.; Noll (2000), S. 3; Oftmals werden die Begriffe Wohlfahrt und Wohlstand synonym verwendet. Im Rahmen dieser Arbeit wird Wohlstand jedoch als die (ökonomisch) messbare Dimension der Wohlfahrt verstanden (vgl. u.a. Noll (2000), S. 5; Brümmerhoff, Grömling (2011), S. 279ff.).
24 Vgl. Gadrey, Jany-Catrice (2006), S. 17.
25 Die Aufzählung gibt die gängigsten Kritikpunkte wieder, die auch in Expertenkreisen einen breiten Konsens finden und die verschiedenen Dimensionen von Wohlstand

- Eindimensionale Berücksichtigung von Umwelteffekten und Nachhaltigkeit
- Mangelnde Berücksichtigung von Gesundheitsfaktoren
- Vernachlässigung von nicht-marktlichen Tätigkeiten
- Keine Berücksichtigung der Einkommensverteilung

Wie oben beschrieben werden im BIP die wirtschaftlichen und monetär messbaren Größen von Umweltschäden berücksichtigt. Die damit einhergehenden nicht-monetären Effekte wie beispielsweise Luft- und Wasserverschmutzungen können jedoch nicht vollständig internalisiert werden. Die Maßnahmen zur Beseitigung der Folgen von Naturkatastrophen oder anderen Unfällen führen zwar zu einer Erhöhung des BIPs, können aber in den meisten Fällen nur das davor herrschende Wohlstandsniveau wiederherstellen.[26] Mögliche Auswirkungen auf die Lebensqualität der Menschen können in diesem Zusammenhang jedoch weder gemessen noch bewertet werden.[27] Darüber hinaus zeigen sich Defizite bei der Erfassung des Verbrauchs von natürlichen Ressourcen. Zwar wird die Verwendung dieser Ressourcen als Teil des Produktionsprozess im BIP erfasst, dies lässt jedoch keine Rückschlüsse darauf zu, wie sich dieses Verhalten auf die Kapazitäten der natürlichen Ressourcen auswirkt. Die Nachhaltigkeit des Wirtschaftswachstums und die damit verbundenen möglichen Auswirkungen auf den (ökologischen) Wohlstand der Gesellschaft werden in diesem Zusammenhang nicht berücksichtigt.[28]

Neben den Defiziten, die das BIP im Bereich von ökologischen Wohlstandsaspekten aufweist, werden auch gesundheitsrelevante Faktoren bzw. deren Einfluss auf den Wohlstand nur unzureichend erfasst.[29] In verschiedenen Studien wird auf die Interdependenzen zwischen dem Gesundheitszustand der Bevölkerung, dem Wachstum und dem Wohlstand hingewiesen.[30] Bei der

---

widerspiegeln. Weitere Aspekte sind beispielsweise auch in folgenden Arbeiten enthalten: Islam, Clarke (2001); Clarke, Islam (2003), S. 5f.; Braakmann (2009), S. 784ff.; Kroker (2011), S. 3ff.; Mucha (2013), S. 95.

26 Vgl. Mucha (2013), S. 95.
27 Vgl. Bergh (2009), S. 133.
28 Vgl. Schepelmann et al. (2010), S. 21, 45ff.; Schrooten (2012), S. 212. Schrooten zeigt in ihrem Aufsatz „Nachhaltiges Wachstum: Die Berücksichtigung ökologischer Fragestellungen", dass noch weiterer Forschungsbedarf in diesem Gebiet besteht. Allerdings verweist sie dabei auch darauf hin, dass die Datenlage und die Abgrenzung von Umwelteffekten (auch im Hinblick auf länderübergreifenden Auswirkungen) dies jedoch erschweren.
29 Vgl. Carstensen, Wieland (2013), S. 4.
30 Vgl. u.a. Clarke, Islam (2003), S. 5f.; Gerster, Afheldt (2008), S. 6f.

BIP-Berechnung und der Bewertung des Wirtschaftswachstums werden jedoch lediglich die Gesundheitsausgaben, nicht aber die Gesundheitsleistungen miteinbezogen. Somit kann auch der Einfluss dieser Ausgaben auf den Gesundheitsstand und damit auf das Wirtschaftswachstum und den Wohlstand nicht genau ermittelt werden.[31]

Zusammenfassend kann konstatiert werden, dass durch das BIP die wirtschaftlichen Leistungen in den beiden hier beschriebenen Bereichen „Umwelt" und „Gesundheit" gemessen werden. Hinsichtlich wohlstandsrelevanter Auswirkungen der beiden Bereiche können auf Basis der vorliegenden BIP-Daten keine umfassenden Aussagen getroffen werden.

Wie bereits erwähnt werden bei der Berechnung des BIPs nur Größen berücksichtigt, die über reguläre Märkte gehandelt und zu Marktpreisen bewertet werden. Im Umkehrschluss bedeutet dies, dass all diejenigen (Dienst-)Leistungen, Güter und Arbeit, die nicht monetär bewertet werden oder werden können, bei der BIP-Berechnung nicht erfasst werden. Hierzu zählen neben kostenlos nutzbaren öffentlichen Gütern auch nicht entgeltlich erbrachte Leistungen im Haushalt (z.B. Erziehung und Pflege), ehrenamtliche Arbeit oder auch der Nutzen des Gutes Freizeit.[32] Die so erbrachten Leistungen haben keinen direkten Einfluss auf das BIP, da ihnen keine reale Produktions- oder Einkommensgröße gegenübersteht. Dennoch können sie positive Auswirkungen auf den individuellen Wohlstand haben und Wohlfahrtssteigerungen mit sich bringen.[33] Dieses scheinbare Paradoxon zu erfassen und entsprechend zu bewerten ist jedoch notwendig, um mithilfe des BIPs auch Wohlstandsaussagen treffen zu können. In diesem Zusammenhang kann auch zwischen einer Wohlstandssteigerung, die sich materiell bewerten lässt und einer Wohlfahrtssteigerung, die nur ordinal, aber nicht kardinal messbar ist, unterschieden werden. Als klassische Beispiele können hier die Kinderbetreuung oder die Gartenarbeit angeführt werden. Werden diese Tätigkeiten aus der privaten Haushaltproduktion ausgelagert (Stichwort: Marketization[34]), d.h. werden diese Dienstleistungen am Markt nachgefragt bzw. angeboten, werden sie über die regulären Markttransaktionen erfasst und somit im BIP berücksichtigt. Damit wird deutlich, dass auch die nicht-marktlichen Tätigkeiten einen direkten monetären Gegenwert besitzen. Bei einer Entlohnung dieser Tätigkeiten auf Haushaltsebene würde der materielle Wohlstand erhöht,

---

31 Vgl. Stiglitz et al. (2009), S. 45ff.
32 Vgl. Braakmann (2009), S. 784; Paqué (2011), S. 7f.
33 Vgl. Suntum (2011), S. 25.
34 Vgl. Schettkat (2010).

gleichzeitig kann – in Abhängigkeit der individuellen Präferenzen – auch die Wohlfahrt der Haushaltsmitglieder gesteigert werden, wenn sie mit ihren Kindern Zeit verbringen.

Als vierter Punkt, der die Defizite des BIPs als Wohlstandsmaß verdeutlicht, ist die fehlende Thematisierung der Einkommensverteilung zu nennen.[35] Durch die Höhe des BIPs bzw. des BIPs pro Kopf können per se keine Aussagen über die Verteilung des Wohlstandes auf sozioökonomische Gruppen oder Individuen abgeleitet werden. So können Länder mit identischem BIP pro Kopf durchaus unterschiedliche Einkommensverteilungen in der Bevölkerung aufweisen. Dies ist unter anderem auf die makroökonomische Betrachtungsweise des BIPs zurückzuführen, die bei den Analysen zur Einkommensverteilung nicht ausreichend ist und durch Mikrodaten ergänzt werden sollte.[36] Darüber hinaus sind – wie oben erwähnt – nicht alle möglichen Einkommensquellen im BIP erfasst, sodass die getätigten Verteilungsaussagen verzerrt sein könnten.

Ein Vergleich der Kritikpunkte zeigt, dass die nicht-marktlichen und nicht messbaren Vorgänge und deren Effekte, die nicht im BIP erfasst und berücksichtigt werden, als eine zentrale Gemeinsamkeit identifiziert werden können. Die bisherigen Ausführungen belegen zum einen, dass das BIP in seiner jetzigen Form nicht für Wohlstandsaussagen konzipiert war und daher auch Unzulänglichkeiten in diesem Bereich aufweist. Zum anderen wird durch die beschriebenen Kritikpunkte auch deutlich, dass es durchaus Anknüpfungspunkte gibt, um aus den Daten des BIPs wohlstandsrelevante Aussagen zu generieren.[37] Im Kontext der hier zu beantwortenden Fragestellung, inwieweit ein Indikator entwickelt werden kann, der materielle wohlstands- und verteilungsrelevante Aussagen ermöglicht, sind die beiden zuletzt genannten Kritikpunkte

• Vernachlässigung von nicht-marktlichen Tätigkeiten und
• keine Berücksichtigung der Einkommensverteilung

aufzugreifen.

Im nachfolgenden Kapitel werden verschiedene Konzepte vorgestellt, die versuchen durch Internalisierung der Kritikpunkte die Wohlstandsaussagen auf Basis des BIPs zu verbessern. Dabei können die Stärken und Eigenschaften des

---

35 Vgl. Kroker (2011), S. 4.
36 Vgl. Braakmann (2010), S. 784.
37 Vgl. Bergh (2009).

BIPs wie etwa das umfassende Erhebungskonzept, die Regelmäßigkeit und die Objektivität bei der Messung der Markttransaktionen genutzt werden.[38]

2.2 Konzepte und Ansätze zur Verbesserung der Aussagekraft des BIPs als Wohlstandsindikator

Weltweit gibt es eine Vielzahl alternativer Ansätze zur Wohlstandsmessung, die sich in ihrer Methodik und in den Ergebnissen teilweise stark unterscheiden.[39] Dies kann unter anderem auf die unterschiedlichen Auftraggeber für die Entwicklung von Wohlstandsindikatoren, die unterschiedlichen Intentionen der Wohlstandsindikatoren oder die betrachteten Wohlstandsdimensionen (z.b. sozial, ökonomisch, ökologisch, etc.) zurückgeführt werden. In der Literatur werden die gängigen Wohlstandsindikatoren unter anderem in drei Gruppen eingeteilt, die jedoch nicht immer ohne Überschneidungen sind:[40]

• *Synthetische Wohlstandsindikatoren:* Zusammengesetzte und aggregierte Indikatoren, die verschiedene (Sozial-)Parameter berücksichtigen
• *Subjektive Wohlstandsindikatoren:* Fokus auf das subjektive Wohlbefinden, das die Gesamtwohlfahrt beeinflusst
• *Ergänzende BIP-Indikatorensets:* Modifikationen und Ergänzungen des BIPs bzw. Bestandteile des BIPs um Wohlstandsaussagen generieren zu können

Der Exkurs soll die Komplexität der Wohlstandsforschung unterstreichen und unterschiedliche Ansätze aufzeigen. Wie bereits erwähnt stehen die Indikatoren, die – aufbauend auf dem BIP – Wohlstandsaussagen ermöglichen wollen, im Fokus dieses Kapitels. Daher werden im Folgenden die beiden erstgenannten Indikatoren kurz skizziert und auf die einschlägige Literatur verwiesen. Anschließend werden die Ergebnisse verschiedener Enquetekommissionen präsentiert, aus denen einige ergänzende BIP Indikatoren resultieren. Anhand dieser Ergebnisse wird der offene Forschungsbedarf abgeleitet.

---

38 Vgl. Schepelmann et al. (2010), S. 51.
39 Eine Übersichtsstudie aus dem Jahr 2008 hat über 170 verschiedene Indikatoren beschrieben, die sich zur Ableitung von Wohlstandsaussagen eignen (vgl. Bandura (2008)).
40 Die Einteilung orientiert sich an den Abgrenzungen von Pennekamp ((2011), S. 16ff.) bzw. Schulte, Butzmann (2011, S. 7) und den dort erwähnten Studien und wird durch weitere Indikatoren ergänzt. Eine leicht modifizierte Einteilung wird durch die Enquete-Kommission des Deutschen Bundestages vorgenommen, dort sind zudem weitere Informationen zu den einzelnen Wohlstandsindikatoren zusammengefasst (vgl. Bundestag (2013), S. 302ff.).

Bei den synthetischen Indikatoren wird bewusst von materiellen bzw. monetären Größen abstrahiert und stattdessen werden sozial- und gesellschaftsrelevante Parameter integriert. Diese lassen sich unter anderem aus Bildungserfolg, Partizipation auf dem Arbeitsmarkt, Gesundheits- und Umweltaspekten, sozialen Beziehungen oder politischer Teilhabe ableiten.[41] Der bekannteste synthetische Indikator ist der Human Development Index (HDI), der seit dem Jahr 1990 von den Vereinten Nationen für über 180 Länder weltweit ermittelt wird. Der HDI soll den (menschlichen) Entwicklungsstand durch die drei Komponenten Lebenserwartung (z.b. über Kindersterblichkeitsraten in den Ländern), Bildung (z.b. Beteiligungsquoten im Schulsystem) und Lebensstandard (z.b. pro Kopf Einkommen) abbilden.[42] Über ein Indexsystem werden die einzelnen Komponenten bewertet und dimensionslos zusammengefasst, sodass ein international vergleichbares Ranking entsteht. Durch die Berechnung des HDI über Indexreihen kann dieser Werte zwischen 0 (Minimum) und 1 (Maximum) annehmen. Die Ergebnisse des neuesten HDI-Reports zeigen, dass Norwegen mit einem HDI von 0,955 den höchsten Wert erreicht, während Mosambik mit 0,327 den niedrigsten HDI-Wert im Länderranking aufweist. Deutschland rangiert in diesem Vergleich auf Platz fünf (HDI 0,920).[43] Der HDI ist vor allem in Entwicklungsländern zu einem etablierten Wohlstandsmaß geworden. Die Aussagekraft in den entwickelten Volkswirtschaften ist dagegen eingeschränkt, da sich das Niveau der betrachteten Komponenten kaum noch verändert.[44] Als weitere synthetische Indikatoren, die verschiedene Sozialkennzahlen oder ökologische Faktoren berücksichtigen, sind der Index of Social Health (ISH), der Personal Security Index (PSI) oder der Index of Social Progress (ISP) anzuführen. Die Gemeinsamkeit dieser Indikatoren ist, dass sie dimensionslose aggregierte Wohlfahrtsmaße sind, die nicht in Geldwerte umgerechnet, sondern in einem Gesamtindex zusammengefasst werden.[45]

In der zweiten Gruppe werden subjektive Wohlstandsindikatoren zusammengefasst, die das Wohlbefinden in verschiedenen Bereichen des alltäglichen Lebens erfassen und bewerten. Hierbei kommt der Glücksforschung eine entscheidende Rolle zu. Bereits Mitte der 1970er Jahre untersucht Easterlin die allgemeine Verbindung zwischen Wirtschaftswachstum und Lebenszufriedenheit,

---

41 Vgl. Sachverständigenrat (2010), S. 9; Pennekamp (2011), S. 19.
42 Nähere Informationen zum HDI sind im aktuellen „Human Development Report" enthalten (vgl. UNDP (2013)).
43 Vgl. UNDP (2013), S. 144ff.
44 Vgl. Bundestag (2013), S. 288.
45 Vgl. Schulte, Butzmann (2011), S. 18.

was er später mit den Auswirkungen des Einkommens auf das Glücksempfinden einer Gesellschaft präzisierte. Das sogenannte Easterlin-Paradoxon zeigt dabei durch empirische Ergebnisse auf, dass ab einem bestimmten Wohlstandsniveau die Lebenszufriedenheit durch höheres Einkommen nur noch gering gesteigert werden kann.[46] Damit wird deutlich, dass der absolute Einkommenszuwachs nicht der einzige Faktor ist, der das individuelle und gesellschaftliche Wohlbefinden beeinflusst. Ausgehend von diesen Überlegungen wird in der Glücksforschung die Notwendigkeit weitere Aspekte, außer dem Einkommen, bei der Wohlstandsmessung zu berücksichtigen betont. Dabei entstehen Herausforderungen, die Interdependenzen zwischen Glück und Wohlstand zu messen und in einem Indikator zusammenzufassen. Zur Operationalisierung werden zum einen Befragungen durchgeführt, die die Gründe für Wohlempfinden und Glück eruieren sollen. Zum anderen wird versucht die Zusammenhänge über unterschiedliche soziodemographische, wirtschaftliche, religiöse sowie politische Bestimmungsfaktoren zu erfassen und zu bewerten.[47] Unter der Kategorie subjektive Wohlstandsindikatoren können das Glücks-BIP, der Happy Index, Subjectiv Well-Being (SWB) gezählt werden.[48] Bei den hier aufgeführten subjektiven Wohlstandsindikatoren zeigt sich zum einen, dass sich die Bewertungsgrundlagen und –maßstäbe unterscheiden und damit die Aussagekraft und Robustheit der Ergebnisse von den gewählten Parametern und deren Gewichtungsfaktoren abhängig ist. Zum anderen werden jedoch auch Aspekte des materiellen Wohlstandes berücksichtigt.

Zusammenfassend kann bisher festgehalten werden, dass durch die Indikatoren in den beiden ersten Gruppen verschiedene Dimensionen des Wohlstandes berücksichtigt werden. Die Auswahl der einzelnen Kennzahlen, die zur Bestimmung der Indikatoren herangezogen wird, ist jedoch nicht unumstritten. Diese beruht zum Teil auf willkürlichen Entscheidungen der Autoren, ist durch die vorhandene Datenlage eingeschränkt oder kann aus pragmatischen Gesichtspunkten erfolgen.[49] Mit diesen Indikatoren sind vielschichtige Wohlstandsaussagen möglich. Allerdings können gleichzeitig die nicht objektiven Bemessungsgrundlagen die Interpretation und Aussagekraft der Ergebnisse beeinflussen.

In den vergangenen Jahren haben sich zahlreiche Expertenkommissionen – nicht zuletzt wegen der Finanz- und Wirtschaftskrise – mit den immer wieder

---

46 Vgl. Easterlin (1974), (1995), S. 36.
47 Vgl. u.a. Kahneman, Krueger (2006); Frey, Marti Frey. (2010), S. 459; Suntum (2011); Frey (2012).
48 Vgl. Pennekamp (2011), S. 20ff.; Schulte, Butzmann (2011), S. 23, 28ff.
49 Vgl. Noll (2002), S. 331.

kehrenden Wachstums- und Wohlstandsdiskussionen auseinandergesetzt. Die Ergebnisse und Empfehlungen dieser Kommissionen können in der dritten Gruppe der Wohlstandsindikatoren („Ergänzende BIP-Indikatorensets") zusammengefasst werden. Die empirische Forschung in diesem Bereich ist noch nicht so ausgereift wie bei den oben genannten Indikatoren. Allerdings sind in verschiedenen Expertenkommissionen zahlreiche Vorschläge erarbeitet worden, die die Basis zur Entwicklung eines Indikators stellen können, der wohlstands- und verteilungsrelevante Aussagen ermöglicht. Ausgehend von den Ergebnissen der Stiglitz-Sen-Fitoussi-Kommission[50], werden zudem die Expertise des Sachverständigenrates[51] und die Ergebnisse der Enquetekommission des Deutschen Bundestages[52], sowie der Nationale Wohlfahrtsindex (NWI)[53] und das Arbeits-BIP[54] – als erste empirische Ansätze – vorgestellt. Im Fokus der Arbeiten standen dabei neben Elementen der klassischen Wachstumskritik[55] auch die damit verbundenen BIP-Kritikpunkte, die bereits in den vorangegangenen Abschnitten diskutiert wurden. Die bekannte Prämisse *Wachstum ≠ Wohlstand* ist das zentrale Ergebnis der genannten Arbeiten, die Operationalisierung dieser Aussage unterscheidet sich jedoch zum Teil.

Stiglitz-Sen-Fitoussi-Kommission: „Report by the Commission on the Measurement of Economic Performance and Social Progress"

Im Jahr 2008 wurde vom damaligen französischen Präsidenten Nicolas Sarkozy eine 22-köpfige Expertenkommission unter Leitung der beiden Nobelpreisträger Joseph E. Stiglitz und Amartya Sen sowie dem französischen Ökonomen

---

50 www.stiglitz-sen-fitoussi.fr/en/index.htm.
51 Vgl. Sachverständigenrat (2010).
52 Vgl. Bundestag (2013).
53 Vgl. Diefenbacher, Zieschank (2010).
54 Vgl. Sesselmeier, Ostwald (2011).
55 Wachstumskritik ist in der ökonomischen Literatur bereits im Jahr 1798 in den Arbeiten von Thomas Malthus zu finden. In dem „Essay on the Principle of Population" konstatiert er, dass mit begrenzten natürlichen Ressourcen (Ackerland) kein dauerhaftes Wachstum generiert werden kann (vgl. Malthus (1798)). Einen anderen Blickwinkel auf die Wachstumskritik ermöglichte John Stuart Mill Mitte des 19. Jahrhunderts. Der mit der industriellen Revolution einhergehende Strukturwandel und die stetigen Veränderungen veranlassten Mill dazu, die Funktionsweise einer Volkswirtschaft im Steady State zu untersuchen. Mill proklamiert, dass eine stationäre Volkswirtschaft ein erstrebenswerter Zustand ist, in dem die Menschen auch ohne den stetigen Wachstumszwang zufrieden leben können (vgl. Mill (1852)).

Jean-Paul Fitoussi eingesetzt. Ausgehend von den Beschränkungen des BIPs als Wohlstandsmaß war der Auftrag der Kommission zu untersuchen, wie Wohlstand und sozialer Fortschritt zielgerichtet gemessen werden kann. Es wurde ein Reformkatalog unter dem Titel „Report by the Commission on the Measurement of Economic Performance and Social Progress" mit zwölf Empfehlungen erarbeitet.[56] Zentrale Erkenntnisse der Kommission sind beispielsweise, dass sich Kennzahlen wie das Nettoinlandsprodukt, Nettonationaleinkommen oder das verfügbare Einkommen für internationale und intertemporale Wohlstandsvergleiche besser eignen als das Bruttonationalprodukt. Vor allem zur Messung und Bewertung des materiellen Wohlstandes und der generellen Lebenssituation der Bevölkerung sollten das Einkommen und der damit mögliche Konsum im Vordergrund stehen.[57] Ein weiterer wichtiger Punkt in diesem Zusammenhang bei der Messung von Wohlstand und sozialem Fortschritt ist die Einkommensverteilung und der Einfluss von Wirtschaftswachstum auf einzelne Bevölkerungsgruppen. Die Kommission empfiehlt in diesem Fall Haushaltstypen und deren Einkommen bzw. Einkommensverteilung näher zu analysieren. Zum einen sind die Informationen auf Haushaltebene besser als gesamtwirtschaftliche Daten geeignet um die Situation auf Haushaltebene zu bewerten. Zum anderen können damit Finanzierungsströme zwischen den Haushalten und dem Staat erfasst und deren Einfluss auf die Einkommens- und Konsummöglichkeiten analysiert werden.[58] Des Weiteren sollte z.B. auch die Haushaltsproduktion bei der Messung des geforderten sozialen Wachstums berücksichtigt werden. Die Kommission empfiehlt bspw. die Aktivitäten der Haushalte als Ergänzung zur Volkswirtschaftlichen Gesamtrechnung einzuführen, um deren ökonomischen Beitrag messen zu können.[59] Die Basis dafür sollten Informationen über die Zeitverwendung der Menschen sein, die über Jahre wie auch Ländergrenzen hinweg vergleichbar sind.[60] Die Statistischen Ämter in den einzelnen Ländern sollen die benötigten Informationen zur Verfügung stellen und damit die Interdisziplina-

---

56 Vgl. im Folgenden Stiglitz et al. (2009).
57 Vgl. Stiglitz et al. (2009), S. 38f.
58 Vgl. Stiglitz et al. (2009), S. 39f.; Braakmann (2010), S. 610.
59 Vgl. Stiglitz et al. (2009), S. 14. Im Europäischen System Volkswirtschaftlicher Gesamtrechnungen (ESVG) wird sich beispielsweise dafür ausgesprochen, dass ergänzend zu den bestehenden Volkswirtschaftlichen Gesamtrechnungen sogenannte Satellitenkonten eingeführt werden, die bisher nicht abgedeckte Bereiche erfassen können. Es wird angeregt bspw. Haushalts-, Gesundheits- und Umweltsatellitensysteme einzuführen (vgl. ESVG 1995 und Ausführungen in Kapitel 3.2.2).
60 Vgl. Stiglitz et al. (2009), S. 138.

rität der einzelnen Dimensionen des Wohlstand und sozialen Fortschritts unterstützen.[61]

Die Empfehlungen der Kommission dienen dabei als Grundlage für politische Entscheidungsträger und Wissenschaftler, um nationale Konzepte zu entwickeln und umzusetzen.

Sachverständigenrat: „Wirtschaftsleistung, Lebensqualität und Nachhaltigkeit: Ein umfassendes Indikatorensystem"

Im Auftrag der Bundesregierung bzw. des Bundesministeriums für Wirtschaft und Technologie erstellte der Sachverständigenrat in Zusammenarbeit mit dem französischen Conseil d'Analyse Économique im Jahr 2010 eine Expertise zur Messung der Wirtschaftsleistung, von nachhaltigem Wachstum und gesellschaftlichem Fortschritt. Sie greift die Empfehlungen der Stiglitz-Sen-Fitoussi-Kommission auf und erarbeitet Ansätze, diese in Deutschland umzusetzen.[62] In einem konkreten Maßnahmenkatalog wird ein Indikatorensystem („dashboard") entwickelt, dass zu einem Drei-Säulen-Konzept zusammengefasst werden kann:

1. **Säule:** Wirtschaftsleistung und materieller Wohlstand: *BIP pro Kopf und je Arbeitsstunde, Beschäftigungsquote, Nettonationaleinkommen pro Kopf, Konsumausgaben pro Kopf, Einkommensquintilsverhältnis*[63]
2. **Säule:** Lebensqualität: *nicht-materielle Indikatoren in den Bereichen Gesundheit, Bildung, persönliche Aktivitäten, politische Einflussnahme und Kontrolle, soziale Kontakte und Beziehungen, Umweltbedingungen, persönliche und wirtschaftliche Unsicherheiten*[64]
3. **Säule:** Nachhaltigkeit: *fiskalische Nachhaltigkeitsindikatoren wie Forschungs- und Entwicklungsausgaben zum BIP oder Kredit/BIP-Lücke, ökologische Nachhaltigkeitsindikatoren wie Treibhausgasemissionen oder Rohstoffproduktivität*[65]

Bei der Evaluierung der drei Säulen wird konstatiert, dass es für eine empirische Umsetzung und politische Akzeptanz wichtig ist, ein Indikatorenbündel zur Verfügung zu haben, das die unterschiedlichen Facetten des wirtschaftlichen,

---

61 Bei Stiglitz et al. (2009), S. 12ff. ist auch eine ausführliche Beschreibung der zwölf Empfehlungen zu finden.
62 Vgl. Sachverständigenrat (2010).
63 Vgl. Sachverständigenrat (2010), S. 18.
64 Vgl. Sachverständigenrat (2010), S. 21.
65 An dieser Stelle sind nur einige Indikatoren zur Nachhaltigkeit aufgeführt, eine ausführliche Aufzählung in der Expertise des Sachverständigenrat (2010), S. 24 zu finden.

sozialen und gesellschaftlichen Lebens widerspiegelt. Eine Aggregation der einzelnen Indikatoren – wie bei den oben beschriebenen synthetischen Wohlstandsindikatoren – wird vom Sachverständigenrat explizit abgelehnt.[66]

In Anlehnung an die beschriebene Kritik des BIPs als Wohlstandsmaß wird versucht mithilfe des „dashboards" einige dieser Punkte in der 1. Säule zu internalisieren. Konkret verweist der Sachverständigenrat darauf, dass die Fokussierung auf die Produktionsergebnisse bei der BIP-Bestimmung keinen guten Indikator zur Bewertung des materiellen Wohlstandes darstellen (kann).[67] Allerdings kann die Aussagekraft des BIPs als Wirtschaftsindikator in der 1. Säule genutzt werden, um die Wirtschaftsleistung zu beschreiben und somit erst Rückschlüsse auf den materiellen Wohlstand ableiten zu können. Als möglicher Lösungsansatz verweist der Sachverständigenrat auf Verwendung des verfügbaren Einkommens. Dieses wird im BIP als Makro-, aber nicht als Mikrogröße ausgewiesen. Damit können zwar keine Einkommensunterschiede zwischen verschiedenen sozioökonomischen Gruppen analysiert werden. Über das Nettonationaleinkommen pro Kopf können jedoch erste Aussagen zum materiellen Wohlstand induziert werden. Die Autoren verweisen zudem darauf, dass das verfügbare Einkommen der privaten Haushalte, wie auch in der Stiglitz-Kommission dargelegt, ein guter Indikator für den materiellen Wohlstand einer Volkswirtschaft sein kann. Durch die Nicht-Erfassung von nicht-marktlichen Tätigkeiten (v.a. Haushaltsproduktion, Schwarzarbeit) wird das verfügbare Einkommen unterschätzt werden, sodass in diesem Bereich Nachbesserungsbedarf besteht.[68] Die Indikatorenbündel der beiden anderen Säulen zeigen, dass einzelnen Bestandteile des BIPs zudem in der 3. Säule verwendet werden, um Aussagen zu nachhaltigem Wachstum zu generieren.

Zusammenfassend kann konstatiert werden, dass durch den Drei-Säulen-Ansatz eine „umfassende Beurteilung der Wirtschaftsleistung und der Wohlfahrt eines Landes"[69] möglich ist. Die Autoren betonen, dass das BIP als bestehender und umfassender Wirtschaftsindikator auch mit Variablen des Wohlstandes und der Wohlfahrt korreliert sind, diese aber nicht ausreichend bewerten kann. So bleiben beispielsweise Verteilungsaspekte unberücksichtigt.[70] In der Expertise wird kein abgeschlossenes Modell, sondern ein Indikatorenbündel und Informationen zur Verfügung gestellt, die im Zeitverlauf angepasst und optimiert werden können.

---

66 Vgl. Sachverständigenrat (2010), S. 12.
67 Vgl. Sachverständigenrat (2010), S. 37ff.
68 Vgl. Sachverständigenrat (2010), S. 16, 51.
69 Sachverständigenrat (2010), S. 16.
70 Vgl. Sachverständigenrat (2010), in Anlehnung an Costanza et al. (2009).

Enquete-Kommission des Deutschen Bundestages: „Wachstum, Wohlstand, Lebensqualität – Wege zu nachhaltigem Wirtschaften und gesellschaftlichem Fortschritt in der Sozialen Marktwirtschaft"

Vor dem Hintergrund der Wirtschafts- und Finanzkrise wurde – auch politisch motiviert – eine Enquetekommission bestehend aus 17 Bundestagesabgeordneten sowie 17 Sachverständigen eingerichtet. Neben einer Aufarbeitung möglicher Gründe für die Fehlentwicklungen wirtschaftlichen Handelns, die jüngst wieder durch die Finanz- und Wirtschaftskrise sichtbar wurden, sollte auch ein ganzheitlicher Wohlstands- und Fortschrittsindikator entwickelt werden.[71] Im Frühjahr 2013 legte die Kommission ihren Abschlussbericht „Wachstum, Wohlstand, Lebensqualität" vor, in dem dargestellt wird, wie die Kritikpunkte des BIPs als Wohlstandsindikator und die Ausarbeitungen der Stiglitz-Kommission auf europäischer Ebene für Deutschland operationalisiert werden können. Darüber hinaus wurden die Ansätze bereits bestehender Wohlfahrtsindikatoren gesichtet und geprüft. Als zentrales Ergebnis kann festgehalten werden, dass die Kommission keine Abschaffung des BIPs fordert, sondern vielmehr eine zielgerichtete Ergänzung und Spezifizierung, um weitergehende Wohlstandsaussagen und Implikationen für die Wirtschafts- und Sozialpolitik erarbeiten zu können. Dies kann durch den sogenannten „W3-Indikatorensatz" erfolgen, der neben dem BIP noch zehn weitere Leitindikatoren beinhaltet, die den drei Hauptdimensionen zugeordnet werden:[72]

- Materieller Wohlstand: *BIP, Einkommensverteilung, Staatsschulden*
- Soziales und Teilhabe: *Beschäftigung, Bildung, Gesundheit, Freiheit*
- Ökologie: *Treibhausgase, Stickstoff, Artenvielfalt*

Neben diesen zehn Leitindikatoren spricht sich die Enquete-Kommission zusätzlich für neun Warnlampen aus, die eine Ergänzung der Leitindikatoren um weitere wichtige Kennzahlen darstellen. Diese sollen bei einer negativer Entwicklung bzw. Überschreitung von Grenzwerten analysiert werden. Für die Leitindikatoren hingegen empfiehlt die Kommission eine regelmäßige (bspw. jährliche) Aktualisierung.

Besonders hervorgehoben wird in diesem Zusammenhang der Bereich der nicht-marktvermittelten Produktion. Die Enquete-Kommission spricht sich in ihrem Schlussbericht ebenfalls für eine stärkere Berücksichtigung der nicht-marktvermittelten Produktion aus, insbesondere für eine verbesserte Datenbasis:

---

71 Vgl. Carstensen, Wieland (2013), S. 3.
72 Vgl. u.a. Bundestag (2013); Carstensen, Wieland (2013), S. 4.

„Da kaum Daten für die nicht-marktvermittelte Produktion existieren, konnte dieser be-
deutende Wertschöpfungsbereich der Gesellschaft, der bisher zu wenig Beachtung findet,
weder durch einen Leitindikator noch durch eine Warnlampe abgebildet werden. Die
Enquete-Kommission regt zur besseren Analyse dieses Bereiches eine zukünftig häufigere
Datenerhebung mindestens im Fünf-Jahres-Turnus an".[73]

Der „W3-Indikatorensatz" verdeutlicht, dass ein aggregierter Wohlstandsindikator (siehe synthetische Wohlstandsindikatoren) nicht zielführend ist. Die
unterschiedlichen Facetten des wirtschaftlichen, sozialen und gesellschaftlichen
Lebens können durch die drei Wohlstandsdimensionen mit den zehn Leitindikatoren besser erfasst werden. Es wird zudem darauf hingewiesen, dass die Auswertung und Interpretation der Indikatoren immer mit individuellen Werturteilen
und –maßstäben einhergeht. Daher soll der Indikator als eine Art politischer
Kompass fungieren, der bei der Justierung von wirtschafts- und sozialpolitischen
Entscheidungen hilft.[74]

Eine umfassende empirische Umsetzung der beschriebenen Forderungen
bzw. Indikatorensysteme ist bisher jedoch noch nicht erfolgt. Allerdings sind im
Nationalen Wohlfahrtsindex und dem Arbeits-BIP erste Ansätze berücksichtigt
worden, die im Folgenden kurz dargestellt werden.

Nationaler Wohlfahrtsindex (NWI)

Im Auftrag des Umweltbundesamtes wurde im Jahr 2010 der Nationale Wohlfahrtsindex entwickelt, der einen aggregierten Wohlstandsindikator darstellt und
versucht, die Empfehlungen der Stiglitz-Kommission empirisch umzusetzen.[75]
Bei der Konzeption des NWI wird das BIP bzw. das BNE als Ausgangsbasis verwendet. Es werden die bereits beschriebenen BIP-Kritikpunkte aufgegriffen und
versucht, diese zu beheben. Der NWI wird somit zu einem alternativen monetär
bewerteten Wohlstandsmaß.[76] Bei der Umsetzung stehen die drei Themenfelder

- nicht-marktliche Produktionstätigkeiten
- Umweltschäden
- ökologische Nachhaltigkeit

---

73 Bundestag (2013), S. 237.
74 Vgl. Carstensen, Wieland (2013), S. 4.
75 Vgl. Diefenbacher, Zieschank (2010), S. 30f.
76 Vgl. Suntum, Lerbs (2011), S. 41. Neben dem NWI fallen auch der Genuine Progress
    Indicator (vgl. Cobb, Halstead (1994)), Measure of Economic Welfare (vgl. Nordhaus,
    Tobin (1972)) unter die Kategorie der BIP-erweiternden Wohlstandsindikatoren auf
    monetärer Basis.

im Vordergrund, die durch 21 unterschiedliche Variablen operationalisiert werden.[77] Ziel ist es auf Basis dieser 21 Variablen einen aggregierten Wohlstandsindex zu berechnen, der im Vergleich zum BIP und BNE zusätzliche Erkenntnisse liefern soll. In nachstehender Tabelle sind die Variablen des NWI, deren Einfluss auf die Wohlstandsentwicklung sowie die berechneten Werte für das Jahr 2007 dargestellt.[78]

Tabelle 2-1: Variablen und Ergebnisse des NWI für das Jahr 2007

Variable	Ausprägung/ Einfluss	Wert 2007 in Mrd. Euro
(1) Gini-Index der Verteilung des Haushaltsnettoeinkommen		
(2) Verteilungsgewichtete private Konsumausgaben	+	1.072,19
(3) Wert der Hausarbeit	+	713,00
(4) Wert der ehrenamtlichen Arbeit	+	59,00
(5) Öffentliche Ausgaben für Gesundheits- und Bildungswesen	+/−	79,00
(6) Nutzen/ Kosten dauerhafter Konsumgüter	−	24,77
(7) Kosten des Pendelns zwischen Wohnung und Arbeitsstätte	−	35,00
(8) Kosten der Verkehrsunfälle	−	25,00
(9) Kosten der Kriminalität	−	8.50
(10) Kosten des Alkohol- und Drogenmissbrauchs	−	20,50
(11) Ausgaben zur Kompensation von Umweltbelastungen	−	33,00
(12) Schäden durch Wasserverschmutzung	−	12,10
(13) Schäden durch Bodenbelastung	−	2,00
(14) Schäden durch Luftverschmutzung	−	15,00
(15) Schäden durch Lärm	−	4,00
(16) Veränderung der Fläche von Feuchtgebieten	+/−	0
(17) Schäden durch Verlust landwirtschaftlich nutzbarer Fläche	−	0,43

---

77 Vgl. Diefenbacher, Zieschank (2010), S. 36ff.
78 Vgl. Suntum, Lerbs (2011), S. 69. Eine ausführliche Beschreibung der 21 Variablen, die dazugehörigen Datenbanken und Berechnungen sind bei Diefenbacher, Zieschank (2010) in Kapitel 8 zu finden.

Variable	Ausprägung/ Einfluss	Wert 2007 in Mrd. Euro
(18) Ersatzkosten der Ausbeutung nicht erneuerbarer Ressourcen	–	290,00
(19) Schäden durch CO2-Emmissionen	–	70,00
(20) Nettowertänderung des Anlagevermögens (ohne Bauten)	+/–	20,00
(21) Veränderung der Kapitalbilanz	+/–	150,00

Quelle: Eigene Darstellung nach Suntum (2011), S. 69.

Der NWI beinhaltet sowohl wohlstandsfördernde als auch wohlstandsminimierende Variablen, die monetär erfasst werden und ermöglicht dadurch eine realitätsnähere und richtungsstabile Abbildung der Wohlfahrtsentwicklung.[79] Die Basis der Aggregation bildet der private Konsum (aus der VGR), der mit der Einkommensverteilung gewichtet wird. Durch dieses Vorgehen können jedoch keine Aussagen zur Verteilung des Wohlstandes getroffen werden. Da eine ungleichmäßigere Einkommensverteilung durch eine höhere private Konsumsteigerung kompensiert werden kann und damit die Variable 2 „Verteilungsgewichtete private Konsumausgaben" dennoch einen positiven Wert aufweisen kann.[80] Anschließend werden die weiteren Variablen in Abhängigkeit ihres Einflusses auf den Wohlstand addiert bzw. subtrahiert. Die Liste der Variablen verdeutlicht, dass im NWI nicht-marktliche Tätigkeiten (Hausarbeit und ehrenamtliche Tätigkeiten), soziale Faktoren (Variablen 5–10), ökologische Faktoren (Variablen 11–19) sowie ökonomische Faktoren (Variablen 20–21) berücksichtigt werden. Damit greift der NWI zentrale Kritikpunkte am BIP auf und versucht diese auszuräumen.[81] Zur Berechnung des NWI werden die einzelnen Variablen monetarisiert und anschließend zu einem Gesamtwert aggregiert. Die Daten des NWI werden für den Zeitraum von 1990 bis 2007 zur Verfügung gestellt, allerdings unterscheiden sich die Qualität und die Verfügbarkeit der verwendeten Daten für die jeweiligen Variablen zum Teil erheblich.[82] Zum einen kann auf lange und zudem immer wieder aktualisierte Reihen öffentlicher Statistiken wie der VGR oder das SOEP zurückgegriffen werden, um beispielsweise den Konsum, die Verteilung der

---

79 Vgl. Diefenbacher, Zieschank (2010), S. 109.
80 Vgl. Diefenbacher, Zieschank (2010), S. 49.
81 Die starke Fokussierung auf ökologische Aspekte ist dem Auftraggeber des Gutachtens geschuldet.
82 Vgl. Diefenbacher, Zieschank (2010), S. 125f.; Suntum, Lerbs (2011), S. 71.

Einkommen oder das Kapitalbilanzsaldo zu bestimmen. Zum anderen sind aber auch einmalige Erhebungen oder Daten mit unregelmäßigen Erhebungszeiträumen enthalten. So wird der Wert der Haushaltsproduktion und des Ehrenamtes mithilfe der Zeitbudgeterhebungen der Jahre 1991/1992 sowie 2001/2002 und dem sogenannten Generalistenansatz[83] ermittelt und über den Betrachtungszeitraum fortgeschrieben.

Zusammenfassend kann festgehalten werden, dass der NWI wohlstandsrelevante Aspekte aufgreift und diese in einem aggregierten Wert ausweist. Durch dieses Vorgehen kann ein alternatives Wohlstandsmaß im Vergleich zum BIP bzw. BNE bereitgestellt werden. Allerdings können durch die Aggregation der Variablen einzelne Effekte aufgehoben werden. Somit wird die Objektivität und Interpretation des NWI geschwächt.[84]

Arbeits-BIP – Eine umfängliche Berücksichtigung der Arbeitsleistung in Deutschland

Ein weiteres Konzept, das aufbauend auf Teilaspekten des BIPs Wohlstandsaussagen liefert, ist das Arbeits-BIP von Sesselmeier und Ostwald.[85] Im Jahr 2011 gab die Friedrich-Ebert-Stiftung eine Expertise zur materiellen Wohlstandsanalyse unter Berücksichtigung nicht-marktlicher Tätigkeiten und deren Einfluss auf das verfügbare Einkommen der privaten Haushalte und damit auf das BIP in Auftrag.

Das Arbeits-BIP ermöglicht – im Vergleich zum originären BIP – verbesserte Aussagen zum Wohlstand einer Gesellschaft.[86] Das zentrale Moment dieses Indikators ist die umfängliche Berücksichtigung der Arbeitsleistung in Deutschland und er stellt somit ein in Geldeinheiten bewertetes Wohlstandsmaß dar. Hierzu werden vor allem die nicht an den Märkten erfassbaren Tätigkeiten im Bereich der Schwarzarbeit und der Haushaltsproduktion in den Vordergrund der Berechnungen gestellt. Ergänzend zu diesen beiden Komponenten wird zudem der Wert der Freizeit bestimmt. Daher sind neben den (materiellen) Wohlstandsaussagen auch Hinweise zur Wohlfahrt einer Gesellschaft ableitbar. Im Folgenden werden der Konzeptansatz und die verwendeten Daten für das Arbeits-BIP kurz skizziert sowie die dazugehörigen Ergebnisse dargestellt.

---

83 Nähere Informationen zu den Bewertungsansätzen der Haushaltsproduktion und des Ehrenamtes sind in Kapitel 3.2.2 bzw. Kapitel 4.1.2 zu finden.
84 Vgl. Suntum, Lerbs (2011), S. 70.
85 Vgl. Sesselmeier, Ostwald (2011).
86 Vgl. Sesselmeier, Ostwald (2011), S. 7.

Das Konzept des Arbeits-BIPs versucht mithilfe einer erweiterten Erfassung von Arbeitseinkommen einen Beitrag zur aktuellen Wohlstandsdiskussion zu leisten. Der Fokus liegt dabei auf der Einbeziehung von nicht über den Markt gehandelter Arbeit, um damit zielgerichtet Aussagen über den Wohlstand und die Wohlfahrt einer Volkswirtschaft zu erlangen. Als zentrale Bemessungsgrundlage wird daher das verfügbare Einkommen der privaten Haushalte herangezogen.[87] Dieses entspricht dem Einkommen, das den privaten Haushalten letztendlich zufließt und für Konsum- und Sparzwecke verwendet werden kann. Das Arbeits-BIP sieht vor, dieses Einkommen – als Basisgröße des Modells – durch drei weitere wertschöpfende Elemente zu ergänzen:

- Schwarzarbeit
- Haushaltsproduktion
- Freizeit.[88]

Diese Erweiterungen sind notwendig, um umfassende Wohlstandsaussagen treffen zu können, da auch nicht-marktliche Leistungen einen entscheidenden Einfluss auf das Wachstum und den Wohlstand einer Volkswirtschaft haben. Die Fokussierung auf das verfügbare Einkommen impliziert die Notwendigkeit des Faktors Arbeit. Das so entwickelte Arbeits-BIP ermöglicht eine spezifische Messung der Erwerbsgesellschaft und beinhaltet wertschöpfende Elemente, die sich auch in der Wohlfahrt widerspiegeln. Der Wert der drei Teilgrößen wird basierend auf der Zeitbudgeterhebung des Jahres 2001/2002 und einem gewichteten Durchschnittslohns bzw. mithilfe des Generalistenansatzes ermittelt.[89] Darüber hinaus werden die VGR-Daten zum verfügbaren Einkommen verwendet. In Tabelle 2-2 sind die Ergebnisse des Arbeits-BIP für das Jahr 2005 dargestellt.[90]

---

87 Die Berücksichtigung des Nettonationaleinkommens bzw. des verfügbaren Einkommens kann als besseres Maß des materiellen Wohlstands interpretiert werden als das BIP (vgl. u.a. Suntum, Lerbs (2011), S. 27).

88 Vgl. Sesselmeier, Ostwald (2011), S. 17ff.

89 Vgl. Sesselmeier, Ostwald (2011), S. 19f. An dieser Stelle wird auf die Ausführungen in Kapitel 3.2 und Kapitel 4.1.2 verwiesen.

90 Die Ergebnisse wurden bisher nur für das Jahr 2005 berechnet und veröffentlicht. Weitere Informationen können der Expertise zum Arbeits-BIP (vgl. Sesselmeier, Ostwald (2011)) entnommen werden.

Tabelle 2-2: Teilgrößen des Arbeits-BIP im Jahr 2005

Teilgrößen	Wert in Mrd. Euro
verfügbares Einkommen	1.463,7
Schwarzarbeit	161,5
Haushaltsproduktion	604,4
Freizeit	887,4
Arbeits-BIP	**3.117**

Quelle: Sesselmeier, Ostwald (2011), S. 22.

Dieser Ansatz zeigt auf, dass das BIP systematisch um wohlstandsrelevante Tätigkeiten unterschätzt wird. Durch die Quantifizierung der Tätigkeiten sind zusätzliche Aussagen zu Wohlstands- und Wohlfahrtseffekten möglich. Die Ergebnisse belegen, dass das verfügbare Einkommen durch die Teilgrößen des Arbeits-BIPs mehr als verdoppelt werden kann. Der größte Einfluss kann dabei den Tätigkeiten der Haushaltsproduktion und der Monetarisierung der Freizeit zugeschrieben werden. Das Arbeits-BIP liefert neben Aussagen für Deutschland auch einen europäischen Vergleich.[91]

Es bleibt festzuhalten, dass die empirische Umsetzung und Aussagekraft des Arbeits-BIP – ähnlich wie der NWI – von der vorliegenden Datenlage geprägt ist. Im Gegensatz zum NWI wird durch das Arbeits-BIP ein konkreter Indikator zur Messung des materiellen Wohlstandes zur Verfügung gestellt. Auf der einen Seite können die gewählten Bewertungsansätze der Teilgrößen die Objektivität und Interpretation des Arbeits-BIPs schwächen. Auf der anderen Seite muss bei diesem Vorgehen keine Entscheidung über den Einfluss bzw. die Vorzeichen der Teilgrößen auf den materiellen Wohlstand getroffen werden, da nur wohlstandsfördernde Aspekte betrachtet werden. Werden diese Prämissen bei der Interpretation des Arbeits-BIPs berücksichtigt, kann eine erhöhte Objektivität unterstellt werden.[92]

Im Folgenden werden mögliche Implikationen der vorgestellten Konzepte aufgezeigt. Dabei wird auf den weiteren Forschungsbedarfs im Bereich der Wohlstands- und Verteilungsmessung sowie auf die Implikationen zur Beantwortung der Forschungsfragen, die dieser Arbeit zugrunde liegen, eingegangen.

---

91 Vgl. Sesselmeier, Ostwald (2011), S. 25.
92 Vgl. Suntum, Lerbs (2011), S. 45.

2.3 Zwischenfazit und Ableitung des Forschungsbedarfs

Die bisherigen Ausführungen belegen, dass die Wachstums- und Wohlstandskritik durch die Finanz- und Wirtschaftskrise sowie die zahlreichen Initiativen und alternativen Wohlstandsindikatoren wieder Teil der aktuellen wirtschaftspolitischen Diskussion sind. Es wurden verschiedene Kommissionen zur Reform des BIPs einberufen, da es neben den Defiziten bei der Wohlstandsmessung auch andere Schwachstellen hat, die wiederum seine Aussagekraft als Wohlstandsindikator schwächen.[93] Denn durch das BIP wird weder die Verteilung der Einkommen thematisiert, noch alle relevanten Tätigkeiten erfasst, die Einfluss auf den materiellen Wohlstand haben.[94]

Es wurden Ansätze vorgestellt, die einige Empfehlungen der Expertenkommissionen aufgreifen. Es sind zum einen Wohlstandsindikatoren vorhanden, die vom BIP abstrahieren und somit meistens nicht-monetäre und/oder dimensionslose Wohlstandsindikatoren sind. Zum anderen gibt es Ansätze, die ausgehend vom BIP Ergänzungen und Modifikationen vornehmen bzw. Bestandteile des BIPs nutzen, um Wohlstandsaussagen zu generieren. Diese können zumeist ökonomisch gemessen und monetär bewertet werden. Damit sind diese Indikatoren nicht so stark von subjektiven Empfindungen wie die nicht-monetären Indikatoren abhängig. Diese Arbeit legt den Fokus daher auf die monetären bzw. materiellen Wohlstandsindikatoren. In diesem Zusammenhang wurden Indikatoren vorgestellt, die den materiellen Wohlstand durch aggregierte Wohlstandsindikatoren (vgl. NWI) oder durch einzelne Indikatoren, die einen Teilaspekt der Wohlstandsdimension beleuchten (vgl. Arbeits-BIP), messen. Der NWI ist ein aggregierter Wohlstandsindex, der verschiedene Vorschläge der Enquetekommissionen berücksichtigt und dabei versucht, einige BIP-Kritikpunkte zu internalisieren. Durch die Integration von 21 verschiedenen Variablen ist der NWI ein sehr umfassender Indikator zur Wohlstandsmessung, allerdings werden viele Effekte durch die Aggregation der Variablen überlagert. Das Arbeits-BIP ist ein Indikator, der den materiellen Wohlstand durch Berücksichtigung der Arbeitsleistung respektive der Monetarisierung nicht-marktlicher Tätigkeiten misst. Bei der Modellierung des Arbeits-BIP wird somit auf einen Teilbereich der materiellen Wohlstandsmessung fokussiert. Dies ermöglicht eine zielgerichtete Analyse.[95]

Zur Beantwortung der Forschungsfrage, die dieser Arbeit zugrunde liegt, ist eine isolierte Betrachtung der materiellen Wohlstandseffekte gegenüber einer

---

93 Vgl. Suntum (2011), S. 25.
94 Vgl. Sachverständigenrat (2010).
95 Vgl. Suntum, Lerbs (2011), S. 49.

nicht-materiellen Betrachtungsweise vorzuziehen, um auch mögliche Verteilungseffekte, die damit einhergehen, bewerten zu können.

Aus den bisherigen Ansätzen und Konzepten lassen sich vier zentrale Erkenntnisse bzw. Forderungen zur Messung des materiellen Wohlstands ableiten:

- Stärkere Fokussierung auf die Einkommenssituation
- Stärkere Betonung der privaten Haushaltsperspektive
- Erfassung nicht-marktlicher Tätigkeiten
- Berücksichtigung der Einkommensverteilung.

Die Analyse der vorgestellten (empirischen) Konzepte zeigt, dass die vier Forderungen nur teilweise umgesetzt wurden. Der NWI und das Arbeits-BIP berücksichtigen beide nicht-marktliche Tätigkeiten. Allerdings werden in beiden Ansätze die Herausforderungen hinsichtlich der Aktualität und Verfügbarkeit der Daten deutlich und unterstreichen damit die Forderung zahlreicher Expertenkommissionen nach einer stetigen und aktuellen Bereitstellung der Daten.[96]

Darüber hinaus enthält der NWI den, über die Einkommensverteilung, gewichteten Konsum. Allerdings können damit keine Aussagen zur Verteilung des Wohlstandes, der dadurch bestimmt wird, getätigt werden. Beim Arbeits-BIP wird neben den nicht-marktlichen Tätigkeiten zudem die Einkommenssituation der privaten Haushalte berücksichtigt. Hierbei wird deutlich, dass das Einkommen aus der Arbeitsleistung ein wichtiger Bestandteil bei der materiellen Wohlstandsentwicklung darstellt und aus diesem Grund von einer möglichen Vermögensperspektive abgesehen wird. Die Konzepte des NWI und des Arbeits-BIPs konzentrieren sich jedoch auf eine makroökonomische Sichtweise des Wohlstandes und abstrahieren daher von einer mikroökonomischen Ebene bzw. der Haushaltsperspektive. Diese ist jedoch wichtig, da sie eine ergänzende Perspektive zur gesamtwirtschaftlichen Betrachtung, die im BIP angewandt wird liefert. Aussagen zum (materiellen) Wohlstand betreffen vor allem die Haushalte, da dieser auf individuelle" Ebene entsteht und die privaten Haushalte damit auch Grundlage für die wirtschaftliche und gesellschaftlichen Entwicklung darstellt.[97]

Zusammenfassend kann somit konstatiert werden, dass aktuell kein Indikator zur Wohlstandsmessung existiert, der die aufgezeigten Forderungen zusammenführt und neben materiellen Wohlstandsaussagen auch der Verteilung des Wohlstandes Rechnung trägt. Daher werden zur Beantwortung der Forschungsfrage

---

96 Vgl. Stiglitz et al. (2009), S. 12f.; Bundestag (2013), S. 237.
97 Vgl. Piorkowsky (2002), S. 40.

im folgenden Kapitel Determinanten abgeleitet, die bei der Entwicklung eines Wohlstandsindikators beachtet werden sollen, der den materiellen Wohlstand auf Haushaltsebene und dadurch entstehende Verteilungsaspekte quantifizieren kann.

3 Determinanten zur materiellen Wohlstandsmessung

Die bisherigen Ausführungen verdeutlichen die Vielschichtigkeit und Interdependenzen in der Wohlstandsdiskussion, aber auch die Unzulänglichkeiten der verschiedenen Wohlstandsmaße. Zum einen kann die Definition des Wohlstandsbegriffs zu unterschiedlichen Erkenntnissen führen. Zum anderen erschwert die unterschiedliche Erfassung und Bewertung der Einflussfaktoren auf den Wohlstand eine Vergleichbarkeit und umfassende Interpretation der Ergebnisse.

Im Fokus dieser Arbeit soll die Messung des materiellen Wohlstandes in Form von Einkommen stehen. Das Konzept des Arbeits-BIPs zeigte, dass aufbauend auf dem verfügbaren Einkommen der privaten Haushalte ergänzende wohlstandsfördernde Einnahmekomponenten herangezogen werden und somit zusätzliche Erkenntnisse in der Wohlstandsentwicklung gewonnen werden können. Zu ähnlichen Erkenntnissen kommen auch die Experten der Enquete-Kommission des deutschen Bundestages bei der Beschreibung des W3-Indikators. Des Weiteren werden in den bestehenden Wohlstandsmaßen die Verteilungswirkungen außer Acht gelassen. In den Ergebnissen der Enquete-Kommission des deutschen Bundestages wird auf den Zusammenhang zwischen Wachstum und Verteilung hingewiesen und auf die Notwendigkeit auch Einkommensverteilungsaspekte bei Wohlstandsaussagen zu berücksichtigen.[98]

Im Folgenden wird an diese Überlegungen angeknüpft und Einflussfaktoren auf die materielle Wohlstandsentwicklung abgeleitet sowie Möglichkeiten zur Verteilungsmessung vorgestellt. Darauf aufbauend wird in Kapitel 3.3 die Forschungsfrage fundiert.

3.1 Zentrale Elemente des materiellen Wohlstands

Im Abschlussbericht der Enquete-Kommission zum Thema „Wachstum, Wohlstand, Lebensqualität" wird explizit darauf verwiesen, dass „[d]er materielle Wohlstand eines Landes […] sowohl durch die marktvermittelte als auch durch die nicht-marktvermittelte Produktion (Kindererziehung, Pflege im Haushalt, Ehrenamt etc.) bestimmt [wird…]."[99] Diese Aussage impliziert, dass der mit dieser Produktion verbundene Faktor Arbeit und das dadurch erwirtschaftete

---

98 Vgl. Bundestag (2013), S. 85ff., 242ff.
99 Bundestag (2013), S. 29.

Einkommen (bei marktvermittelter Produktion) die zentralen Schlüsselfunktionen bei der materiellen Wohlstandsentwicklung bilden.

Im Folgenden werden daher die beiden zentralen Elemente Arbeitsleistung und Einkommen charakterisiert und deren Einfluss auf den materiellen Wohlstand näher beschrieben.

3.1.1 Die Arbeitsleistung als Basis des materiellen Wohlstandes

„Wachstum ist nicht alles, das ist wahr. Aber ohne Wachstum ist alles nichts. Ohne Wachstum keine Arbeitsplätze; ohne Wachstum keine Sanierung der sozialen Sicherungssysteme; ohne Wachstum sinkender Wohlstand; ohne Wachstum werden mehr und mehr Menschen auf der Strecke bleiben."

Angela Merkel[100]

Die Aussage der Bundeskanzlerin verdeutlicht auf anschauliche Weise die Zusammenhänge zwischen Wachstum, Wohlstand und Arbeit. Zudem unterstreicht die skizzierte Wirkungskette den Einfluss des Faktors Arbeit auf unterschiedliche (wirtschaftliche, sozioökonomische, individuelle,…) Bereiche. Ausgehend von diesen Interdependenzen wird der Faktor Arbeit bzw. die Arbeitsleistung aus ökonomischer aber auch aus sozioökonomischer Sicht näher beleuchtet.

In den Wirtschaftswissenschaften hat der Faktor Arbeit, neben dem Faktor Kapital, den entscheidenden Einfluss auf das Wirtschaftswachstum.[101] Die gesamtwirtschaftliche marktlich erbrachte Arbeitsleistung wird in Deutschland über das Volkseinkommen gemessen. Wie bereits in Kapitel 2 dargestellt, ist das Volkseinkommen ein zentraler Bestandteil des BIPs, der im Zuge der dreiteiligen BIP-Bestimmung (Entstehung, Verwendung, Verteilung) auf der Verteilungsseite berücksichtigt wird. In der folgenden Abbildung ist die Zusammensetzung des Volkseinkommens aus dem Jahr 2013 abgebildet.

---

100   Merkel (2003), S. 14f.
101   Vgl. Krugman, Wells (2010), S. 27ff.

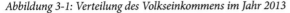

Abbildung 3-1: Verteilung des Volkseinkommens im Jahr 2013

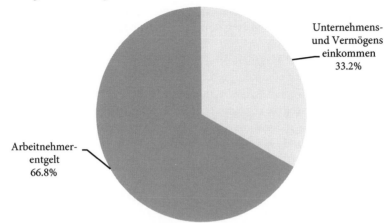

Unternehmens-
und Vermögens
einkommen
33.2%

Arbeitnehmer-
entgelt
66.8%

Quelle: Eigene Darstellung in Anlehnung an Statistisches Bundesamt (2014a), S. 9.

Die Verteilung des Volkseinkommens in Deutschland verdeutlicht, dass über zwei Drittel des Einkommens aus Arbeitnehmerentgelten resultiert, während ca. 33 Prozent den Unternehmens- und Vermögenseinkommen zuzuschreiben sind. Gemäß der Definition des Statistischen Bundesamtes umfasst „[d]as Arbeitnehmerentgelt (Inland) [...] sämtliche Geld- und Sachleistungen, die den innerhalb eines Wirtschaftsgebietes beschäftigten Arbeitnehmern aus den Arbeits- oder Dienstverhältnissen zugeflossen sind. Das Arbeitnehmerentgelt setzt sich zusammen aus den Bruttolöhnen und -gehältern sowie den tatsächlichen und unterstellten Sozialbeiträgen der Arbeitgeber."[102] Dieses Einkommen, das den privaten Haushalten zufließt, wird somit maßgeblich durch die Arbeitsleistung generiert, die am Markt erbracht wird.

Auf der anderen Seite ist der Faktor Arbeit auch eine wichtige Größe in der klassischen Haushaltstheorie. Damit erfüllt die (Erwerbs-)Arbeit eine Doppelfunktion, da sie als „Produktionsfaktor [...] an Verwertungs- und Reproduktionsbedingungen des Wirtschaftssystems gebunden [ist]" und sie zudem „als Teil der Lebensführung und Einkommensgrundlage der Individuen [...] an lebensweltliche Reproduktionsbedingungen gekoppelt und Teil biografischer Lebenskonstruktionen"[103] ist.

---

102   Vgl. VGRdL, Definition Arbeitnehmerentgelte.
103   Alda et al. (2004), S. 70.

Gemäß der klassischen Haushaltstheorie verteilen die Haushalte ihre zur Verfügung stehende Zeit zwischen Arbeit und Freizeit. Die Entscheidung für die Arbeitszeit hat ein mögliches Konsum- bzw. Sparverhalten zur Folge und hilft, den materiellen Wohlstand zu erhöhen. Basierend auf dieser individuellen Aufteilung kann jeder Haushalt seine individuelle Nutzenfunktion maximieren.[104] Die optimale Zeitaufteilung kommt zustande, wenn der Grenznutzen einer zusätzlichen Einheit Arbeit dem Grenznutzen einer Einheit Freizeit entspricht. Anders ausgedrückt muss der Reallohn der marginalen Grenzrate der Substitution zwischen Konsum und Freizeit entsprechen.[105] Somit kann der Haushalt gemäß seiner Nutzenfunktion und den Budgetrestriktionen sein optimales Verhältnis zwischen Arbeit und Freizeit finden. Der Begriff Freizeit wird dabei im Allgemeinen mit der Zeit außerhalb der Arbeitszeit beschrieben, über die das Individuum selbst verfügen und entscheiden kann.[106] Die Zeitsouveränität, die mit der individuellen Optimierung von Arbeitszeit und Freizeit einhergeht ist elementar bei der Lebensgestaltung und den Wohlstandsmöglichkeiten auf der Haushaltsebene.[107] Allerdings können hierbei nur am Markt entlohnte Tätigkeiten in die Entscheidung miteinbezogen werden. Die sogenannten nicht-marktlichen Tätigkeiten werden aufgrund ihrer „Nicht-Erfassung" (vgl. Kapitel 2.1) in diesem ökonomischen Modell nicht berücksichtigt. Hierbei handelt es sich um Tätigkeiten, die zwar nicht über die Märkte erfasst werden bzw. erfasst werden können, aber dennoch Teil der Arbeitsleistung sind. Sie werden in der Berechnung des BIPs, respektive des Volkseinkommens, jedoch nicht berücksichtigt.

Neben der ökonomischen Abgrenzung kann der Arbeitsbegriff in einem sozialökonomischen Kontext in die zwei Unterbegriffe Erwerbsarbeit und Eigenarbeit differenziert werden. Hierbei wird die Arbeitsleistung sowohl in einem ökonomischen Kontext als auch mit Blick auf die Lebensweise der Individuen, die die Arbeit anbieten, erfasst.[108] Die Abgrenzung bzw. Erfassung der Erwerbsarbeit ist in den verschiedenen wissenschaftlichen Disziplinen bereits seit langer Zeit ein zentraler Bestandteil.[109] Hinsichtlich der Eigenarbeit sind diese Parameter hingegen schwieriger zu spezifizieren. Oftmals wird die Eigenarbeit dabei als zentrales und bestimmendes Element der Lebensweise angesehen. Unter dem

---

104   Vgl. Becker (1965), S. 495, 513.
105   Vgl. Krugman, Wells (2010), S. 385 ff.
106   Vgl. auch Becker (1965), S. 502f., 513.
107   Vgl. Kettschau et al. (2004), S. 18; Hacket (2012), S. 681ff.
108   Vgl. Baethge, Bartelheimer (2005), S. 56.
109   Vgl. u.a. Gorz (2000), Baur (2001), Raehlmann (2004), Sesselmeier et al. (2010).

Begriff Eigenarbeit wird die Haushaltsproduktion, soziales Engagement und ähnliches subsummiert.[110]

Es wurde gezeigt, dass die Arbeitsleistung ein zentrales Element des materiellen Wohlstandes darstellt. Allerdings steht dabei maßgeblich die Erwerbsarbeit im Vordergrund, da diese einen direkten ökonomischen Gegenwert hat. Im Folgenden wird daher näher auf das Einkommen eingegangen, das den Haushalten durch den Faktor Arbeit zur Verfügung steht. Die nicht-marktlichen Tätigkeiten bzw. die Eigenarbeit wird in diesem Zusammenhang immer wieder vernachlässigt bzw. nicht berücksichtigt, obwohl auch sie als Teil der Arbeitsleistung identifiziert werden konnte.

3.1.2 Das verfügbare Einkommen als monetäre Messgröße der marktlichen Arbeitsleistung

Das verfügbare Einkommen der privaten Haushalte ist ein wichtiger Indikator für das Wohlergehen und den Lebensstandard einer Volkswirtschaft.[111] Die Expertengruppe der Stiglitz-Sen-Fitoussi-Kommission stellte in ihren Ausführungen zur Messung des Wohlstandes und sozialen Fortschritts unter anderem auch heraus, dass unter wohlfahrtsorientierten Gesichtspunkten die Verwendung des Nettoeinkommens zu präferieren sei.[112] Im vorherigen Kapitel konnte zudem gezeigt werden, dass die Arbeitnehmerentgelte ein zentraler Bestandteil des Volkseinkommen sind, die durch den Faktor Arbeit erwirtschaftet werden. Darüber hinaus stehen den privaten Haushalten noch weitere Einkommenskomponenten, wie beispielsweise Sozialtransfers, als Einkommen zur Verfügung. Aus gesamtwirtschaftlicher Sicht kann das verfügbare Einkommen der privaten Haushalte über folgenden funktionalen Zusammenhang dargestellt werden:

---

110 Vgl. Baethge, Bartelheimer (2005), S. 55; Hacket (2012).

111 Vgl. OECD (2012), S. 60. In der Literatur zudem darauf hingewiesen, dass das Nettonationaleinkommen bzw. das verfügbare Einkommen besser zur Messung des materiellen Wohlstandes geeignet ist als das BIP (vgl. u.a. Brümmerhoff, Grömling (2011), S. 308 sowie Ausführungen in Kapitel 2.2). Darüber hinaus wird oftmals auch auf den privaten Konsum der Volkswirtschaft zurückgegriffen, um Aussagen zum materiellen Wohlstand zu generieren (vgl. NWI). Allerdings wird der Konsum als zu eng gefasstes Maß bzw. Grundlage zur materiellen Wohlstandsmessung gesehen (vgl. Suntum (2011), S. 27).

112 Vgl. Stiglitz et al. (2009), S. 12ff.

Tabelle 3-1: Vom BIP zum verfügbaren Einkommen der privaten Haushalte

Bruttoinlandsprodukt
+ Primäreinkommen aus der übrigen Welt
− Primäreinkommen an die übrige Welt
= Bruttonationaleinkommen
− Abschreibungen
= Nettonationaleinkommen (Primäreinkommen)
+ Saldo der laufenden Transfers an/aus der übrigen Welt
= Verfügbares Einkommen der Gesamtwirtschaft
− Direkte Steuern
− Sozialversicherungsbeiträge
+ Transfereinkommen
= Verfügbares Einkommen der privaten Haushalte

Quelle: Eigene Darstellung, in Anlehnung an Statistisches Bundesamt (2014a), S. 17, 25.

Ausgehend vom Bruttoinlandsprodukt ergibt sich unter Berücksichtigung von Primäreinkommensströmen an bzw. aus der übrigen Welt und Abschreibungen das deutsche Nettonationaleinkommen. Gemäß der Volkswirtschaftlichen Gesamtrechnung der Länder resultiert das verfügbare Einkommen der privaten Haushalte (Ausgabenkonzept) daraus,

> „...dass dem Primäreinkommen einerseits die monetären Sozialleistungen und sonstigen laufenden Transfers hinzugefügt werden, die die privaten Haushalte überwiegend seitens des Staates empfangen; abgezogen werden dagegen andererseits Einkommen- und Vermögensteuern, Sozialbeiträge und sonstige laufende Transfers, die von den privaten Haushalten zu leisten sind. Das Verfügbare Einkommen der privaten Haushalte entspricht damit den Einkommen, die den privaten Haushalten letztendlich zufließen und die sie für Konsum- und Sparzwecke verwenden können."[113]

Im Jahr 2013 betrug das verfügbare Einkommen nach dem Ausgabenkonzept 1.717 Milliarden Euro.[114] Das verfügbare Einkommen der privaten Haushalte wird in den Volkswirtschaftlichen Gesamtrechnungen vierteljährlich und jährlich zur Verfügung gestellt. Damit stehen monetäre Informationen zur marktlichen Arbeitsleistung und dem damit verbundenen materiellen Wohlstand auf Makroebene zur Verfügung.

---

113 Vgl. Begriffsdefinition der Statistischen Ämter des Bundes und der Länder (http://www.vgrdl.de/arbeitskreis_vgr/definitionen.asp).
114 Vgl. Statistisches Bundesamt (2014b), S. 12.

Neben dem makroökonomisch relevanten Einkommen aus der VGR, werden zudem auf Haushaltsebene Befragungen durchgeführt, um das Nettoeinkommen zu ermitteln.[115] Damit können weitere Informationen zum Einkommen der privaten Haushalte, das maßgeblich durch die Arbeitsleistung der privaten Haushalte generiert wird, auf Mikroebene zur Verfügung gestellt werden. Das verfügbare Einkommen können die Haushalte zu Konsum- und/oder Sparzwecken verwenden und haben damit eine Konsumfreiheit, die durch den materiellen Wohlstand ermöglicht wird. Mit dieser monetären Größe kann der Wohlstandseffekt des Faktors Arbeit operationalisiert werden. Im Allgemeinen werden die Einkommensdaten auf mikroökonomischer Haushaltsebene über amtliche Haushaltsbefragungen wie etwa den Mikrozensus (MZ), die laufende Wirtschaftsrechnung (LWR) oder die Einkommens- und Verbrauchsstichprobe (EVS), das Sozio-oekonomische Panel (SOEP) und die Einkommenssteuerstatistik gewonnen. Wie bereits erwähnt wird der Fokus auf das Einkommen, das durch die marktliche Arbeitsleistung erwirtschaftet wird, gelegt. Somit wird von einer Betrachtung von Vermögenskomponenten (z.B. Sachanlagen oder Geldvermögen) der privaten Haushalte abstrahiert.[116]

In der folgenden Abbildung sind die konzeptionellen Unterschiede von Mikrozensus, EVS und SOEP kurz gegenübergestellt. Die drei Befragungskonzepte weisen sowohl in den allgemeinen Kategorien des Stichprobenumfangs und Berichtszeitraums als auch bei den Einkommenskategorien Unterschiede auf. Aufbauend auf diesen Unterschieden werden die drei Konzepte kurz charakterisiert sowie deren mögliche Verwendung im Kontext der Messung des materiellen Wohlstandes im Rahmen dieser Arbeit bewertet.

---

115 Vgl. Schwahn, Schwarz (2012), S. 830f.

116 Niehues und Schröder weisen beispielsweise darauf hin, dass die Erfassung von Vermögenswerten durch Haushaltsbefragungen wie im SOEP oder der EVS mit methodischen Herausforderungen verbunden ist. Zum einen ist die Bereitschaft Angaben zu diesen Werten zu machen in vielen Fällen gering und zum anderen können viele Befragte keine Bewertung der Vermögensgegenstände zu Marktwerten vornehmen (vgl. Niehues, Schröder (2012), S. 4f.).

Abbildung 3-2: Konzeptionelle Unterschiede von Haushaltsbefragungen

	MZ	SOEP	EVS
Stichprobenumfang	340.000 Haushalte	11.000 Haushalte	55.000 Haushalte
Berichtszeitraum/ Erhebungsrhythmus	Letzter Monat vor Berichtswoche / jährlich	Retrospektiv letztes Jahr / jährlich	4 Quartale im Erhebungsjahr / alle fünf Jahre
Besonderheiten	Einkommens- kategorien	Imputationen zur Kompensation von Antwortausfällen	Einkommen <18.000€, keine Imputationen
VGR-relevante Bruttoeinkommens- komponenten	–	20	37
Haushaltsnetto- einkommen	Selbsteinschätzung	Bruttoeinkommens- bestandteile und Modellrechnungen	Einkommens- bestandteile aus Erhebung

Quelle: Eigene Darstellung in Anlehnung an Schwahn, Schwarz (2010), S. 10.

Der größte Stichprobenumfang der drei aufgezeigten Befragungen liegt beim Mikrozensus mit 340.000 befragten Haushalten vor, der eine Zufallsstichprobe von ca. 1 Prozent der in Deutschland lebenden Personen darstellt. Die ausgewählten Haushalte sind verpflichtet an der Befragung teilzunehmen.[117] Die Höhe des Haushaltsnettoeinkommens wird über eine Selbsteinschätzung der Haushaltsmitglieder ermittelt und bezieht sich auf den Monat vor der letzten Berichtswoche. Eine Differenzierung nach verschiedenen Einkommensarten ist nicht möglich, jedoch nach Einkommenskategorien. Die Einkommen werden dabei in unterschiedlich hohe Einkommensklassen (von unter 500 Euro bis 4.500 Euro und mehr) eingeteilt. Aufgrund der fehlenden Ausweisung von Einkommenskomponenten enthält der Mikrozensus – trotz seines hohen Stichprobenumfangs und regelmäßigen Erhebungsrhythmus – keine VGR-relevanten Einkommensinformationen.[118]

Das SOEP weist dagegen den geringsten Stichprobenumfang mit ca. 11.000 befragten Haushalten auf. Das sozioökonomische Panel ist eine repräsentative jährliche Wiederholungsbefragung im Auftrag des DIW Berlin. Seit dem Jahr 1984 machen ca. 20.000 Personen in ca. 11.000 Haushalten Angaben über Einkommen,

---

117 Vgl. Statistisches Bundesamt (2013b), S. 7f.
118 Vgl. Schwahn, Schwarz (2012), S. 835.

Erwerbstätigkeit, Bildung oder Gesundheit.[119] Die Befragungen des SOEP erlauben detaillierte Auswertungen zur Haushaltszusammensetzung und dem Einkommen. Allerdings werden die Haushalte über ihre Einkommenssituation rückwirkend befragt, was zu Unterschätzungen bzw. Verzerrungen führen kann. Bei fehlenden Angaben wird über ein Imputationsverfahren das Haushaltsnettoeinkommen indirekt über Bruttoeinkommensbestandteile in Kombination mit Modellrechnungen bestimmt.[120] Durch die Panelstruktur können beispielsweise Veränderungen in der Einkommensentwicklung und der Einkommenszusammensetzung der privaten Haushalte im Zeitverlauf analysiert werden.[121]

Die Einkommens- und Verbrauchsstichprobe (EVS) ist eine – im fünf Jahres Turnus –, amtliche Erhebung um die Lebensverhältnisse, konkret die Einkommens- und Konsumsituation, in Deutschland erfassen und bewerten zu können.[122] Darüber hinaus werden die Ergebnisse für die Verwendungsrechnung der Volkswirtschaftlichen Gesamtrechnung herangezogen. Die EVS wird über eine repräsentative Quotenstichprobe auf Basis des Mikrozensus gezogen, die per Gesetz eine 0,2 Prozent-Stichprobe des entsprechenden Mikrozensus umfasst. Dieses Verfahren ermöglicht eine Differenzierung der EVS-Ergebnisse nach Haushaltstyp, sozialer Stellung des Haupteinkommensbeziehers sowie nach den korrespondierenden monatlichen Haushaltsnettoeinkommen. Die Ergebnisse lassen somit generelle Rückschlüsse auf die Einkommenssituation der privaten Haushalte in Deutschland zu. Das Haushaltsnettoeinkommen wird direkt über eine Erhebung gewonnen, allerdings werden aufgrund des gewählten Quotierungsverfahrens Haushalte mit einem monatlichen Haushaltsnettoeinkommen über 18.000 Euro nicht berücksichtigt. Des Weiteren weisen die Daten 37 VGR-relevante Bruttoeinkommensdaten auf. Im Jahr 2013 wurde die letzte Erhebung durchgeführt, deren Ergebnisse jedoch noch nicht vollständig veröffentlicht sind. Die Daten der EVS aus dem Jahr 2008 sind somit die aktuell verfügbarsten. Ergänzend zur EVS wird jährlich eine Unterstichprobe gezogen.[123] In der sogenannten laufenden Wirtschaftsrechnung (LWR) werden ebenfalls Informationen zu Einnahmen und Ausgaben der privaten Haushalte bereitgestellt.

---

119 Vgl. u.a. Frick et al. (2007); Nähere Informationen sind unter http://www.diw.de/soep zu finden.
120 Vgl. Grabka, Goebel (2013), S. 16f.
121 Vgl. Grabka, Goebel (2013).
122 Vgl. Statistisches Bundesamt (2012a), S. 4ff.
123 Das heißt, die für die LWR anzuwerbenden Haushalte werden aus der letzten Befragung der EVS ausgewählt. Diese Haushalte bilden grundsätzlich zur nächsten EVS-Befragung die Stichprobe der LWR. Statistisches Bundesamt (2012c), S. 4.

Alle drei Haushaltsbefragungen ergänzen somit die makroökonomische monetäre Sicht der Arbeitsleistung durch das Volkseinkommen mit mikroökonomischen Daten zum Haushaltsnettoeinkommen. Diese Arbeit fokussiert sich auf die Einkommensdaten der EVS, die mit 55.000 befragten Haushalten den zweitgrößten Stichprobenumfang der dargestellten Konzepte hat. Zudem sind durch die Erhebungsmethodik die größten Schnittstellen und die beste Kompatibilität mit der VGR gewährleistet. Dies ist vor dem Hintergrund einer zielgerichteten Erweiterung des BIPs zu einem Wohlstand- und Verteilungsmaß eine wichtige Voraussetzung.

Durch die Befragungen werden zudem sozioökonomische Merkmale der Haushalte, wie etwa die Haushaltszusammensetzung und Altersstruktur eruiert, die weiterführende Untersuchungen hinsichtlich der Verwendung und Verteilung des Einkommens ermöglichen.[124]

3.2 Ergänzende wohlstandsrelevante Komponenten der Arbeitsleistung

Die bisherigen Ausführungen haben gezeigt, dass die Arbeitsleistung und das damit einhergehende Einkommen die zentrale Rolle für den materiellen Wohlstand spielen. Allerdings werden dabei nur die offiziellen, weil marktliche Arten von Arbeit berücksichtigt. Des Weiteren wurden die Unzulänglichkeiten des BIPs als Maßzahl für den Wohlstand und die Lebensqualität einer Gesellschaft vor allem im Bereich der nicht-marktlichen Produktion deutlich.[125] Ausgehend von den zentralen Forderungen, die in Kapitel 2.3 abgeleitet wurden, stehen in den kommenden Abschnitten vor allem folgende Aspekte im Vordergrund:

- Stärkere Fokussierung auf die Einkommenssituation
- Stärkere Betonung der privaten Haushaltsperspektive
- Erfassung der nicht-marktlichen Tätigkeiten

Bei der Ermittlung des Bruttoinlandprodukts werden zwar alle markt-relevanten Tätigkeiten erfasst, die wiederum zur Entstehung des Volkseinkommens beitragen bzw. Auswirkungen auf das Volkseinkommen haben. Allerdings werden viele Facetten der Arbeitsleistung durch die Erhebungssystematik des BIPs nicht

---

124 In Kapitel 4.2.3 wird diese Thematik noch einmal aufgegriffen und weitere, vor allem empirische Informationen zum Nettoeinkommen der privaten Haushalte näher ausgeführt.

125 Vgl. u.a. Bundestag (2013), S. 24ff. sowie Ausführungen in Kapitel 2.

berücksichtigt.[126] Diese sogenannten nicht-marktlichen Tätigkeiten werden und können zum Teil nicht alle entlohnt werden bzw. deren Entlohnung wird nicht offiziell erfasst. Dadurch wird das BIP bzw. das verfügbare Einkommen der privaten Haushalte im BIP systematisch unterschätzt.[127] Dennoch haben die nicht-marktlichen Tätigkeiten einen Einfluss auf den (materiellen) Wohlstand der Gesellschaft. Da dieser einer materiellen Vermögensgröße entspricht, würde er durch die Berücksichtigung dieser Tätigkeiten positiv beeinflusst.[128] Dabei stehen vor allem die Arbeiten im Haushalt im Mittelpunkt der nicht-marktlichen Tätigkeiten. Zudem können auch Tätigkeiten im Bereich des Ehrenamtes und der Schwarzarbeit in diesem Zusammenhang angeführt werden.[129] Im besonderen Fall der Schwarzarbeit zeigt sich, dass bei der Berechnung des BIPs durchaus Abschätzungen in diesem Bereich vorgenommen werden, die jedoch nicht umfassend sind bzw. sein können und sich nicht unbedingt auf den Faktor Arbeit, sondern eher auf die Bruttowertschöpfung o.ä. beziehen.[130]

In den folgenden Unterkapiteln werden aus bestehenden Veröffentlichungen verschiedene wohlstandsrelevante Komponenten, die aus nicht-marktlichen Tätigkeiten hervorgehen, abgeleitet und vorgestellt. In dieser Arbeit werden diejenigen Faktoren als wohlstandsrelevant verstanden, die zu einer Erhöhung des materiellen Wohlstands[131] – in Form von Einkommen durch den Faktor Arbeit – beitragen. Der Fokus wird hierbei auf folgende nicht-marktliche Tätigkeiten gelegt:

- Schwarzarbeit[132]
- Haushaltsproduktion[133]
- Ehrenamt[134]

---

126 Vgl. u.a. Glatzer, Berger-Schmitt (1987), S. 239.
127 Vgl. Stiglitz et al. (2009), S. 37.
128 Vgl. Spangenberg, Lorek (2002), S. 459.
129 Vgl. Spangenberg, Lorek (2002), S. 462; Schaffer, Stahmer (2005), S. 230.
130 Vgl. Stiglitz et al. (2009), S. 35ff.
131 Vgl. Spangenberg, Lorek (2002), S. 458.
132 Weiterführende Informationen zum Thema „Schwarzarbeit" im vorliegenden Kontext, sind u.a. zu finden bei: Statistisches Bundesamt (2007), S. 395ff.; Sesselmeier, Ostwald (2011), S. 15ff.; Deutscher Bundestag (2013), S. 131; Heilmann (2014).
133 Weiterführende Informationen zum Thema „Haushaltsproduktion" im vorliegenden Kontext, sind u.a. zu finden bei: Schäfer (1994, 2004a, b); Braakmann (2009); Diefenbacher, Zieschank (2010); Paqué (2011); Sesselmeier, Ostwald (2011); Heilmann (2014).
134 Weiterführende Informationen zum Thema „Ehrenamt" im vorliegenden Kontext, sind u.a. zu finden bei: Schäfer (1994, 2004a, b); Mutz, Korfmacher (2004); Diefenbacher, Zieschank (2010); Sesselmeier, Ostwald (2011); Heilmann (2014).

Diese sogenannten nicht-marktlichen Tätigkeiten können und werden aktuell nicht umfassend über amtliche Statistiken erfasst werden. Zum einen werden sie nicht über den regulären (Arbeits-)Markt gehandelt und weisen teilweise keinen direkten monetären Gegenwert auf. Zum anderen sind die Tätigkeiten nicht eindeutig abzugrenzen bzw. zu definieren. Um dem beizukommen, werden nachfolgend verschiedene Abgrenzungsansätze dieser Komponenten vorgestellt und damit einhergehende Herausforderungen diskutiert.

3.2.1 Schwarzarbeit

In Deutschland werden alle offiziellen marktlichen wirtschaftlichen Aktivitäten über die Volkswirtschaftlichen Gesamtrechnungen – mit Hilfe der Entstehungs-, Verwendungs- und Verteilungsseite (BIP) – erfasst und regelmäßig veröffentlicht. Darüber hinaus gibt es noch einen inoffiziellen Bereich, der ebenfalls Wertschöpfung bzw. Einkommen generiert, jedoch nicht (vollständig) in den VGRs erfasst werden kann.[135] Oftmals wird der sogenannte inoffizielle Sektor mit dem Begriff Schattenwirtschaft beschrieben. Meist werden die Begriffe „Schattenwirtschaft" und „Schwarzarbeit" allerdings synonym verwendet, was unter anderem auf eine fehlende und einheitliche Definition bzw. Abgrenzung der beiden Begriffe zurückzuführen ist.[136] Die einschlägige Literatur versucht, die Schattenwirtschaft bzw. Schwarzarbeit über statistische, steuerrechtliche und juristische Definitionskriterien von anderen wirtschaftlichen Aktivitäten abzugrenzen.[137] Ausgehend von diesem Definitionsdreieck werden im Folgenden verschiedene Abgrenzungsmöglichkeiten der Schattenwirtschaft und Schwarzarbeit vorgestellt. Anschließend werden Methoden zur Erfassung und ökonomischen Messung der Schwarzarbeit aufgezeigt. Mithilfe der präsentierten Forschungsergebnisse wird eine Definition der Schwarzarbeit abgeleitet, die zur Beantwortung der Fragestellung dieser Arbeit relevant ist.

In der nachfolgenden Abbildung wird der Versuch unternommen die Wirtschaft in einen offiziellen – und damit im BIP erfassten – Sektor und einen inoffiziellen – der nur zum Teil erfasst ist bzw. werden kann – Sektor zu gliedern.

---

135 Vgl. Statistisches Bundesamt (2007), S. 395ff.
136 Vgl. u.a. Enste, Schneider (2006); Graf (2007); Koch (2007).
137 Vgl. Boockmann et al. (2010), S. 11.

Abbildung 3-3: Offizielle und inoffizielle Sektoren einer Volkswirtschaft

	Offizieller Sektor	Inoffizieller Sektor			
		Haushalts-Sektor	Informeller Sektor	Irregulärer Sektor	Krimineller Sektor
VGR Einteilung	BIP	Selbstversorgungswirtschaft (legal)		Schattenwirtschaft (illegal)	
Gehandelte Güter/ Ausführung	legal/legal	legal/legal	legal/legal	legal/illegal	illegal/illegal
Markt-transaktion	ja	ja	ja	ja	ja
Beispiele	Industrie, Dienstleistungen	Hausarbeit, Eigenarbeit beim Hausbau, Kinderbetreuung	Nachbarschaftshilfe, Ehrenamt	Schwarzarbeit	Hehlerei, Menschenhandel, Drogenhandel

Quelle: Eigene Darstellung, in Anlehnung an Enste (2002), OECD (2002).

Es wird deutlich, dass im inoffiziellen Sektor neben legal gehandelten Waren und Dienstleistungen auch illegale vorhanden sind. Generell lässt sich der inoffizielle Sektor in einen Haushaltssektor, einen informellen Sektor, einen irregulären Sektor sowie einen kriminellen Sektor gliedern. Enste unterscheidet in seinen Ausführungen noch zwischen einer Selbstversorgungswirtschaft (Haushaltssektor und informeller Sektor) und der Schattenwirtschaft (irregulärer Sektor und krimineller Sektor).[138] Ein Kriterium dieser Einteilung ist die legale bzw. illegale Eigenschaft der Güter bzw. ihrer Transaktionen. Während die Markttransaktionen des offiziellen Sektors über das BIP erfasst werden, ist dies im inoffiziellen Sektor nur teilweise der Fall. So werden Abschätzungen zu einigen Teilen der Schattenwirtschaft bei der Berechnung des BIPs berücksichtigt. Beispielsweise wird die Bußgeldliste des Zentralverbands des Deutschen Handwerks zur Quantifizierung der Schattenwirtschaft herangezogen. Auch Zuschätzungen für bestimmte (nicht versteuerbare) Einnahmequellen, wie etwa Trinkgelder, fließen mit ein.[139] Damit wird der Faktor Schwarzarbeit zwar bei der Entstehung des BIPs teilweise berücksichtigt, jedoch nicht bei der

---

138 Vgl. Enste (2002), S. 8ff.
139 Vgl. Statistisches Bundesamt (2007), S. 403.

41

Verteilung des Volkseinkommens.[140] Daher kann es bei der Modellierung der Schwarzarbeit ggf. zu Doppelzählungen kommen, die unter Berücksichtigung der vorsichtigen Abschätzungen als nicht allzu relevant einzuschätzen sind. Allerdings weist das Statistische Bundesamt keine konkreten Angaben zur Höhe der Schattenwirtschaft bzw. der Schwarzarbeit aus.[141]

Im inoffiziellen Sektor werden im Gegensatz zum offiziellen Sektor nur privatwirtschaftliche Aktivitäten, also keine öffentlichen Aktivitäten, subsummiert. Zudem werden im inoffiziellen Sektor – bis auf den kriminellen Sektor – (gesamtwirtschaftlich) wertschöpfende Aktivitäten durchgeführt, die jedoch nicht bei der Bestimmung des BIPs berücksichtigt werden. Der kriminellen Sektor sind sowohl die gehandelten Güter als auch die Ausführung der Tätigkeiten illegal, die zum Teil gegen Menschenrechte verstoßen oder gesundheitsgefährdend sind. Daher wird davon ausgegangen, dass diese Tätigkeiten keinen gesamtwirtschaftlichen Wohlstand generieren.[142] Zu den Tätigkeiten des inoffiziellen Sektors zählen beispielsweise die Kinderbetreuung durch die Eltern oder Großeltern, die Nachbarschaftshilfe, aber auch Dienstleistungen, die schwarz erbracht werden. In der Literatur werden für diese Nichterfassung meistens folgende Gründe aufgeführt:[143]

- Keine Erfassung aufgrund von internationalen Standards (Selbstversorgungswirtschaft, Haushaltsproduktion)
- Unzureichende Erfassung der Aktivitäten in der VGR aufgrund der Erhebungsmethodik (z.B. Meldepflichten an Sozialversicherungsträger, keine marktliche Transaktion, z.T. Haushaltsproduktion, ehrenamtliche Tätigkeiten, usw.)
- Verheimlichung der Wertschöpfung (z.B. Schwarzarbeit)

Die folgende Abbildung bzw. die aufgeführten Beispiele verdeutlichen weiterhin, dass die Abgrenzung der Aktivitäten des informellen und des irregulären Sektors schwierig ist und damit die Erfassung der Schattenwirtschaft erschwert wird. Allerdings zeigt diese Einteilung bereits, dass die Schwarzarbeit „nur" einen Teil der Schattenwirtschaft darstellt und somit nicht mit ihr gleichgesetzt werden kann.

Neben der sektoralen Einteilung einer Volkswirtschaft haben Enste und Hardege versucht den inoffiziellen Sektor weiter zu differenzieren bzw. zu klassifizieren.[144]

---

140 Vgl. Braakmann (2004), S. 9ff.
141 Vgl. Janisch, Brümmerhoff (2004), S. 23f.
142 Vgl. Enste (2003), S. 3f.
143 Vgl. Enste (2002), S. 8.
144 Vgl. Enste, Hardege (2007), S. 3.

Abbildung 3-4: Teilbereiche des inoffiziellen Sektors

	Haushalts und Selbst-versorgungswirtschaft	Schattenwirtschaft	Untergrundwirt-schaft
Güter	Legal	Legal	Illegal
Ausführung	Legal	Illegal	Illegal
Beispiele	• Eigenleistungen beim Hausbau. Reparaturen im Haushalt • Kinderbetreuung • Nachbarschaftshilfe • Arbeit in Selbsthilfe-organisationen • Ehrenamtliche Tätigkeiten • Realtausch	• Schwarzarbeit (Verstoß gegen Gewerbe-/Handwerks-ordnung oder/und Steuer- und Abgabenhinterzie-hung) • Leistungsmissbrauch • Materialbeschaffung ohne Rechnung	• Hehlerei • Drogenhandel • Verbotene Glücksspiele • Betrug • Schmuggel • Menschenhandel

Quelle: Enste, Hardege (2007).

Abweichend von der Abgrenzung aus dem Jahr 2002 wird hier eine Trennung von irregulärem (jetzt: Schattenwirtschaft) und kriminellem (jetzt: Untergrund-wirtschaft) Sektor vorgenommen. Allerdings wird auch hier deutlich, dass die Schwarzarbeit nur einen Teilbereich der Schattenwirtschaft darstellt. Die Schwarzarbeit bezieht sich somit nur auf die geleisteten Arbeitsstunden, die zur Erstellung der prinzipiell legalen Waren und Dienstleistungen notwendig sind. Im Gegensatz dazu umfasst die Schattenwirtschaft in diesem Sektor – nach dieser Einteilung – zusätzliche wertschöpfende Elemente, wie die Materialbeschaffung ohne Rechnung. Mit Hilfe dieser Einteilung kann nun auch, unter Einbezie-hung der Definition der OECD des informellen Sektors[145], eine Trennung von informellem und irregulärem Sektor vorgenommen werden. Somit werden im informellen Sektor Tätigkeiten ausgeführt, die nicht als vorrangiges Ziel die Hin-terziehung von Steuern und Sozialabgaben haben, dazu zählen beispielsweise Nachbarschaftshilfe oder ehrenamtliche Tätigkeiten. An dieser Stelle muss je-doch betont werden, dass diese Abgrenzung keinesfalls eine statistisch klare De-finition impliziert, die Einordnung der Tätigkeiten jedoch erleichtert.

Ergänzend dazu werden oftmals noch die gesetzlichen Definitionen der Schwarzarbeit, die im „Gesetz zur Intensivierung der Bekämpfung der Schwarz-arbeit und damit zusammenhängender Steuerhinterziehung (SchwarzArbG)"

---

145 Vgl. OECD (2002).

aus dem Jahr 2004 geregelt ist, herangezogen. Diese lautet nach §1 Abs. 2 und 3 SchwarzArbG[146]:

§1 Abs. 2: Schwarzarbeit leistet, wer Dienst- oder Werkleistungen erbringt oder ausführen lässt und dabei:

1. *als Arbeitgeber, Unternehmer oder versicherungspflichtiger Selbstständiger seine sich aufgrund der Dienst- oder Werkleistungen ergebenden sozialversicherungsrechtlichen Melde-, Beitrags- oder Aufzeichnungspflichten nicht erfüllt,*
2. *als Steuerpflichtiger seine sich aufgrund der Dienst- oder Werkleistungen ergebenden steuerlichen Pflichten nicht erfüllt,*
3. *als Empfänger von Sozialleistungen seine sich aufgrund der Dienst- oder Werkleistungen ergebenden Mitteilungspflichten gegenüber dem Sozialleistungsträger nicht erfüllt,*
4. *als Erbringer von Dienst- oder Werkleistungen seiner sich daraus ergebenden Verpflichtung zur Anzeige vom Beginn des selbstständigen Betriebes eines stehenden Gewerbes (§ 14 der Gewerbeordnung) nicht nachgekommen ist oder die erforderliche Reisegewerbekarte (§ 55 der Gewerbeordnung) nicht erworben hat,*
5. *als Erbringer von Dienst- oder Werkleistungen ein zulassungspflichtiges Handwerk als stehendes Gewerbe selbstständig betreibt, ohne in der Handwerksrolle eingetragen zu sein (§ 1 der Handwerksordnung)."*

§1 Abs. 3: Absatz 2 findet keine Anwendung für nicht nachhaltig auf Gewinn gerichtete Dienst- oder Werkleistungen, die

1. *von Angehörigen im Sinne des § 15 der Abgabenordnung oder Lebenspartnern,*
2. *aus Gefälligkeit,*
3. *im Wege der Nachbarschaftshilfe oder*
4. *im Wege der Selbsthilfe im Sinne des § 36 Abs. 2 und 4 des Zweiten Wohnungsbaugesetzes in der Fassung der Bekanntmachung vom 19. August 1994 (BGBl. I S. 2137) oder als Selbsthilfe im Sinne des § 12 Abs. 1 Satz 2 des Wohnraumförderungsgesetzes vom 13. September 2001 (BGBl. I S. 2376), zuletzt geändert durch Artikel 7 des Gesetzes vom 29. Dezember 2003 (BGBl. I S. 3076),*

erbracht werden. Als nicht nachhaltig auf Gewinn gerichtet gilt insbesondere eine Tätigkeit, die gegen geringes Entgelt erbracht wird.

Somit fallen die Haushaltsproduktion, der informelle Sektor (Nachbarschaftshilfe und Ehrenamt) und die Tätigkeiten des illegalen Sektors nicht

---

146   Vgl. BMJ (2004).

unter das SchwarzArbG. Es kann konstatiert werden, dass Schwarzarbeit laut Gesetz legale wirtschaftliche Aktivitäten beinhaltet, deren Ausführungen jedoch illegal sind und somit keine Steuern und Sozialabgaben entrichtet werden. Dieser fiskalische und steuerrechtliche Aspekt wird im Kontext der Schwarzarbeit immer wieder betont. Der ökonomische Vorteil, der sich aus der Nicht-Versteuerung des Einkommens ergibt, ist somit eines der Hauptmotive für Schwarzarbeit.[147]

Im Sinne der vorliegenden Arbeit, bei der das verfügbare Einkommen sowie die Arbeitsleistung als zentrale Elemente der Wohlstandsentwicklung abgeleitet wurden, können die aufgeführten Abgrenzungen als mögliche Basis zur Ermittlung der Schwarzarbeit herangezogen werden. Somit werden unter dem Begriff „Schwarzarbeit" nur die schwarz geleisteten Arbeitsstunden, die mit dem Ziel Steuern und Abgaben zu sparen ausgeführt werden, subsummiert und vom möglichen bzw. notwendigen Materialeinsatz abstrahiert.

Die ausgeführten Herausforderungen bei der Abgrenzung der Schattenwirtschaft und Schwarzarbeit verdeutlichen bereits, dass es auch Herausforderungen bei der Erfassung der Schwarzarbeit gibt. So erweisen sich explizite Befragungen aufgrund der Illegalität der Schwarzarbeit als schwierig und sind zum Teil wenig aussagekräftig – auch wenn diese anonym getätigt werden. Die Studien von Feld und Larsen im Auftrag der Rockwool Foundation[148] zeigen zudem, dass die Angaben zur geleisteten Schwarzarbeit als Untergrenze des tatsächlichen zeitlichen und finanziellen Ausmaßes zu bewerten sind.[149] Abschätzungen zum finanziellen Umfang der Schwarzarbeit erfolgen zudem über Steuerschätzungen oder erwirtschaftete Bruttowertschöpfung.[150] In beiden Erhebungsverfahren kommt es jedoch vielmehr zu einer Unter- als Überschätzung der Schwarzarbeit.

Im Jahr 2010 erschien eine Studie des Instituts für Angewandte Wirtschaftsforschung (IAW) im Auftrag des Bundesministeriums für Arbeit und Soziales (BMAS) zur „Abschätzung des Ausmaßes der Schwarzarbeit"[151] in der

---

147 Vgl. u.a. Schäfer (1984), Wolff (1986); Schäfer (2006), S. 179; Feld, Larsen (2012b), S. 27.

148 Die Rockwool Foundation ist eine Non-Profit-Organisation. Der Fokus der Forschungsarbeit liegt auf sozio-ökonomischen Fragestellungen und der Thematisierung aktueller Probleme der Gesellschaft. Weitere Informationen unter: http://www.rockwool-rti.de/über+uns/rockwool+foundation.

149 Vgl. Feld, Larsen (2012), S. 60.

150 Vgl. Bundestag (2013), S. 336.

151 Vgl. im Folgenden Boockmann et al. (2010).

verschiedene Methoden zur Messung der Schwarzarbeit beschrieben werden. Im Allgemeinen wird zwischen direkten Methoden (v.a. Befragungen auf Mikroebene) und indirekten Methoden (v.a. Diskrepanzmethoden und monetäre Schätzverfahren auf Makroebene) unterschieden. Die Autoren beschreiben unterschiedliche Ansätze der direkten und indirekten Methoden, die im Folgenden kurz skizziert werden, um die für den Verlauf dieser Arbeit effizientesten Ansatz zu eruieren.

Die in der Studie aufgeführten Meta-Studien zeigen, dass zur direkten Abschätzung von Schwarzarbeit oftmals Primärerhebungen durchgeführt werden. Dabei werden verschiedene nationale und internationale Studien vorgestellt.[152] Es handelt sich bei allen Studien um reine Haushaltsbefragungen, die das Angebot an Schwarzarbeit und zum Teil auch die Nachfrage nach Schwarzarbeit erfragen. Eine einheitliche Definition von Schwarzarbeit ist auch hier nicht gegeben, sodass die Vergleichbarkeit der Ergebnisse nur bedingt möglich ist. Des Weiteren können durch die gewählten Befragungsmethoden und Stichprobenauswahlen (CAPI/CATI, Zufallsverfahren, Haushaltsstichprobe, etc.) Verzerrungen auftreten, die durch den sensiblen Befragungsgegenstand noch verstärkt werden können. Generell geben diese Studien einen guten – jedoch oftmals nur einmaligen – Überblick über das Ausmaß (zum Teil nach Verdienst und geleisteter Arbeitszeit) der Schwarzarbeit. Um längerfristige Analysen bzw. Aussagen zur Schwarzarbeit zu tätigen, sind diese Methoden nur bedingt verwendbar. Hierzu können andere Datensätze herangezogen werden, in denen der Faktor Schwarzarbeit als Teilaspekt mit berücksichtigt wird. Das SOEP, der Mikrozensus und die Zeitbudgeterhebung sind in diesem Zusammenhang die zentralen Sekundärstatistiken für Deutschland. Während mithilfe des SOEP und des Mikrozensus Abgleiche mit den öffentlichen Statistiken möglich sind, um das Niveau der Schwarzarbeit ableiten zu können, wird durch die Zeitbudgeterhebung beispielsweise die verwendete Zeit für Tätigkeiten der informellen Hilfe für andere Haushalte erfragt. Damit stehen in der Zeitbudgeterhebung die Arbeitsleistung respektive die aufgewandte Zeit im Vordergrund. Allerdings ist mit dem letzten Ansatz beispielsweise noch keine direkte monetäre Bewertung der Schwarzarbeit möglich.

Neben den eben aufgeführten Haushaltsbefragungen bzw. Stichproben auf Mikroebene, kann die Erfassung der Schwarzarbeit auch auf Makroebene erfolgen. Die Autoren zeigen mit der Diskrepanzmethode, dem monetären Schätzverfahren

---

152 Für weitere Informationen wird an dieser Stelle auf die entsprechenden Studien verwiesen: Lamnek et al. (2000), Schneider (2002), Hanousek, Palda (2003), Eurobarometer (2007).

sowie dem modellgestützten Schätzverfahren die drei gängigen indirekten Methoden auf. Die Diskrepanzmethode bietet fünf verschiedene Varianten zur Abschätzung der Schwarzarbeit:[153]

1. Klassische Diskrepanzmethode:
   a. Ermittlung der Schwarzarbeit mit Hilfe des dreiteiligen Berechnungsansatzes der VGR
   b. Indiz für Schwarzarbeit: Ausgaben- bzw. Entstehungsrechnung > Einnahmerechnung
2. Abgleich mit Steuerstatistiken:
   a. Vergleich des tatsächlichen Steueraufkommens mit dem theoretischen Steueraufkommen
   b. Abgleich mit direkten und/oder indirekten Steuern möglich
3. Arbeitsinput-Ansatz:
   a. Vergleich des angegebenen Arbeitsinputs auf Arbeitgeberseite mit den Angaben der Arbeitnehmer (Haushaltsbefragungen)
   b. „gute" Methode um klassische Schwarzarbeit mit dem Ziel der Steuer- und Abgabenhinterziehung zu erfassen
4. Diskrepanzmethode auf Mikroebene:
   a. Vergleich von Einnahmen und Ausgaben auf Haushaltsebene auf Basis von Haushaltebefragungen
5. Sensitivitätsanalyse:
   a. Erfassung möglicher Ursachen für Schwarzarbeit in verschiedenen Wirtschaftszweigen
   b. Subjektive Einteilung dieser Ursachen und Messung der Schwarzarbeit mittels Befragung der betroffenen Wirtschaftszweige

Des Weiteren wird in der Studie die Möglichkeit der monetären Bewertung vor allem der Schattenwirtschaft diskutiert, da diese einen außergewöhnlich hohen Bargeldtransfer aufweist. Hierbei steht die Umlaufgeschwindigkeit des Geldes im Vordergrund. An dieser Stelle muss jedoch erwähnt werden, dass bei diesem Ansatz zum einen maßgeblich die Erfassung der Schattenwirtschaft im Vordergrund steht und die Erfassung des Geldstroms seit der Einführung des Euros erschwert wurde. Die verschiedenen Abgrenzungs- und Bewertungsmöglichkeiten unterstreichen die Herausforderungen einer umfassenden Erfassung der Schwarzarbeit. In Abhängigkeit der gewählten Definition kann ein geeigneter Bewertungsansatz gewählt werden.

---

153   Vgl. im Folgenden Boockmann et al. (2010), S. 63ff.

Basierend auf dem Stellenwert der Arbeitsleistung für den materiellen Wohlstand sind in der vorliegenden Ausarbeitung bei der Schwarzarbeit die erbrachte Arbeitsleistung und das damit einhergehende Einkommen relevant. Daher kann die Bestimmung der Schwarzarbeit auf Basis des Arbeitsinput-Ansatzes in Kombination mit einer Sensitivitätsanalyse vorgenommen werden. Der Faktor Arbeit respektive die dafür aufgewendete Zeit steht somit im Fokus bei der Modellierung der Teilkomponente Schwarzarbeit, die in Kapitel 4.3 näher beschrieben wird.

3.2.2 Haushaltsproduktion

Als zweite nicht-marktliche Tätigkeit, die im Sinne dieser Arbeit als wohlstandsrelevant identifiziert werden kann, wird in diesem Kapitel die Haushaltsproduktion vorgestellt. Diese kann – wie oben gezeigt – dem inoffiziellen Sektor (Selbstversorgungswirtschaft)[154] zugeordnet werden. In den amtlichen Berichterstattungen aber auch im wirtschaftlichen und politischen Kontext standen lange Zeit vor allem die monetären Ströme der Arbeitsleistung im Fokus.[155] Allerdings wird der Haushaltsproduktion unter anderem im Bereich der Arbeitsmarktforschung, der Armutsforschung, aber vor allem der Arbeitssoziologie immer höhere Bedeutung beigemessen.[156] Des Weiteren ist die Diskussion um Haushaltsproduktion auch immer eine geschlechtsspezifische Diskussion, da in den Haushalten vermehrt Frauen aktiv sind und Zeit für die Tätigkeiten aufbringen.[157]

Dieser kurze Abriss verdeutlicht die Vielschichtigkeit und Relevanz der Haushaltsproduktion in verschiedenen Bereichen des privaten, gesellschaftlichen, politischen und ökonomischen Lebens. Der folgende Abschnitt geht näher auf diese Thematik ein und legt dabei den Fokus auf den Faktor Arbeit in der Haushaltsproduktion – sowie damit einhergehenden wohlstandsrelevanten Einflüssen.

In der klassischen Mikroökonomie ist eine strikte Trennung zwischen Haushalten und Unternehmen vorhanden. Die Einteilung orientiert sich dabei an den unterschiedlichen funktionalen Eigenschaften dieser beiden Einrichtungen. Während die Haushalte als Ort der Konsumption verstanden werden,

---

154   Vgl. Enste (2002), S. 8ff.; Schettkat (2010), S. 6.
155   Vgl. Schäfer (2004b), S. 960; Schaffer, Stahmer (2006a), S. 309.
156   Vgl. Spangenberg, Lorek (2002); Piorkowsky, Stamm (2003); Kettschau et al. (2004).
157   Vgl. Lauk, Meyer (2004); Schaffer, Stahmer (2006a, b); Hacket (2012), S. 682; Heimeshoff, Schwenken (2013).

werden die Unternehmen als Ort der Produktion definiert.[158] Allerdings findet auch vermehrt in den Haushalten Produktion statt, sodass die ursprüngliche Trennung im Laufe der Zeit aufgeweicht wurde. In diesem Zusammenhang hat Gary Becker[159] richtungsweisende Forschungsarbeit hinsichtlich der neuen Haushaltsökonomie geleistet. Seine Studien postulieren, dass die Haushalte nicht mehr nur Konsumeinheiten sind, sondern vielmehr als Konsumenten und Produzenten am Markt agieren – die Haushalte also als kleine Fabriken betrachtet werden können.[160] Des Weiteren stellt Becker in seinen Ausführungen den Faktor Zeit und die damit einhergehende Zeitverteilung in den Vordergrund. Aus ökonomischer Sicht ist das Haushaltsoptimum, d.h. die optimale Zeitaufteilung zwischen Markt- und Hausarbeit, zu erreichen. Hierbei verweist Becker zudem auf eine geschlechtsspezifische Arbeitsteilung.[161] Während in der neuen Haushaltsökonomie für Frauen ein komparativer Vorteil bei der Hausarbeit konstatiert wird, wird den Männern ein komparativer Vorteil bei der Marktarbeit zugewiesen. Gemäß den Ergebnissen von Becker sind die Vorteile maßgeblich auf die biologischen Voraussetzungen (Schwangerschaft) und die Rolle der Frau bei der Kindererziehung zurückzuführen. Damit spezialisieren sich die Frauen auf die Haushaltsproduktion und die Männer auf die Marktarbeit.[162]

Als zentrale Erkenntnisse und relevante Aspekte für den Verlauf dieser Arbeit kann aus den Ansätzen und Theorien Beckers Folgendes abgeleitet werden:

- Zeitallokation als wichtiger Faktor in der Haushaltstheorie,
- Zeit als entscheidender Faktor um Arbeiten im Haushalt zu verrichten, die Dienstleistungscharakter und/oder Produktionscharakter haben,
- Hausarbeit als Teil der Arbeitszeit, wenngleich sie nicht über reguläre Märkte abgewickelt wird,
- geschlechtsspezifische Unterschiede in der Haushaltsproduktion aufgrund von komparativen Vorteilen.

---

158 Vgl. Geissler (2010), S. 932f.
159 Gary S. Becker gilt als Begründer der Haushalts- und Familienpolitik und verbindet klassische volkswirtschaftliche Theorien mit soziologischen Aspekten. Die Interdisziplinarität unterstreicht das Zusammenspiel von rationalem und zwischenmenschlichem altruistischem Verhalten. Die neue Haushaltsökonomik kann als Erweiterung seines Humankapitalansatzes gesehen werden. Im Jahr 1992 erhielt Becker den Nobelpreis.
160 Vgl. Becker (1965), S. 495f.
161 Vgl. Becker (1993), S. 37f.
162 Vgl. Becker (1993), S. 34, 38ff.

Wenngleich in Beckers Ansätzen keine Differenzierung zwischen Arbeit und Freizeit vorgenommen wird, wird deutlich, dass Haushalte nicht nur für Erwerbsarbeit Zeit aufbringen. Auch in aktuelleren Forschungsarbeiten wird darauf hingewiesen, dass gerade in der Haushaltsökonomie und den damit einhergehenden Prozessen eine spezifische Zeitlogik zugrunde liegt.[163] Die zeitlichen Ressourcen, die ein Haushalt zur Verfügung hat, sind das entscheidende Moment, um die verschiedenen Arbeiten, die im Haushalt anfallen, zu erledigen.[164]

Ausgehend von diesen Überlegungen wird nun der Begriff der Haushaltsproduktion weiter operationalisiert. Dazu erfolgt zuerst eine begriffliche Abgrenzung der Haushaltsproduktion und anschließend werden Möglichkeiten der Erfassung und Bewertung aufgezeigt.

Wie bereits erwähnt sind die Haushalte der Ort und die Haushaltsmitglieder die Ausführenden bei der Haushaltsproduktion. Das generelle Spektrum der damit einhergehenden Tätigkeiten ist so vielschichtig und unterschiedlich wie die Präferenzen der einzelnen Haushaltsmitglieder. Eine erste (ökonomische) Charakterisierung der Haushaltsarbeit wird bereits im Jahr 1934 von Reid in „Economic of household production" vorgenommen. Nach Reid können unter der Haushaltsproduktion

> „... those unpaid activities which are carried on, by and for the members, which activities might be replaced by market goods, or paid services, if circumstances such as income, market conditions, and personal inclinations permit the service being delegated to someone outside the household group"[165]

subsummiert werden. Die Haushaltsarbeit wird demnach von anderen Aktivitäten durch das sogenannte Dritt-Personen-Kriterium abgegrenzt, sodass diese prinzipiell auch von einem Dritten gegen Bezahlung ausgeführt werden können. Dies impliziert, dass diese Tätigkeiten prinzipiell auch über die regulären Märkte abgewickelt werden können und damit direkten Einfluss auf die Einkommensentstehung und –verteilung der Haushalte haben können. Hierzu zählen jedoch nicht Heimarbeit, Telearbeit oder Homeoffice, da diese Tätigkeiten mit

---

163 Besonderes Augenmerk zur Zeitverwendung von privaten Haushalten wurde auch bei der Zeitbudgeterhebung des Statistischen Bundesamtes im Auftrag des Bundesministeriums für Familie, Senioren, Frauen und Jugend gelegt. In verschiedenen Beiträgen wurden die vielschichtigen Analysemöglichkeiten der Zeitbudgeterhebung diskutiert (vgl. u.a. Statistisches Bundesamt (2001, 2004). Nähere Informationen zur Zeitbudgeterhebung und Implikationen für diese Arbeit sind in Kapitel 4.1.1 ausgeführt.

164 Vgl. Kettschau et al. (2004), S. 8; Hacket (2012), S. 681ff.

165 Reid (1934), S. 11.

einem regulären externen Arbeitsverhältnis einhergehen und damit bereits über den Markt entlohnt werden.[166]

In anderen Arbeiten wird die Haushaltsproduktion auch in produktive und nicht-produktive Tätigkeiten[167] bzw. in direkte und indirekte Nutzenstiftung der Tätigkeiten[168] aufgeteilt. Die unterschiedliche Schwerpunktsetzungen und Intentionen dieser Abgrenzungen zeigen einige der möglichen Modifikationen, aber auch Begrenzungen des Dritt-Personen-Kriteriums. So kann diese Form der Abgrenzung sowohl informelle Erwerbsarbeit (wie beispielsweise Kochen als „produktive" Tätigkeit)[169], aber auch „aktives Lernen" im Haushalt (wie beispielsweise Bücher lesen), das die Bildung von Humankapital fördert beinhalten. Diese beiden Beispiele verdeutlichen, dass die Abgrenzungen der Haushaltsproduktion nicht immer konsistent mit dem Dritt-Personen-Kriterium sind. Allerdings werden diese Inkonsistenzen oft in Kauf genommen, um operationalisierbare und verwendbare Ergebnisse zu erhalten.[170]

Eine systematische Abgrenzung und Erfassung der Haushaltsproduktion ist in den Volkswirtschaftlichen Gesamtrechnungen nicht direkt möglich, da die vorhandenen Daten nicht in der notwendigen Systematik und Klassifikation der VGR vorliegen. Besonders die nicht-marktlichen Tätigkeiten der Haushaltsproduktion erschweren die Integration in das Rechenwerk der VGR.[171] Über sogenannte Satellitensysteme wird jedoch versucht diesen Bereich zu operationalisieren und somit in einen Bezugsrahmen zur VGR zu setzen.[172] Ein Haushalts-Satellitensystem soll demnach den Wert der Haushaltsproduktion in einer – mit

---

166 Vgl. Teichert (2000), S. 61ff.
167 Vgl. Hill (1977, 1979). Nach Hill gehören beispielsweise Essen und Schlafen zu den nicht-produktiven Aktivitäten, die jedoch Einfluss auf die produktiven Aktivitäten der Haushaltsproduktion haben (vgl. Hill (1979), S. 31f.).
168 Vgl. Hawrylyshyn (1976, 1977). Hawrylyshyn erweitert in seinen Arbeiten die klassische Nutzenfunktion der Haushalte um die Tätigkeiten der Haushaltsproduktion, den damit verbundenen Zeiteinsatz und die Folgen für das Einkommen. Dabei sind die Präferenzen der Haushaltsmitglieder bei der Nutzenmaximierung ausschlaggebend, sodass gleiche Tätigkeiten sowohl direkten als auch indirekten Nutzen stiften können. (vgl. Hawrylyshyn (1977), S. 81ff.).
169 Vgl. Geissler (2006).
170 Vgl. Schäfer, Schwarz (1996), S. 23ff.
171 Vgl. Schäfer (2004a), S. 247.
172 Vgl. Eurostat et al. (2009), S. 523ff; Brümmerhoff (2007), S. 283. Neben dem Haushalts-Satelliten-System gibt es auch noch andere Bereiche, in denen ein Bedarf nach Satellitensystem besteht (vgl. ESVG 1995, 1.18). So wurde bspw. bereits ein Gesundheits-Satellitenkonto erstellt (vgl. Henke, Ostwald (2012)).

der Marktproduktion – vergleichbaren Systematik darstellen. Vor allem Schäfer hat hierzulande einen wichtigen Beitrag zur Erstellung eines deutschen Haushalts-Satellitenkontos geleistet.[173] Basierend auf dem oben ausgeführten Dritt-Personen-Kriterium und mithilfe der beiden Zeitbudgeterhebungen der Jahre 1991/1992 und 2001/2002 identifizierte Schäfer relevante Tätigkeiten im Bereich der Haushaltsproduktion, die im Haushalts-Satellitensystem erfasst und ökonomisch bewertet werden sollen. Folgende Tätigkeiten werden folglich unter den Begriff der unbezahlten Arbeit subsummiert:[174]

- Haushaltsführung
  - Haus- und Gartenarbeit (Zubereitung von Mahlzeiten; Instandhaltung von Haus und Wohnung; Herstellen, Ausbessern und Pflegen von Textilien; Gartenarbeit, Pflanzen- und Tierpflege)
  - Bauen und handwerkliche Tätigkeiten
  - Einkaufen und Haushaltsorganisation
- Pflege und Betreuung
  - Kinderbetreuung
  - Unterstützung, Pflege und Betreuung von erwachsenen Haushaltsmitgliedern
- Ehrenamt und informelle Hilfen
  - Ehrenamtliche Tätigkeit
  - Informelle Hilfe für andere Haushalte.

In diesem Zusammenhang wird zudem eine begriffliche Abgrenzung der „Haushaltsproduktion" und der „unbezahlten Arbeit" vorgenommen. Beim ersten Begriff wird der Fokus auf den Produktionsprozess an sich bzw. den entsprechenden Output gelegt. Dagegen wird unter unbezahlter Arbeit die Inputvariable, also der Faktor Arbeit, betrachtet. Im Rahmen des Haushalts-Satellitenkontos beziehen sich die beiden Begriffe jedoch auf nahezu identische Aktivitäten.[175] Aus diesem Grund werden im Weiteren die beiden Begriffe synonym verwendet. Sie beziehen sich auf nicht-marktliche Arbeitsleistung in den Haushalten. Die bisherigen Ausführungen zeigen, dass mithilfe des Dritt-Personen-Kriteriums die produktiven Aktivitäten im Haushalt abgegrenzt und bewertet werden können. Allerdings können damit nicht die individuelle Wohlfahrt bzw. das subjektive Glücksempfinden der Haushaltsmitglieder erfasst werden, die beispielsweise mit dem „Zeit

---

173 Vgl. Schäfer, Schwarz (1994); Stahmer (2003); Schäfer (2004a).
174 Vgl. Schäfer (2004b), S. 693.
175 Vgl. Schäfer (2004b), S. 962.

verbringen" mit Familienangehörigen oder ähnlichen Aktivitäten einhergehen. Dieser Aspekt sollte bei der Diskussion der Haushaltsproduktion nicht vernachlässigt werden, ist jedoch nicht zentraler Gegenstand der vorliegenden Arbeit.

Mit der Abgrenzung der Tätigkeiten auf Basis der Zeitbudgeterhebung geht ein Mengenbaustein einher, der der Zeit für unbezahlte Arbeit entspricht, und damit die Grundlage für eine monetäre Bewertung der unbezahlten Arbeit bildet. Mithilfe dieses Wertbausteins können im Satellitenkonto zusätzliche Informationen zu den nicht-monetären Größen der unbezahlten Arbeit integriert werden.[176] Die hier aufgeführten Tätigkeiten müssen jedoch eher als eine Art Untergrenze der verschiedenen Arbeiten im Haushalt interpretiert werden. So können durch das gewählte Vorgehen beispielsweise keine parallelen Tätigkeiten erfasst werden, des Weiteren unterschätzen viele den zeitlichen Aufwand der Haushaltsproduktion, da vieles „nebenher" geschieht.[177]

Eine ausführliche Beschreibung der Bewertungsansätze, die auch bei Monetarisierung der unbezahlten Arbeit verwendet werden, wird in Kapitel 4.1.2 aufgegriffen und ausgeführt. Durch dieses Vorgehen wird der wohlstandsrelevante Einfluss der Haushaltsproduktion sichtbar und damit messbar.

3.2.3 Ehrenamt

In Kapitel 2 wurde bereits ausgeführt, dass bei der BIP-Berechnung weder die nicht-marktlich erbrachte Arbeitsleistung der Haushaltsproduktion noch das Ehrenamt erfasst wird und damit die Wirtschaftsleistung unterschätzt wird. Analog zur Haushaltsproduktion kann dem Ehrenamt daher auch ein bisher ungemessener Beitrag zur Wachstums- und Wohlstandsentwicklung zugeschrieben werden. Neben den beiden Komponenten Schwarzarbeit und Haushaltsproduktion wird in der Literatur auch das Ehrenamt zu den nicht-marktlichen Tätigkeiten gezählt. Die Ausführungen zur Schwarzarbeit belegen, dass die ehrenamtlichen Tätigkeiten und die informelle Hilfe (Nachbarschaftshilfe) dem Bereich des informellen Sektors zugeordnet werden können (vgl. Abbildung 3-3). Des Weiteren konnte bisher gezeigt werden, dass die Arbeitsleistung in eine offizielle marktliche Erwerbsarbeit und in informelle nicht-marktliche Arbeiten eingeteilt werden kann. Die ehrenamtlichen Tätigkeiten und die informelle Hilfe können auch hierzu gezählt werden. Ähnlich wie bei der Abgrenzung der Schwarzarbeit sind im Bereich des Ehrenamtes keine einheitlichen und zudem keine umfassenden

---

176 Vgl. Schäfer (2004a), S. 251ff.
177 Vgl. Schäfer (2004b), S. 963.

Definitionen der Tätigkeiten vorhanden.[178] Dies impliziert, dass eine exakte Erfassung des Umfangs und der Tätigkeiten des Ehrenamtes in Deutschland kaum möglich ist.

Analog zu den anderen beiden wohlstandsrelevanten Komponenten (Schwarzarbeit und Haushaltsproduktion) der Arbeitsleistung, werden im Folgenden theoretischen Grundlagen und Abgrenzungsmöglichkeiten des Ehrenamtes skizziert. Anschließend wird eine Eingrenzung des Begriffs bzw. die Relevanz des Ehrenamtes im Kontext dieser Arbeit herausgestellt. Zudem werden einige empirische Studien aufgeführt, in denen Ehrenamt erfasst und gemessen wird.

Die Einführung des „Tages des Ehrenamtes"[179] am 05. Dezember 1986 verdeutlicht den Stellenwert derartiger Tätigkeiten in der Gesellschaft. Ehrenamtliches Engagement und Hilfeleistungen für andere sind die Stütze einer Gesellschaft und sorgen für die Stabilität und Sicherheit einer Demokratie.[180] Darüber hinaus wird dem ehrenamtlichen Engagement ein entscheidender Beitrag zur Werte- und Normenbildung einer Gesellschaft sowie Einfluss auf die Wohlfahrtsproduktion zugewiesen.[181] Der gesellschaftliche, soziale, politische und individuelle Wert bzw. Nutzen des Ehrenamtes ist kaum erfassbar und nicht bewertbar, aber es kann bzw. sollte versucht werden, Teilaspekte des Ehrenamtes zumindest ökonomisch zu erfassen und messen.

Der Begriff des bürgerschaftlichen Engagements[182] ist spätestens seit der Enquete-Kommission des Deutschen Bundestages, die im Jahr 2002 damit beauftragt wurde, die „Zukunft des Bürgerschaftlichen Engagements"[183] zu untersuchen, als ein Oberbegriff für ehrenamtliches Arbeiten etabliert. In diesem Zusammenhang werden im bürgerschaftlichen Engagement Tätigkeiten klassifiziert, die

- freiwillig sind,
- nicht auf materiellen Gewinn ausgerichtet sind,
- einen Gemeinwohlbezug aufweisen,

---

178 Vgl. Hank et al. (2006), S. 7.
179 Vgl. UN (1985).
180 Vgl. Geniscke, Geiss (2010), S. 91.
181 Vgl. Alscher et al. (2009), S. 16ff. Die Aufzählung soll und kann nicht als vollständig angesehen werden, sie soll vielmehr die Bedeutung des Ehrenamtes unterstreichen.
182 Im „Handbuch Bürgerschaftliches Engagements" findet sich eine umfassende Darstellung der Begrifflichkeiten, Formen sowie organisatorische wie rechtliche Rahmenbedingungen. Darüber hinaus werden empirische Daten zum freiwilligen Engagement und Möglichkeiten und Strategien der Engagementförderung präsentiert (vgl. Olk, Hartnuß (2011)).
183 Vgl. Bundestag (2002).

- öffentlich sind,
- und in der Regel gemeinschaftlich ausgeübt werden.[184]

Ausgehend von den ersten beiden Kriterien finden sich in der Literatur verschiedene Begriffe, die oftmals synonym verwendet werden, auch wenn sie unterschiedliche Aspekte in den Vordergrund rücken:[185]

- Begriffe, die das Kriterium „Freiwilligkeit" betonen: *Freiwilliges Engagement, Freiwilligenarbeit, bürgerschaftliches Engagement, Bürgerhelfer, usw.*
- Begriffe, die das Kriterium „Arbeit" betonen: *Selbsthilfe, Initiativen- und Projektarbeit, Ehrenamt, ehrenamtliche Tätigkeit, informelle Hilfe, usw.*

Wie die bisherigen Ausführungen verdeutlicht haben, liegt der Fokus dieser Arbeit auf den wohlstandsrelevanten Elementen, die mit den nicht-marktlichen Tätigkeiten einhergehen. Daher wird im weiteren Verlauf auf die Begriffe, die auf das Kriterium „Arbeit" abstellen, zurückgegriffen. Als Oberbegriff wird dabei „Ehrenamt" verwendet und durch die beiden Begriffe „ehrenamtliche Tätigkeit" und „informelle Hilfe" operationalisiert.

Die Vielschichtigkeit des bürgerschaftlichen Engagements wird nicht nur durch die verschiedenen begrifflichen Abgrenzungen deutlich. Auch die Bereiche, in denen diese Tätigkeiten ausgeübt werden, sind so unterschiedlich wie die Personen und deren Motive, sich ehrenamtlich zu engagieren.[186] Im Endbericht der Enquete-Kommission werden altruistische, instrumentelle, moralisch-obligatorische und gestaltungsorientierte Gründe als die vier Hauptmotive für ehrenamtliches Engagement identifiziert. Die Ausprägung in den einzelnen Gruppen ist dabei von den individuellen Präferenzen abhängig – beispielhaft können in diesem Zusammenhang Solidarität, Erlangung persönlicher Zufriedenheit, humanitäre Aspekte oder der Wunsch nach aktiver Partizipation genannt werden.[187] Die individuellen Motive spiegeln sich in den vielen ehrenamtlichen Aktivitäten wider. Als klassische Bereiche gelten kirchliches, politisches oder kulturelles Engagement, Unterstützung in Schule und Kindergarten, ehrenamtliche Tätigkeiten in Sportvereinen oder Umweltschutz. Die Tätigkeiten können dabei in Form eines aktiven ehrenamtlichen Engagements, als Teilnahme an Veranstaltungen oder auch als rein formale

---

184 Vgl. Bundestag (2002), S. 38; Backes (2011), S. 66f.
185 Vgl. u.a. Bundestag (2002), S. 56ff., 359; Hank, Erlinghagen (2008); Gensicke et al. (2006, S. 77f., 2010), S. 14; Dörner (2010); Stricker (2011).
186 Vgl. Bundestag (2002), S. 51f.; Gensicke, Geiss (2010), S. 148ff.; Backes (2011), S. 68ff.
187 Vgl. Bundestag (2002), S. 51; Prognos (2009), S. 11f.

Mitgliedschaft ausgeübt werden, wobei die Übergänge oftmals fließend sind.[188] Zusammenfassend kann bisher festgehalten werden, dass ehrenamtliches Engagement viele verschiedene Dimensionen aufweist und entscheidenden Einfluss auf die Gesellschaft hat. Aus den aufgezeigten Beweggründen kann ein individueller Nutzen und Einfluss auf den individuellen nicht-materiellen Wohlstand (bspw. durch erhöhte Lebenszufriedenheit oder Selbstentfaltung) für ehrenamtliches Engagement abgeleitet werden.[189]

Darüber hinaus impliziert die erwähnte mögliche Abgrenzung des Ehrenamtes durch den inoffiziellen Sektor und unter der Prämisse der Arbeitsleistung materielle wohlstandsrelevante Aspekte.[190] Eine exakte Erfassung der – durch ehrenamtliche Tätigkeiten und informelle Hilfe – induzierten Wertschöpfung und Messung des ökonomischen Nutzens ist kaum möglich. Zudem wird durch die obige Klassifizierung deutlich, dass bei der Ausübung von ehrenamtlichen Tätigkeiten keine Gewinn- bzw. Verdiensterzielungsabsicht besteht, sodass kein direkter monetärer Gegenwert dieser Arbeitsleistung vorliegt.[191]

Zahlreiche empirische Studien versuchen, das Phänomen des bürgerschaftlichen Engagements zu erfassen und zu systematisieren.[192] In den Erhebungen wird der Fokus jedoch nicht primär auf die Erfassung der Arbeitsleistung, die mit dem bürgerschaftlichen Engagement einhergeht, gelegt. Vielmehr stehen die Beteiligungsquoten verschiedener sozioökonomischer Gruppen, die Motive, in den unterschiedlichen Dimensionen aktiv zu werden oder die Möglichkeiten und Ansätze, das bürgerschaftlichen Engagement weiter zu fördern, im Vordergrund. Die bekanntesten und umfangreichsten Erhebungen sind der Freiwilligen Survey des BMFSFJ und der Ehrenamtsatlas der Prognos AG.[193] Daraus können zum Teil nur schwer Aussagen zum Ausmaß der Arbeitsleistung

---

188 Vgl. Kahle, Schäfer (2005), S. 312; Gensicke, Geiss (2010), S. 59ff. Im Endbericht des Freiwilligensurveys führt Gensicke weitere Beispiele für typische ehrenamtliche Tätigkeiten auf und gruppiert diese in 14 verschiedene Obergruppen (vgl. Gensicke, Geiss (2010), S. 69).

189 Vgl. Bundestag (2002), S. 52; Meier, Stutzer (2008).

190 Vgl. Bowman (2009); Prognos (2009), S. 13; Gensicke, Geiss (2010), S. 251ff.; Salamon et al. (2011); Sesselmeier, Ostwald (2011), S. 19f.

191 In manchen Fällen erhalten die ehrenamtlich Engagierten eine Aufwandsentschädigung, die jedoch nicht dem direkten Gegenwert der Leistung entspricht (vgl. Bundestag (2002), S. 129).

192 An dieser Stelle wird auf eine ausführliche Übersicht empirischer Studien im „Bericht zur Lage und zu den Perspektiven des bürgerschaftlichen Engagements in Deutschland" verwiesen (vgl. Alscher et al. (2009), S. 25ff.).

193 Vgl. Prognos (2009); Gensicke, Geiss (2010).

abgeleitet werden, die mit den ehrenamtlichen Tätigkeiten und der informellen Hilfe einhergehen. Allerdings wird zum Teil die zeitliche Planbarkeit bzw. Vereinbarkeit des bürgerschaftlichen Engagements in den alltäglichen Tagesablauf oder der zeitliche Aufwand pro Woche ermittelt. Dabei stehen die Personen, die sich ehrenamtlich engagieren im Vordergrund (vgl. Beteiligungsquote).[194] In der Zeitbudgeterhebung des Statistischen Bundesamtes wird der Zeitaufwand der Tätigkeiten im Bereich der ehrenamtlichen Tätigkeiten und der informellen Hilfe eruiert.[195] Im Gegensatz zu den anderen beiden Erhebungen ist bei der Zeitbudgeterhebung nicht primär die Erfassung des Ehrenamtes, sondern vielmehr die generelle Zeitverwendung der privaten Haushalte in verschiedenen Tätigkeiten ausschlaggebend.[196] Im Bereich des Ehrenamtes wird dabei zwischen ehrenamtlichen Tätigkeiten und informeller Hilfe unterschieden, sodass die Arbeitsleistung in diesem Bereich betont wird. Des Weiteren wurde im vorherigen Kapitel gezeigt, dass diese beiden Tätigkeitsfelder gemäß der Abgrenzung von Schäfer auch Teil der Haushaltsproduktion sind.[197] Damit wird der produktive und zugleich nicht-marktliche Charakter des Ehrenamtes unterstrichen. Aus diesem Grund wird im Verlauf dieser Arbeit die Erfassung und Bewertung des Ehrenamtes auf Basis der Zeitbudgeterhebung erfolgen. Zum einen kann durch die vorhandene Zeitdimension der Tätigkeiten die Arbeitsleistung erfasst und anschließend auch monetär bewertet werden. Zum anderen ist damit die Kompatibilität und Vergleichbarkeit der Ergebnisse mit den anderen beiden wohlstandsrelevanten Komponenten gewährleistet.

In Kapitel 4.1.2 werden analog zur Haushaltsproduktion die verschiedenen Ansätze zur monetären Bewertung diskutiert und in Kapitel 4.5 erfolgt die empirische Modellierung des Ehrenamtes.

3.3 Einkommensverteilung im Kontext der materiellen Wohlstandsmessung

Bisher konnte gezeigt werden, dass neben dem verfügbaren Einkommen der privaten Haushalte, das durch die marktliche Arbeitsleistung erwirtschaftet wird, zusätzliche nicht-marktliche Arbeitskomponenten einen Einfluss auf den materiellen Wohlstand haben. Des Weiteren wurde bei den Vorschlägen der verschiedenen Expertenkommissionen darauf hingewiesen, dass bei einer konzeptionellen

---

194 Vgl. Gensicke, Geiss (2010), S. 194ff.
195 Vgl. Statistisches Bundesamt (2001).
196 Vgl. Gensicke, Geiss (2004), S. 359.
197 Vgl. Schäfer (2004b), S. 693.

Erweiterung des BIPs zu einem Wohlstands- und Verteilungsmaß neben den beschriebenen zusätzlichen wohlstandsrelevanten Komponenten auch Informationen zur Verteilung des Einkommens der privaten Haushalte zielführend sind.[198] Daher wird in diesem Kapitel Bezug auf zwei zentrale Forderungen genommen (vgl. Kapitel 2.3):

• Stärkere Betonung der privaten Haushaltsperspektive
• Berücksichtigung der Einkommensverteilung.

Im Folgenden wird untersucht, inwieweit die bisherigen Informationen zum verfügbaren Einkommen geeignet sind Verteilungseffekte des materiellen Wohlstandes zu messen. Ergänzend dazu soll eruiert werden, welche sozioökonomischen Merkmale einen zusätzlichen Erklärungsgehalt zur Einkommensverteilung auf mikroökonomischer Haushaltebene enthalten können. Dazu wird zum einen auf die unterschiedlichen Einkommenskonzepte aus Kapitel 3.1.2 Bezug genommen und deren Relevanz bzw. Möglichkeiten bei der Einkommensverteilung aufgezeigt.[199] Zum anderen werden die beiden Verteilungsmethoden der personellen und funktionalen Einkommensverteilung sowie deren Verwendung im Kontext dieser Arbeit diskutiert.

Um eine VGR-basierte Einkommensverteilung zu ermöglichen, eignen sich am besten die Daten des SOEP und der EVS. Zwar liefert der Mikrozensus auch Informationen zu den Haushaltseinkommen, allerdings werden keine Informationen zu den Einkommensarten erhoben, die für eine VGR-basierte Einkommensverteilung notwendig sind.[200] In den Erhebungen von SOEP und EVS sind verschiedene Einkommensarten (bspw. Bruttolöhne und –gehälter, verfügbares Haushaltsmonatseinkommen, Unternehmens- und Vermögenseinkommen) enthalten, die durch Extrapolation mit den äquivalenten Größen der VGR verglichen werden können.[201] Eine empirische Auswertung aus dem Jahr 2008 belegt, dass die hochgerechneten Bruttolöhne und -gehälter der EVS und des SOEPs eine relativ gute Approximation zu den Makrodaten der VGR darstellen. Zudem sind die Daten der EVS in diesem Bereich als besonders robust einzustufen. Konkret bedeutet dies, dass die Bruttolöhne und –gehälter, die in der VGR ausgewiesen werden um den Faktor 1,03 über dem aufsummierten Wert der EVS liegen. Hinsichtlich der Unternehmens- und Vermögenseinkommen weisen sowohl die

---

198 Vgl. Sachverständigenrat (2010), S. 53.
199 Auf die definitorischen Unterschiede der privaten Einkommen in der VGR und den Haushaltsbefragungen wurde in diesem Zusammenhang bereits hingewiesen.
200 Vgl. Schwahn, Schwarz (2012), S. 835f.; sowie Ausführungen in Kapitel 3.1.2.
201 Vgl. Schwahn, Schwarz (2012), S. 836, 838.

Daten des SOEP als auch der EVS größere Abweichungen zu den VGR-Daten auf – die Daten der VGR übersteigen die Angaben aus den Haushaltsbefragungen zum Teil um das Dreifache.[202] Dies ist vor allem auf die konzeptionellen Erhebungsmethoden zurückzuführen. Während bei der verteilungsseitigen BIP-Berechnung originäre Daten zu den Unternehmenseinkünften fehlen (vgl. Kapitel 2.1), werden diese Angaben in den freiwilligen Haushaltsbefragungen oftmals unterschätzt. Es bleibt festzuhalten, dass durch die Haushaltsbefragungen des SOEPs und der EVS sowohl mikroökonomische als auch makroökomische Aussagen zur Einkommenssituation der Haushalte getätigt werden. Gerade im Bereich der Bruttolöhne und -gehälter, die den monetären Gegenwert der Arbeitsleistung und damit den relevanten Aspekt des materiellen Wohlstands widerspiegeln, sind die Daten der EVS besonders geeignet. Dadurch ist eine ergänzende Datengrundlage für die Verteilung der Einkommen auf Haushaltsebene und nach sozioökonomischen Merkmalen vorhanden. Die gute Übereinstimmung der hochgerechneten EVS-Daten mit den VGR-Daten unterstützt die Argumentation aus Kapitel 3.1.2, sodass im weiteren Verlauf dieser Arbeit auf die EVS zurückgegriffen wird.

Als „klassische" Formen der Einkommensverteilung sind die funktionale und die personelle Einkommensverteilung zu nennen:[203]

- Funktionale Einkommensverteilung: Verteilung des Volkseinkommens auf die verschiedenen Produktionsfaktoren Arbeit und Kapital
- Personelle Einkommensverteilung: Verteilung des Einkommens zwischen Haushalten und Personengruppen

Mittels der Angaben der VGR können dabei Informationen zur funktionalen Einkommensverteilung ermittelt werden. Um auch personelle Einkommenseffekte erhalten zu können, sind zudem mikroökonomische Einkommensdaten nötig, die durch die privaten Haushaltsbefragungen gewonnen werden.[204] Hierzu sind ebenfalls prinzipiell die Daten des SOEP bzw. der EVS zur Bestimmung der personellen Einkommensverteilung geeignet.[205]

Bei der funktionalen Einkommensverteilung können auf Basis der VGR-Daten die Verteilung des Volkseinkommen auf die Produktionsfaktoren Arbeit und Kapital untersucht werden.[206] Das Volkseinkommen setzt sich aus der Summe

---

202 Vgl. Schwahn, Schwarz (2012), S. 838f.
203 Vgl. Stein (2013), S. 1f.
204 Vgl. Schwahn, Schwarz (2012), S. 830.
205 Vgl. Becker (2012), S. 598.
206 Vgl. Schwarze, Elsas (2013), S. 3ff.

der Arbeitnehmerentgelte (Bruttoeinkommen aus unselbständiger Arbeit) und den Unternehmens- und Vermögenseinkommen (Bruttoeinkommen aus Unternehmertätigkeit und Vermögen) zusammen. In Abbildung 3-1 wurde bereits gezeigt, dass die Arbeitnehmerentgelte mit über 66 Prozent im Jahr 2013 den größten Anteil am Volkseinkommen ausmachen. Dieses Verhältnis spiegelt die funktionale Einkommensverteilung durch die Lohnquote wider. Darüber hinaus kann durch das Verhältnis der Bruttoeinkommen aus Unternehmenstätigkeit und Vermögen mit dem Volkseinkommen die Gewinnquote berechnet werden.[207] Durch die Lohn- und Gewinnquote wird somit der Einfluss der Arbeitsleistung und der Kapitaleinkommen auf das Volkseinkommen deutlich. Die funktionale Einkommensverteilung ist zentraler Bestandteil makroökonomischer Verteilungstheorien und -diskussionen. So wird beispielsweise bei Verhandlungen zwischen Gewerkschaften und Arbeitgebern auf die Lohnquote und damit den monetären Gegenwert der Arbeitsleistung verwiesen.[208] Durch die Messkonzepte der funktionalen Einkommensverteilung können Aussagen zur Verteilung des gesamtwirtschaftlichen Einkommens auf die Einkommen der Produktionsfaktoren Arbeit und Kapital auf Makroebene getätigt werden. Allerdings lassen weder die Lohn- noch die Gewinnquote Rückschlüsse auf die Zusammensetzung des Einkommens aus Arbeitsleistung oder deren Verteilung auf einzelne Personengruppen zu. Die funktionale Einkommensverteilung ist somit nicht geeignet, die Verteilung des materiellen Wohlstandes auf Haushaltsebene zu beschreiben. Um detaillierte Aussagen zur Verteilung der Einkommen zwischen verschiedenen Personengruppen oder Haushaltstypen zu erhalten, wird in der Literatur deshalb auf das Konzept der personellen Einkommensverteilung verwiesen.[209]

Bei der personellen Einkommensverteilung sind vier verschiedene Kriterien zu beachten:[210]

1. Wahl der Einkommensgröße: Jahreseinkommen, Monatseinkommen, Stundenlöhne
2. Stichprobenauswahl: Geschlecht, Altersgruppen, Haushaltstyp, Region,…
3. Wahl der Einkommensbasis: individuelles Einkommen, äquivalenzgewichtetes Einkommen (Markteinkommen, Nettoeinkommen), Haushaltseinkommen (Markteinkommen, Nettoeinkommen, Bruttoeinkommen, verfügbares Einkommen)

---

207 Vgl. Schwarze, Elsas (2013), S. 8.
208 Vgl. Schwarze, Elsas (2013), S. 9.
209 Vgl. Becker (2012), S. 597, Bundestag (2013), S. 85.
210 Vgl. Stein (2013), S. 5.

4. Wahl des Ungleichheitsmaßes/Vergleichsgröße: Dezilverhältnisse, Median-
einkommen, Armutsgrenze, Durchschnittseinkommen, Koeffizienten (Gini-
koeffizient, Theil-1-Koeffizient, Atkinsonmaß,...)

Ausgehend von diesen Kriterien kann die Verteilungssituation der privaten
Haushalte und verschiedener Personengruppen analysiert werden. Sowohl die
Enquete-Kommission des Deutschen Bundestages als auch der Bericht des Sachverständigenrates weisen auf die Rolle der personellen Einkommensverteilung
im Kontext der materiellen Wohlstandsmessung hin.[211] Im weiteren Verlauf der
Arbeit sollen daher die vier Kriterien bei der Analyse der Verteilungswirkungen
berücksichtigt werden.

3.4 Zwischenfazit: Fundierung der Forschungsfrage

Basierend auf den bisherigen Ausführungen kann festgehalten werden, dass der
Faktor Arbeit die entscheidende Komponente zur Entstehung und Entwicklung
des materiellen Wohlstandes bildet. In den amtlichen Statistiken können jedoch
nicht alle Arten der Arbeitsleistung und das damit einhergehende Einkommen
erfasst werden. Es handelt sich hierbei um nicht-marktliche Tätigkeiten, die
nicht über die regulären Märkte gehandelt werden und daher nicht erfasst werden. Dieser Aspekt ist auch eine der Unzulänglichkeiten, die das BIP hinsichtlich
seiner Aussagekraft als Wohlstandsindikator schwächen. Neben der regulären
Erwerbsarbeit stellen auch Tätigkeiten im Bereich der Schwarzarbeit, der Haushaltsproduktion sowie des Ehrenamtes Arbeitsleistungen dar und beeinflussen
somit das verfügbare Einkommen. Die Charakterisierung der drei Teilkomponenten zeigt zudem, dass die damit einhergehende Arbeitsleistung auch von sozioökonomischen Merkmalen wie dem Alter und dem Geschlecht beeinflusst
wird. Die Aufzählung unterstreicht, dass das verfügbare Einkommen systematisch unterschätzt wird und durch die Integration bzw. Messung der drei Komponenten Schwarzarbeit, Haushaltsproduktion und Ehrenamt als verbesserte
Kennzahl des materiellen Wohlstandes interpretiert werden könnte. Durch die
Fokussierung auf die Arbeitsleistung und das damit verbundene Einkommen,
wird im Laufe dieser Arbeit einzig auf dieses Einkommen abgestellt und damit
von möglichen Vermögenseinkünften abstrahiert. Die erste Abschätzung durch
das Arbeits-BIP verdeutlichte den monetären Stellenwert dieser Tätigkeiten. Allerdings sind in diesem Ansatz weder Informationen auf Haushaltsebene noch
zur Einkommensverteilung enthalten.

---

211 Vgl. Sachverständigenrat (2010), S. 53ff.; Bundestag (2013), S. 242f.

Die Voraussetzung für eine personelle Einkommensverteilung auf Haushaltsebene ist durch das aktuelle BIP-Konzept nicht gegeben, daher sollten Modifikationen in diesem Bereich vollzogen werden, die dies ermöglichen. Dazu wurden verschiedene Erhebungen zur Einkommenssituation auf Haushaltsebene vorgestellt. Es konnte gezeigt werden, dass die EVS eine geeignete Datenbasis darstellt, um auf der einen Seite die Verteilung des verfügbaren Einkommens der privaten Haushalte zu analysieren. Auf der anderen Seite ist sie mit den VGR-Daten kompatibel, sodass auch gesamtwirtschaftliche Aussagen möglich wären.

Eine systematische Erfassung und Quantifizierung der beschriebenen wohlstandsrelevanten Komponenten wurde bisher noch nicht durchgeführt. Des Weiteren sind keine Indikatoren oder Ansätze vorhanden, die das Zusammenspiel aus materiellen Wohlstandseffekten und Verteilungswirkungen untersuchen und empirisch auswerten.

Aufbauend auf den bisherigen Erkenntnissen und unter Berücksichtigung der vier oben genannten Forderungen soll nur das verfügbare Haushaltseinkommen betrachtet werden, das die privaten Haushalte maßgeblich durch die Arbeitsleistung der Erwerbsarbeit generieren. Zusätzlich soll das (fiktive) Einkommen der drei ergänzenden wohlstandsrelevanten Komponenten Schwarzarbeit, Haushaltsproduktion und Ehrenamt sowie sein Einfluss auf die personelle Einkommensverteilung berücksichtigt werden. Für die Konzeption eines Indikators, der oben genannte Forderungen erfüllt, ergibt sich folgende zentrale Fragestellung für diese Arbeit:

Wie können materielle Wohlstands- und Verteilungsaspekte in einem Indikator erfasst und quantifiziert werden?

Zur Operationalisierung dieser Frage, sollen auch nachfolgende Fragestellungen beantwortet werden:

- Welche theoretischen Grundlagen und welche Daten sind für die Modellierung eines solchen Indikators nötig?
- Welche sozioökonomischen Dimensionen sollten vorliegen, um verteilungsrelevante Aussagen zum materiellen Wohlstand ableiten zu können?
- Welchen Einfluss hat die monetäre Berücksichtigung von nicht-marktlichen Tätigkeiten auf die materielle Wohlstandsentwicklung?
- Wie wirkt sich die Erfassung von nicht-marktlichen Tätigkeiten auf die Einkommensverteilung aus?
- Welche monetären Auswirkungen hat die Berücksichtigung von nicht-marktlichen Tätigkeiten auf die individuelle Wohlstandssituation?
- Können durch die Erfassung und Quantifizierung nicht-marktlicher Tätigkeiten materielle Wohlstands- und Verteilungseffekte gemessen werden?

- Welche sozioökonomischen Gruppen tragen am meisten zur materiellen Wohlstandsentwicklung bei?
- Welchen Einfluss hat das zusätzliche Einkommen der nicht-marktlichen Tätigkeiten auf sozioökonomische Einkommensdifferenzen?

Im nachstehenden Kapitel werden diese Fragen aufgegriffen und bei der Herleitung und Modellierung eines empirisch gestützten Indikators zur Messung und Quantifizierung von materiellen Wohlstands- und Verteilungsaspekten berücksichtigt.

4 Herleitung eine Indikators zur materiellen Wohlstandsmessung unter Berücksichtigung von verteilungsrelevanten Aspekten

Oftmals wird das BIP als Wohlstandsmaß herangezogen, auch wenn es für solche Aussagen ursprünglich nicht konzipiert war. Daher wurden in Kapitel 2 verschiedene Initiativen und Konzepte vorgestellt, die Ansätze zur verbesserten Wohlstandsmessung durch Ergänzungen oder Modifikationen des BIPs aufzeigen. Mit dem Arbeits-BIP und dem NWI wurden zwei Konzepte vorgestellt, die zwar einige Teilaspekte bei der materiellen Wohlstandsmessung, aber keine Verteilungswirkungen berücksichtigen. Die bisherigen Ausführungen verdeutlichen, dass es aktuell keinen Indikator gibt, der Aussagen zum materiellen Wohlstand und gleichzeitig zur Verteilung des Wohlstandes ermöglicht.

Als zentrale Größe des materiellen Wohlstandes konnte die Arbeitsleistung und das damit verbundene verfügbare Einkommen identifiziert werden. Im vorherigen Kapitel konnte zudem gezeigt werden, dass insbesondere die drei Komponenten

- Schwarzarbeit
- Haushaltsproduktion
- Ehrenamt

den materiellen Wohlstand beeinflussen, wenngleich diese bisher nicht systematisch erfasst und bewertet werden. Des Weiteren werden die Verteilungseffekte des materiellen Wohlstandes auf der Haushaltsebene nicht berücksichtigt.

Zur Beantwortung der zentralen Fragestellung dieser Arbeit wird im Folgenden ein Indikator modelliert, der zum einen die nicht-marktlichen Tätigkeiten, die einen Einfluss auf den materiellen Wohlstand haben, erfasst und quantifiziert. Zum anderen kann er die Verteilungseffekte des damit verbundenen Einkommens aufzeigen. Ausgehend von den zusätzlichen Fragen,

- Welche theoretischen Grundlagen und welche Daten sind für die Modellierung eines solchen Indikators nötig?
- Welche sozioökonomischen Dimensionen sollten vorliegen, um verteilungsrelevante Aussagen zum materiellen Wohlstand ableiten zu können?

die zur Operationalisierung im vorherigen Kapitel abgeleitet wurden, werden die notwendigen Datenbases und das allgemeine Vorgehen bei der Konzeption vorgestellt. Anschließend erfolgt die empirische Umsetzung eines Indikators zur materiellen Wohlstands- und Verteilungsmessung.

4.1 Abgrenzung und Begründung der Datenauswahl

Die Ausführungen zu den Determinanten zur materiellen Wohlstandsmessung haben gezeigt, dass es unterschiedliche Ansätze zur Erfassungen und Bewertung der Arbeitsleistung besonders im Bereich der nicht-marktlichen Tätigkeiten gibt. Als Gemeinsamkeit konnte die Aufteilung der zur Verfügung stehenden Zeit der privaten Haushalte für marktliche Tätigkeiten und damit über die amtlichen Statistiken erfassbare Erwerbsarbeit und für den Zeitaufwand nicht-marktlicher Tätigkeiten abgeleitet werden. Des Weiteren wurde deutlich, dass neben einer zeitlichen zudem eine monetäre Komponente erforderlich ist, um den ökonomischen bzw. materiellen Wert dieser nicht-marktlichen Tätigkeiten zu ermitteln. Aufbauend auf diesen Erkenntnissen werden im Folgenden

• Daten zur zeitlichen Abgrenzung und Erfassung der Arbeitsleistung und
• Daten und Bewertungsansätze zur monetären Entlohnung der Arbeitsleistung

der drei Teilkomponenten Schwarzarbeit, Haushaltsproduktion und Ehrenamt vorgestellt.

4.1.1 Zeitverwendungsdaten zur Erfassung nicht-marktlicher Tätigkeiten

Die quantitative Bestimmung der nicht-marktlichen (Haushaltsproduktion und Ehrenamt) bzw. marktlichen, aber nicht legalen, (Schwarzarbeit) Tätigkeiten kann – aus den in den vorherigen Kapiteln angeführten Gründen – nicht über die Berechnungen des BIPs erfolgen. Eine entsprechende Erfassung in den amtlichen Statistiken liegt nicht vor. Es muss daher auf sozioökonomische Sekundärstatistiken zurückgegriffen werden, die – im Idealfall – Erwerbs-, Einkommens- und Zeitformen wiedergeben. Um die notwendigen Informationen erhalten und abschätzen zu können, wird in der Literatur häufig auf repräsentative Haushaltsbefragungen zurückgegriffen. Diese geben die individuellen Einschätzungen der befragten Haushalte wieder und werden anschließend auf die Gesamtbevölkerung hochgerechnet. Somit sind theoretisch Haushaltsbefragungen geeignet, die entweder direkte Angaben zu nicht-marktlichen Tätigkeiten liefern oder aber die Zeitverwendungen der Haushalte nach verschiedenen Tätigkeiten und Aktivitäten zur Verfügung stellen.[212] Prinzipiell wird unter diesen Prämissen oftmals

---

212 Vgl. u.a. Hawrylyshyn (1976, 1977), Spangenberg, Lorek (2002), Schäfer (2004 a, b), Diefenbacher, Zieschank (2010), Sesselmeier, Ostwald (2011), Sojka (2012), Hacket (2012).

auf die Daten des sozioökonomischen Panels (SOEP)[213] oder der Zeitbudgeterhebung zurückgegriffen. Die Zeitbudgeterhebung erlaubt im Gegensatz zum SOEP jedoch spezifische Aussagen zur Zeitverwendung der privaten Haushalte:

> *„Time-use statistics offer a unique tool for exploring a wide range of policy concerns including social change; division of labour; allocation of time for household work; the estimation of the value of household production; transportation; leisure and recreation; pension plans; and health-care programs, among others."*[214]

Die Zeitbudgeterhebung ist, auch international, eine wichtige Datenbasis zur Analyse von Arbeits- und Lebensverhältnissen.[215] Die Europäische Kommission gibt für das Erhebungsdesign entsprechende Richtlinien vor, die eine Harmonisierung und Vergleichbarkeit der Ergebnisse auf internationaler Ebene ermöglichen. Dabei werden unter anderem die Einteilung der Altersklassen, die Einbeziehung der Haushaltstypen und die Codierungsvariablen für die Tätigkeiten vorgegeben.[216]

In Deutschland wurden bereits zwei Befragungswellen in den Jahren 1991/1992 und 2001/2002 im Auftrag des Bundesministeriums für Familie, Senioren, Frauen und Jugendliche durchgeführt, die Feldphase der dritten Welle ist abgeschlossen.[217] Die Forderungen nach einer regelmäßigen Zeitbudgeterhebung bestehen sowohl auf nationaler als auch auf internationaler Ebene.[218]

Die Intention ist, die Zeitstruktur der privaten Haushalte in Deutschland zu erfassen. Es sollten disziplinübergreifend Aussagen über das Zusammenleben verschiedener Bevölkerungsgruppen oder die Aufteilung der Zeit für Erwerbsarbeit, Bildung, Freizeit, Tätigkeiten im Bereich des Haushalts oder ehrenamtlicher Tätigkeiten gewonnen werden.[219]

---

213 Nähere Informationen unter http://www.diw.de/soep. Die Befragungen des SOEP erlauben detaillierte Auswertungen im Bereich der Erwerbsarbeit. Darüber hinaus werden stilisierte Zeitbudgetfragen zu zentralen Aktivitäten, jedoch keine spezifischen Tätigkeitsmuster erfragt (vgl. Merz (2001), S. 9).

214 Vgl. United Nation http://unstats.un.org/unsd/demographic/sconcerns/tuse/.

215 Vgl. Ehling et al. (2001), S. 427.

216 Vgl. Eurostat (2008), S. 7ff, 141 ff.

217 Die Ergebnisse der dritten Zeitbudgeterhebung in Deutschland werden für Dezember 2015 erwartet (vgl. Statistisches Bundesamt (2013d), S. 131).

218 Vgl. Bundestag (2013), S. 29. Des Weiteren wird im Rahmen der Volkswirtschaftlichen Gesamtrechnungen der Aufbau eines Haushaltssatellitenkontos versucht, dessen Grundlage die Zeitbudgeterhebung 2012/13 bilden soll. Somit will das Statistische Bundesamt verstärkt Aktivitäten im Bereich „Wohlstandsmessung, BIP und Glück" ergreifen (vgl. https://www.statistik-berlin-brandenburg.de/home/pdf/kolloquien/2012/5_Fritsch-AktuelleVGREntwicklungen.pdf).

219 Vgl. Ehling et al. (2001), S. 431.

Die Zeitbudgeterhebung stellt den Faktor Zeit in den Fokus – im Unterschied zu anderen Erhebungsformen bzw. Statistiken, die die Zeitkomponente lediglich als Zuordnungspunkt für verschiedene Variablen heranziehen.[220] Somit kann die Zeit als Summe aus regulärer marktlicher Arbeitszeit und aus der Zeit für andere vor allem nicht-marktliche Tätigkeiten als das zentrale Element individuellen Handelns gesehen werden (siehe Kap. 3.1). Die vielschichtigen Aufteilungsmöglichkeiten der beiden Zeitkomponenten können durch die Zeitbudgeterhebung evaluiert werden. Des Weiteren konnte bereits gezeigt werden, dass in der Literatur die Zeitbudgeterhebung ein wichtiges Instrument zur Beschreibung der nicht-marktlichen Tätigkeiten vor allem im Bereich der Haushaltsproduktion darstellt (siehe hierzu die Ausführungen in Kapitel 3.2). Es besteht die Möglichkeit die „unbezahlten Leistungen der Haushalte, die nicht in der Wirtschaftsberichterstattung" berücksichtigt werden, aufzugreifen.[221] In den folgenden Ausführungen wird daher die Struktur der Zeitbudgeterhebung kurz charakterisiert und in den Kontext der vorliegenden Arbeit zur zeitlichen Erfassung der drei ergänzenden wohlstandsrelevanten Teilkomponenten gestellt.

Die Zeitbudgeterhebung aus dem Jahr 2001/2002[222] erfasst über eine repräsentative Erhebung mittels Tagebucheinträgen bei 5.400 privaten Haushalten die aufgewandte Zeit für bestimmte Tätigkeiten. Diese werden über 10 Hauptkategorien und in 272 Einzelaktivitäten bei den Haushaltsmitgliedern ab 10 Jahren über Tagebucheinträge erfasst. Darüber hinaus werden über einen Haushaltsfragebogen die Zusammensetzung des Haushaltes, die Wohnsituation, aber auch zusätzliche Informationen wie etwa erhaltene Hilfeleistungen etc. erfragt.[223] Somit können die Haushalte und teilnehmenden Personen bei der Auswertung der Daten näher spezifiziert und klassifiziert werden. Die Stichprobenauswahl der beteiligten Personen bzw. Haushalte erfolgt über ein Quotenverfahren. Dieses Vorgehen wurde einem Zufallsverfahren vorgezogen, da die Differenzierung und Auswertung nach Haushaltstypen im Fokus der Zeitbudgeterhebung stehen sollte.[224] Beim Quotenverfahren können im Vergleich zur zufallsgesteuerten Stichprobe subjektive Einflussmöglichkeiten nicht ausgeschlossen werden. Allerdings kann es methodisch

---

220 Vgl. Merz (2001), S. 7.

221 Vgl. Ehling et al. (2001), S. 427.

222 Die Forschungsdatenzentren der Statistischen Ämter des Bundes und der Länder stellen die korrespondierenden Daten der Zeitbudgeterhebung 2001/2002 zur Verfügung. Nähere Informationen und Zugangsmöglichkeiten finden sich unter www.forschungsdatenzentrum.de.

223 Vgl. Ehling (2004), S. 14.

224 Vgl. Ehling (2004), S. 14.

einfacher umgesetzt werden und unterstützt die angestrebte Aussagekraft der Ergebnisse nach bestimmten Haushaltsgruppen.[225] Durch die überproportionale Berücksichtigung von kleineren Haushaltstypen in Relation zur Grundgesamtheit, kann die Aufteilung nach Haushaltstypen gewährleistet werden. Darüber hinaus wurden die befragten Haushalte proportional zur Anzahl der Haushalte in den Bundesländern verteilt.[226] Die Hochrechnung der Daten erfolgt über den Mikrozensus des Jahres 1999, sodass alle Privathaushalte mit Hauptwohnsitz in Deutschland, d.h. inländische und ausländische Bevölkerung, abgebildet werden können.[227] Die Zeitbudgeterhebung stellt somit eine repräsentative Erhebung für die Gesamtheit aller privaten Haushalte in Deutschland dar.

Ziel der Erhebung ist es, einen detaillierten Tages- bzw. Zeitablauf der deutschen Bevölkerung zu eruieren und mit Hilfe der abgefragten Aktivitäten zu kategorisieren. Es werden daher sowohl berufliche als auch private Aktivitäten in den privaten Haushalten abgefragt. Die Tätigkeiten werden dabei von den Befragten selbst ausgeführt. Allerdings sind auch Aktivitäten enthalten, die prinzipiell von einer dritten Person – ggf. gegen Bezahlung – ausgeführt werden könnten und somit den Tatbestand des Dritt-Personen-Kriteriums erfüllen (vgl. Kapitel 3.2).

Die Erfassung der Tätigkeiten erfolgt über individuelle Tagebucheinträge, die alle Mitglieder der teilnehmenden Haushalte, die das zehnte Lebensjahr vollendet hatten, führten. Dieses Erhebungsinstrument wurde gewählt um systematische Verzerrungen bei der Befragung zu reduzieren bzw. zu minimieren.[228] Um ein frühzeitiges Abbrechen der Teilnahme zu verhindern, wurde den Teilnehmern lediglich an zwei Wochentagen sowie an einem Samstag bzw. Sonntag die Aufgabe gestellt, ihren typischen Tagesablauf schriftlich festzuhalten. Die Befragten sollten ihre Tätigkeiten in eigenen Worten schildern und in einen 10-Minuten-Rhythmus einteilen. Die dadurch entstehende Clusterbildung der Tätigkeiten ermöglicht eine modale Gliederung des Tages. In diesem modalen Tagesablauf werden somit die am häufigsten ausgeübten Tätigkeiten zu jedem Zeitpunkt abgebildet, sodass dieser als repräsentativ angenommen werden kann. Allerdings spiegelt er keinen realen Tagesablauf wider.[229] Die Tagesabläufe der Haushalte sind neben den Wochentagen auch von saisonalen bzw. klimatischen Gegebenheiten beeinflusst. Der Befragungszeitraum betrug daher ein Kalender-

---

225 Vgl. Ehling (2004), S. 14.
226 Vgl. Ehling et al. (2001), S. 433.
227 Vgl. Ehling (2004), S. 15.
228 Vgl. Ehling et al. (2001), S. 428.
229 Vgl. Hufnagel (2004), S. 280.

jahr und erstreckte sich von April 2001 bis März 2002. Der Stichprobenumfang wurde dementsprechend gleichmäßig auf diesen Zeitraum verteilt, sodass saisonale Schwankungen eliminiert werden konnten.[230] Die daraus resultierenden Tageswerte können als Durchschnittswerte betrachtet werden, die sich zur Extrapolation der Daten auf ein Kalenderjahr eignen. Den Teilnehmern wurde außer der Einteilung der Tätigkeiten in den 10-Minuten-Rhythmus keine Vorgabe zur Aktivitäteneinteilung gegeben. Damit konnte eine induzierte stereotypische Ausfüllung des Tagesbuchs verhindert werden.[231] Bei der Auswertung der Tagebucheinträge mussten die beschriebenen Abläufe anschließend mit Hilfe einer Aktivitätenliste, die über 230 Einzelaktivitäten erfasst, vereinheitlicht, in ein dreistelliges System codiert und in zehn verschiedenen Kategorien aggregiert werden.[232] Dadurch ergibt sich folgende Struktur der Aktivitätenliste, die den zeitlichen Tagesablauf der Haushalte determiniert:[233]

0 Persönlicher Bereich/Physiologische Regeneration
1 Erwerbstätigkeit
2 Qualifikation/Bildung
3 Haushaltsführung und Betreuung der Familie
4 Ehrenamtliche Tätigkeiten, Freiwilligenarbeit
5 Soziales Leben und Unterhaltung
6 Teilnahme an sportlichen Aktivitäten
7 Hobby und Spiele
8 Massenmedien
9 Wegzeiten und unbestimmte Zeitverwendung

Diese zehn Hauptkategorien werden durch zwei- bzw. dreistellige Unteraktivitäten ergänzt, die die Tätigkeiten in den Bereichen konkretisieren. So werden beispielsweise unter der Kategorie 3 „Haushaltsführung und Betreuung der Familie" Tätigkeiten wie „Zubereitung von Mahlzeiten" oder „Instandhaltung von Haus und Wohnung" subsummiert.[234] Die Aufzählung verdeutlicht, dass – außer Tätigkeiten in der Kategorie 1 – alle Aktivitäten in den Bereich der Nicht-Erwerbstätigkeit fallen und damit prinzipiell zur Erfassung der nicht-marktlichen Tätigkeiten herangezogen werden können. Zur Beantwortung der Forschungsfrage gilt das Hauptaugenmerk der Erfassung der nicht-marktlichen Arbeitsleistung, die sich

---

230 Vgl. Ehling et al. (2001), S. 433.
231 Vgl. Ehling et al. (2001), S. 430.
232 Vgl. Ehling et al. (2001), S. 430.
233 Vgl. Ehling et al. (2001), S. 435.
234 Vgl. Ehling (2004), S. 12.

über das Dritt-Personen-Kriterium abgrenzen lässt. Daher werden im weiteren Verlauf der Arbeit die Aktivitäten der Kategorien 3 und 4 zur Bewertung der nicht-marktlichen Tätigkeiten herangezogen. Die genaue Einbindung der Daten in die Modellstruktur wird in den Kapiteln 4.3 bis 4.5 beschrieben.

Die Aktivitäten der Zeitverwendung werden sowohl nach Altersgruppen als auch nach Haushaltstypen und Geschlecht differenziert ausgewiesen. Folgende Abgrenzungen bei den Merkmalen „Alter" und „Haushaltstyp" sind in den Daten vorhanden:[235]

Abbildung 4-1: Differenzierungsmöglichkeiten der Daten nach Alter und Haushaltstyp

Quelle: Eigene Darstellung; ZBE (2001/2002).

---

235   Vgl. Statistisches Bundesamt (2001).

Die Angaben der befragten Haushalte werden in fünf verschiedene Altersgruppen differenziert, die gleichzeitig auch den Altersrahmen der Befragten beinhalten. Darüber hinaus werden die Daten in vier verschiedene Haushaltstypen unterteilt. Zusätzlich werden auch Gesamtergebnisse, d.h. ohne jedwede Merkmalsdifferenzierung, ausgewiesen. Es erfolgt zudem eine Auswertung der Daten mit kombinierten Merkmalen. In diesen Fällen ist der Haushaltstyp das übergeordnete Merkmal, das je Altersklasse nach Geschlecht differenziert wird. Bei diesem Gliederungsformat erfolgt jedoch keine explizite Ausweisung der Altersgruppe der 10-17-Jährigen. Entweder ist diese Gruppe in den Haushalte inkludiert oder aber in den Haushalten, beispielsweise bei zusammenlebenden Personen ohne Kinder, nicht vorhanden. Die Kombination der Ergebnisse bietet vielschichtige Analysen und Interpretationsmöglichkeiten, allerdings wird die Aussagekraft bzw. die Datenqualität – auch aufgrund des Stichprobenumfangs – geringer. Zahlreiche Fachpublikationen werten daher die Daten hinsichtlich ausgewählter Einzelmerkmale und spezifische Tätigkeiten aus.[236] Ausgehend von den verschiedenen Merkmalen der Zeitbudgeterhebung ergeben sich durchschnittliche Pro-Kopf-Ergebnisse für die Zeitverwendung der einzelnen Tätigkeiten. Allerdings impliziert das Erhebungsdesign der Zeitbudgeterhebung als Quotenstichprobe des Mikrozensus eine Hochrechnung der Daten auf die Gesamtbevölkerung in den privaten Haushalten. Im weiteren Verlauf der Arbeit wird der Fokus auch auf die einzelnen Merkmale Geschlecht, Alter und Haushaltstyp und deren Einfluss auf die materiellen Wohlstands- und Verteilungseffekte bei der Modellkonzeption gelegt. An dieser Stelle muss jedoch betont werden, dass hinsichtlich der Datenaktualität Einschränkungen vorliegen, da sich die vorliegenden Daten auf die Zeitverwendung aus den Jahren 2001/2002 beziehen. Dies muss vor allem bei der Ergebnisauswertung und Diskussion berücksichtigt werden.

Zusammenfassend kann festgehalten werden, dass die Zeitbudgeterhebung eine Abgrenzung der Zeit für marktliche und nicht-marktliche Tätigkeiten ermöglicht und daher als Basis für die Bewertung und Quantifizierung eines Indikators zur materiellen Wohlstands- und Verteilungsmessung herangezogen werden kann. Darüber hinaus bildet die sozioökonomische Differenzierung nach Geschlecht, Alter und Haushaltstypen die Grundlage für eine mögliche personelle Einkommensverteilung des materiellen Wohlstandes der nicht-marktlichen Tätigkeiten. Die empirische Modellkonzeption auf Basis der Zeitbudgeterhebung

---

236 Das Statistische Bundesamt hat beispielsweise die Beiträge der Ergebniskonferenz zur Zeitbudgeterhebung in einem Band „Alltag in Deutschland – Analysen zur Zeitverwendung" herausgebracht. Dieser zeigt einige Auswertungsmöglichkeiten der Daten der Zeitbudgeterhebung.

sowie die notwendigen Annahmen und Anpassungen werden in den Kapiteln 4.3 bis 4.5 vorgestellt.

4.1.2 Daten zur monetären Bewertung von nicht-marktlichen Tätigkeiten

Die zeitliche Erfassung der Teilkomponenten Schwarzarbeit, Haushaltsproduktion und Ehrenamt kann ausgehend von der Zeitbudgeterhebung erfolgen. Zur monetären Bewertung der drei Teilkomponenten, respektive der nicht-marktlichen Tätigkeiten, der damit einhergehenden Quantifizierung des materiellen Wohlstands und dessen Verteilung sind Daten zur Einkommenssituation und Entlohnungsstruktur von Berufen erforderlich. Darüber hinaus sind auch verschiedene Bewertungsansätze bei den Stundenlöhnen zur Entlohnung der nicht-marktlichen Tätigkeiten möglich, die im letzten Unterkapitel vorgestellt werden.

4.1.2.1 Einkommensdaten der marktlichen Tätigkeiten als Referenzgröße

Die Interdependenzen zwischen dem verfügbaren Einkommen und dem Faktor Arbeit wurden bereits im Zusammenhang mit dem materiellen Wohlstand einer Volkswirtschaft bzw. der privaten Haushalte diskutiert. Des Weiteren ermöglicht das Zusammenspiel der Daten aus der Zeitbudgeterhebung und aus dem Mikrozensus eine Hochrechnung der Ergebnisse. Die Daten können dabei sowohl auf die betrachtete Gesamtbevölkerung als auch Auswertungen auf Haushaltsebene extrapoliert und dabei nach soziodemographischen Merkmalen differenziert werden. Wie bereits in Kapitel 3.1.2 hergeleitet, bildet das verfügbare Einkommen der privaten Haushalte im weiteren Verlauf der Arbeit die Referenzgröße für die möglichen wohlstands- und verteilungsrelevanten Aussagen hinsichtlich der drei Teilkomponenten. Ergänzend zu den bisherigen Ausführungen werden in diesem Abschnitt die empirischen Einkommensdaten entsprechend der benötigten sozioökonomischen Merkmale vorgestellt, die den Referenzwert bei der Modellierung des Indikators darstellen.

Das gesamtwirtschaftliche Einkommen der privaten Haushalte wird in der Fachserie 18 der Volkswirtschaftlichen Gesamtrechnungen des Statistischen Bundesamtes ausgewiesen und beläuft sich für das Jahr 2010 auf ca. 1.580 Milliarden Euro.[237] Darüber hinaus werden für die Ergebnisse auf Haushaltsebene die Einkommen der Einkommens- und Verbrauchsstichprobe bzw. der laufenden Wirtschaftsrechnung herangezogen.

---

237 Vgl. Statistisches Bundesamt (2013c), S. 12.

Wie bereits in Kapitel 3.1.2 beschrieben wurde im Jahr 2013 die letzte Erhebung der EVS durchgeführt, deren Ergebnisse jedoch noch nicht vollständig veröffentlicht sind. Die Daten der EVS aus dem Jahr 2008 sind somit die aktuell verfügbarsten. Ergänzend zur EVS wird jährlich eine Unterstichprobe gezogen.[238] In der sogenannten laufenden Wirtschaftsrechnung (LWR) werden ebenfalls Informationen zu Einnahmen und Ausgaben der privaten Haushalte bereitgestellt. Die Auswertung hat zum Teil jedoch andere Schwerpunkte bzw. Differenzierungen, sodass im Rahmen dieser Arbeit auf beide Statistiken zurückgegriffen wird.

Die bisherigen Ausführungen haben gezeigt, dass bei der Modellkonzeption eine Differenzierung nach Geschlecht, Alter und Haushaltstyp berücksichtigt werden soll. Während in der LWR die monatlichen Haushaltsnettoeinkommen in Abhängigkeit von Alter und Haushaltstyps für das Jahr 2010 entnommen werden können, muss für die geschlechtsspezifischen Angaben auf die EVS 2008 zurückgegriffen werden. In nachstehender Tabelle sind die monatlichen Haushaltsnettoeinkommen der privaten Haushalte für das Jahr 2010 bzw. 2008 zusammengefasst.

Tabelle 4-1: Verfügbares Nettomonatseinkommen der privaten Haushalte nach sozioökonomischen Merkmalen differenziert

	verfügbares Nettomonatseinkommen in Euro
männlich	3.426
weiblich	2.146
15–29 Jahre[239]	2.308
30–44 Jahre	3.403
45–64 Jahre	3.211
> 65 Jahre	2.385
Alleinlebende	1.784
zusammenlebende Paare ohne Kinder	3.368
Alleinerziehende	2.202
zusammenlebende Paare mit Kinder	4.280

Quelle: Eigene Darstellung; Statistisches Bundesamt (2012b, c), S. 23.

---

238 Das heißt, die für die LWR anzuwerbenden Haushalte werden aus der letzten Befragung der EVS ausgewählt. Diese Haushalte bilden grundsätzlich zur nächsten EVS-Befragung die Stichprobe der LWR. Statistisches Bundesamt (2012c), S. 4.

239 Die hier dargestellte Einteilung spiegelt bereits die harmonisierten Altersgruppen aus der ZBE, des Mikrozensus und der LWR wider. Die Anpassungsschritte werden in Kapitel 4.3.2 beschrieben.

Das verfügbare Einkommen der Frauen beträgt durchschnittlich nur ca. 63 Prozent des Einkommens der Männer. Dieser Wert unterstreicht die geschlechtsspezifischen Einkommensdiskrepanzen. Die Einkommenssituation in den einzelnen Altersgruppen verdeutlicht, dass der Gruppe der 30-44-Jährigen mit durchschnittlich 3.403 Euro das höchste monatliche Einkommen zur Verfügung steht. Zudem zeigt sich, dass die Einkommensdifferenzen zwischen den einzelnen Haushaltstypen – aufgrund der unterschiedlichen Haushaltszusammensetzungen – besonders ausgeprägt sind.

Die beiden Statistiken finden in der Sozial-, Steuer- und Familienpolitik sowie für die Armuts- und Reichtumsberichterstattung als ergänzende und unterstützende Datenbasis Verwendung. Im Kontext dieser Arbeit dienen die verfügbaren Haushaltsnettoeinkommen als Referenzgröße für die wohlstands- und verteilungsrelevante Bewertung der drei Teilkomponenten Schwarzarbeit, Haushaltsproduktion und Ehrenamt. Somit können die Auswirkungen der Teilkomponenten auf das verfügbare Einkommen im Haushaltskontext (Geschlecht, Alter, Haushaltstyp) analysiert werden (vgl. Kapitel 5).

4.1.2.2 Entlohnungsdaten für marktliche Tätigkeiten als Ausgangspunkt zur Bewertung nicht-marktlicher Tätigkeiten

Das beschriebene verfügbare Einkommen beinhaltet die Einkünfte der Arbeitsleistung, die über die regulären Märkte geleistet wird. Das (mögliche) Einkommen der nicht-marktlichen Tätigkeiten ist darin nicht enthalten, damit werden die Angaben zum verfügbaren Einkommen systematisch unterschätzt. Entweder kann das Einkommen über die amtlichen Statistiken nicht vollständig erfasst werden (Schwarzarbeit) oder es erfolgt keine Entlohnung dieser Tätigkeiten (Haushaltsproduktion und Ehrenamt). Die monetäre Quantifizierung der nicht-marktlichen Tätigkeiten bildet somit die Grundlage zur Beantwortung der zentralen Forschungsfrage dieser Arbeit, respektive für den Indikator, der wohlstands- und verteilungsbezogene Auswertungen ermöglichen soll.

Die obigen Ausführungen haben verdeutlicht, dass die Zeitbudgeterhebung und die daraus resultierenden Ergebnisse eine Möglichkeit bieten, nicht-marktlichen Tätigkeiten zeitlich zu quantifizieren.[240] Um jedoch den Einfluss dieser Tätigkeiten auf den materiellen Wohlstand bewerten zu können, ist es darüber hinaus noch erforderlich, den zeitlichen Einsatz monetär zu bewerten. Die zeitliche Dimension wird bedingt durch die Daten der Zeitbudgeterhebung in

---

240 Vgl. Hawrylyshyn (1977), S. 90f.

Minuten- bzw. Stundenwerten ausgegeben. Des Weiteren konnte gezeigt werden, dass die Tätigkeiten der Zeitbudgeterhebung auch dem Dritt-Personen-Kriterium entsprechen und somit ein Matching der nicht-marktlichen Tätigkeiten mit marktlichen Tätigkeitsäquivalenten möglich ist.[241] Basierend auf diesen Erkenntnissen ist die Verwendung von berufsspezifischen Stundenlohnsätzen zur Bewertung der Tätigkeiten möglich. Darüber hinaus sollten die Daten auch soziodemographische Merkmale wie das Geschlecht oder Alter aufweisen. In diesem Zusammenhang bieten die Entgeltstatistik der Bundesagentur für Arbeit[242] sowie die Verdienststrukturerhebung[243], die das Statistische Bundesamt zur Verfügung stellt, den geforderten Informations- und Detaillierungsgrad. Die beiden Statistiken werden im Folgenden kurz charakterisiert und deren Verwendung für die Modellierung des angestrebten Indikators evaluiert.

Die Entgeltstatistik der Bundesagentur für Arbeit erfasst alle sozialversicherungspflichtig und geringfügig Beschäftigten im Rahmen des Meldeverfahrens zur Sozialversicherung. Somit stellt die Entgeltstatistik eine Vollerhebung dar, die im Jahr 2009 Entgeltangaben von ca. 27 Millionen sozialversicherungspflichtig Beschäftigten umfasst.[244] Die Erfassung der Entgeltangaben beinhaltet sowohl wirtschaftszweig- als auch berufsspezifische Bruttoarbeitsentgelte.[245] Die Klassifizierung orientiert sich hierbei an der Wirtschaftszweigklassifizierung WZ 2008 sowie an der Klassifizierung der Berufe BKZ 88. Des Weiteren erfolgt eine Differenzierung nach soziodemographischen Merkmalen. Die Daten werden dabei als monatliche (Brutto-)Entgelte, nicht aber als Stundenlöhne für die einzelnen Berufen zur Verfügung gestellt.

Die zweite Möglichkeit, Entlohnungsdaten zu systematisieren, stellt die Verdienststrukturerhebung des Statistischen Bundesamtes dar. Im Gegensatz

---

241 Die Zuteilung der relevanten Tätigkeiten der Zeitbudgeterhebung zu den drei Teilkomponenten Schwarzarbeit, Haushaltsproduktion und Ehrenamt sowie das Matching mit statistisch erfassten Berufen (marktliche Tätigkeitsäquivalente) erfolgt in Kapitel 4.2.
242 Vgl. Bundesagentur für Arbeit, online abrufbar unter: http://statistik.arbeitsagentur.de/Navigation/Statistik/Statistik-nach-Themen/Beschaeftigung/Entgeltstatistik/Entgeltstatistik-Nav.html.
243 Vgl. Statistisches Bundesamt (2013e).
244 Vgl. Bundesagentur für Arbeit (2010), S. 5.
245 Als Bruttoarbeitsentgelt werden die Arbeitsentgelte vor Abzug von Steuern (Lohnsteuer, Solidaritätsbeitrag, ggf. Kirchensteuer) und Sozialversicherungsbeiträgen (i.d.R. Rentenversicherung, Krankenversicherung, Arbeitslosenversicherung, Pflegeversicherung) verstanden (Vgl. Entgeltstatistik – Begriffserklärungen).

zur Entgeltstatistik wird hierbei eine repräsentative Stichprobe gezogen.[246] Als Grundgesamtheit dienen hierfür Betriebe mit zehn oder mehr sozialversicherungspflichtig Beschäftigten, sodass der Stichprobenumfang ca. 1,9 Millionen Beschäftigte umfasst.[247] Die Verdienststrukturdaten der Arbeitnehmer umfassen neben wirtschaftszweig- und berufsspezifischen (WZ 2008 und BKZ 1988) Angaben auch persönliche Angaben zu Geschlecht, Alter, Betriebszugehörigkeit, Ausbildungsart, usw. Es werden unter anderem Bruttomonatsverdienste, Bruttostundenverdienste und Arbeitszeiten der Arbeitnehmer ausgewiesen.[248] Zur Ermittlung der Bruttojahresverdienste werden nur Beschäftigungsverhältnisse von Arbeitnehmern herangezogen, die mindestens 30 Wochen im Jahr beschäftigt waren.[249] Die Angaben der Bruttostundenverdienste ergeben sich als Mittelwert über die individuellen Bruttostundenverdienste aller Beschäftigten – die erbrachten Arbeitsstunden werden hierbei nicht berücksichtigt. Im Gegensatz zur Entgeltstatistik der Bundesagentur für Arbeit wird die Verdienststrukturerhebung alle vier Jahre veröffentlicht. Die aktuellsten Daten liegen für das Jahr 2010 vor. Die ausgewiesenen Bruttomonatsverdienste beziehen sich hierbei auf Angaben aus dem Oktober 2010.

Die beiden Datenbasen sind grundsätzlich zur Entlohnung der nicht-marktlichen Tätigkeiten bzw. die zu identifizierenden Berufe geeignet. Zur Verknüpfung der Entlohnungsdaten mit den Angaben aus der Zeitbudgeterhebung wird im Folgenden jedoch die Verdienststrukturerhebung präferiert. Die Entlohnungsdaten weisen eine höhere Merkmalsdifferenzierung als die Daten der Entgeltstatistik der Bundesagentur für Arbeit aus. Konkret können durch die Verwendung der Verdienststrukturerhebung die ausgewiesenen nicht-marktlichen Tätigkeiten der Zeitbudgeterhebung mit Stundenlöhnen sowie in Abhängigkeit des Geschlechts bewertet werden. Somit ist es möglich den ökonomischen Wert der nicht-marktlichen Tätigkeiten analog zu den marktlichen Tätigkeiten zu bestimmen und zu vergleichen.

---

246 Die Stichprobe wird zweistufig gezogen. Auf der 1. Stufe werden maximal 34.000 Betriebe ausgewählt. Für eine hohe Repräsentativität erfolgt die Auswahl der Betriebe geschichtet nach Bundesland, Wirtschaftszweig und Betriebsgrößenklasse. Auf der 2. Stufe werden innerhalb der Betriebe Arbeitnehmer per Zufallsverfahren ausgesucht. Für das Berichtsjahr 2010 wurden die Daten von 32.000 Betrieben und 1,9 Millionen Arbeitnehmern erfasst und ausgewertet.
247 Vgl. Statistisches Bundesamt (2013e), S. 606.
248 Vgl. Statistisches Bundesamt (2013e), S. 6.
249 Vgl. ebenda, S. 6.

Ausgehend von den berufsspezifischen Stundenlöhnen der Verdienststrukturerhebung werden im Folgenden verschiedene Bewertungsansätze für nicht-marktliche Tätigkeiten vorgestellt.

4.1.2.3 Bewertungsansätze für Stundenlöhne bei nicht-marktlichen Tätigkeiten

Die eben beschriebenen Datensätze zu den berufsspezifischen Stundenlöhnen, auch in Abhängigkeit von sozioökonomischen Merkmalen, sind die notwendigen Bedingungen zur Monetarisierung nicht-marktlicher Tätigkeiten der drei Teilkomponenten Schwarzarbeit, Haushaltsproduktion und Ehrenamt. Darüber hinaus sind ergänzende Informationen zur genauen Bewertung dieser Tätigkeiten notwendig. Bei der Abgrenzung der ergänzenden wohlstandsrelevanten Komponenten wurde bereits auf verschiedene Bewertungsansätze zur Bewertung der nicht-marktlichen Tätigkeiten hingewiesen. Dies bedeutet, dass bei der Modellierung der drei Teilkomponenten – ausgehend von den Stundenlöhnen – sowohl ein Stundenlohnkonzept (Netto- oder Bruttostundenlöhne) als auch ein Bewertungsansatz (Output- oder Inputmethode) gewählt werden muss.[250] In diesem Kapitel werden die Möglichkeiten zur Bewertung der Stundenlöhne für nicht-marktliche Tätigkeiten aufgegriffen und näher ausgeführt. Anschließend werden die für diese Arbeit relevanten Konzepte abgeleitet.

Die Bestimmung der Stundenlöhne für die nicht-marktlichen Tätigkeiten ist zum einen von einem Stundenlohnkonzept abhängig. Zum anderen ist zu klären, von welchen Personen die Tätigkeiten ausgeführt werden und welche berufsspezifischen Stundenlohnsätze somit angewandt werden können (Bewertungsansatz).[251]

Bei der Wahl des Stundenlohnkonzepts kann zwischen Brutto- und Nettolöhnen differenziert werden. Die Entscheidung, ob die nicht-marktlichen Tätigkeiten durch Brutto- oder Nettolöhne entlohnt werden sollen, kann mithilfe des Dritt-Personen-Kriteriums getroffen werden. Der Substitutionsgedanke, der dieser Abgrenzung zugrunde liegt, würde direkt die Verwendung von Bruttolöhnen implizieren, da für die Ausführung der Tätigkeiten die Anstellung einer dritten Person nötig ist. Somit müssten auch Sozialversicherungsabgaben geleistet werden, die in den Bruttolöhnen enthalten sind. Allerdings werden die Tätigkeiten gerade im Bereich der Haushaltsproduktion und des Ehrenamtes unter anderen institutionellen Rahmenbedingungen ausgeführt. In der Realität

---

250 Vgl. Schäfer (2004a), S. 260.
251 Vgl. Schäfer (2004b), S. 966.

werden hier von den Arbeitnehmern weder Steuern noch Sozialversicherungs-beiträge gezahlt, was einer Entlohnung nach Nettolöhnen entsprechen würde.[252] Basierend auf den Ausführungen zur Abgrenzung der Haushaltsproduktion und des Ehrenamtes (vgl. Kapitel 3.2.2 und 3.2.3) werden die korrespondierenden Tätigkeiten in diesen Bereichen mit Nettostundenlöhnen bewertet. Hinsichtlich der Schwarzarbeit konnte gezeigt werden, dass diese unter der Prämisse, Steu-ern und Abgaben zu sparen, ausgeführt werden. Dies bedeutet, dass sich für die Schwarzarbeit für den Anbieter und Nachfrager im Vergleich zu einer regulären Beschäftigung „lohnen" muss.[253] Mögliche Motive können hierbei die Vermei-dung von Sozialabgaben oder höhere Verdienstmöglichkeiten für den Anbieter der Schwarzarbeit sein.[254] Im Fokus dieser Arbeit stehen die Arbeitsleitung bzw. die Personen, die die Arbeit ausführen, d.h. auch im Fall der Schwarzarbeit sind die möglichen Motive bzw. Verdienstmöglichkeiten des Anbieters entscheidend. Aus diesem Grund werden die Tätigkeiten der Teilkomponente Schwarzarbeit – im Gegensatz zu den anderen beiden Teilkomponenten – mit dem absolut höhe-ren Bruttostundenlohn bewertet.

Neben der Wahl des generellen Stundenlohnkonzepts ist zur Ermittlung der Stundenlöhne für nicht-marktliche Tätigkeiten auch der Bewertungsansatz, der das Lohnniveau determiniert, zu bestimmen. In Abbildung 4-2 sind die ver-schiedenen Ansatzpunkte und Möglichkeiten bei den Bewertungsansätzen für nicht-marktliche Tätigkeiten zusammengefasst.[255]

---

252 Vgl. Schäfer (2004b), S. 966f.
253 Vgl. Feld, Larsen (2012b), S. 18.
254 Vgl. Weinkopf (2005), S. 15, 24.
255 Vgl. Chadeau (1992), S. 90ff.; Goldschmidt-Clermont (1993), S. 421ff. In der Lite-ratur werden die Ansätze primär für die Bewertung der Haushaltsproduktion be-schrieben. Aufgrund der gewählten Abgrenzungen und Charakterisierung der drei Teilkomponenten, können diese Bewertungsansätze auch für die nicht-marktlichen Tätigkeiten der Schwarzarbeit und des Ehrenamtes angewandt werden.

Abbildung 4-2: Bewertungsansätze für nicht-marktliche Tätigkeiten

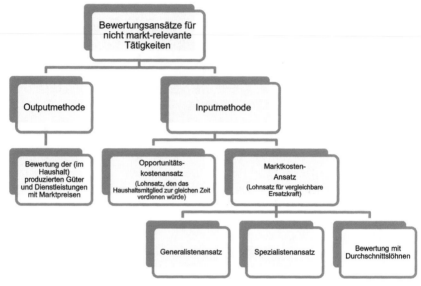

Quelle: Eigene Darstellung.

Es zeigt sich, dass es mit der Output- und der Inputmethode zwei Hauptrichtungen bei den Bewertungsansätzen gibt. Bei der outputorientierten Erfassung steht das Ergebnis der Haushaltsproduktion bzw. der nicht-marktlichen Tätigkeiten im Vordergrund, das gemessen und zu Marktpreisen bewertet wird. Im Gegensatz dazu geht die inputorientierte Erfassung vom Arbeitseinsatz aus, der mit den Tätigkeiten einhergeht.[256] Hierbei kann zwischen dem Opportunitätskostenansatz und dem Marktkostenansatz unterschieden werden. Ersterer hebt auf die Qualifikation der Personen, die die Tätigkeiten ausführen, ab und nicht auf die Art der Tätigkeiten, die verrichtet werden. Der Wert der nicht-marktlichen Tätigkeiten orientiert sich somit an dem Lohnsatz, den die Haushaltsmitglieder bei ihrer regulären Erwerbsarbeit zur gleichen Zeit verdienen würden.[257] Dieses Konzept kann bei unterschiedlichen Haushaltskonstellationen zu unterschiedlichen Bewertungsmaßstäben führen. Dies bedeutet, dass gleiche nicht-marktliche Tätigkeiten von unterschiedlich ausgebildeten Personen unterschiedlich – gemäß ihrer Opportunitätskosten – bewertet werden. Bei einer Bewertung auf Basis des

---

256   Vgl. Chadeau (1992), S. 90.
257   Vgl. Chadeau (1992), S. 91.

Marktkostenansatzes stehen wiederum das Dritt-Personen-Kriterium und die Arbeitsleistung, die mit den nicht-marktlichen Tätigkeiten einhergeht, im Vordergrund.[258] Ausgehend von den bisherigen Ausführungen und der Fokussierung auf die Arbeitsleistung und den Zeiteinsatz, die bei der Messung und Bewertung der Schwarzarbeit, der Haushaltsproduktion und des Ehrenamtes zugrunde gelegt werden, ist für den weiteren Verlauf der inputorientierte Marktkostenansatz relevant. Das aus dem Marktkostenansatz resultierende Lohnniveau kann dabei nach der Spezialistenmethode, der Generalistenmethode oder durch die Bewertung mit Durchschnittslöhnen ermittelt werden:

- **Spezialistenmethode:** Die nicht-marktlichen Tätigkeiten werden gemäß dieser Abgrenzung von denjenigen ausgeführt, die sie auch am freien Markt machen würden. D.h. jeder Tätigkeit wird ein bestimmter Beruf zugewiesen und entsprechend entlohnt. Somit kann der Vielfältigkeit der nicht-marktlichen Tätigkeiten Rechnung getragen werden. Durch diesen Ansatz können die Tätigkeiten auf Makroebene gut bewertet werden. Auf Mikroebene kann die damit verbundene Substituierbarkeit der einzelnen Tätigkeiten nicht immer realisiert werden.[259]
- **Generalistenmethode:** Die Wahl dieses Ansatzes hat zur Folge, dass alle zu bewertenden Tätigkeiten durch eine Person erbracht werden können. Gerade im Bereich der Haushaltsproduktion spiegelt dieser Ansatz die tatsächlichen Bedingungen in privaten Haushalten wider. Es muss daher eine Berufsgruppe und der damit verbundene Lohnsatz gesucht werden, die möglichst viele Tätigkeiten abdecken kann (z.B.: Haushälterin). Allerdings werden durch diesen Ansatz verschiedene Tätigkeiten zusammengefasst. Dies wird jedoch der Vielschichtigkeit der nicht-marktlichen Tätigkeiten nicht immer gerecht.[260]
- **Durchschnittslöhne:** Der durchschnittliche Lohn aller sozialversicherungspflichtig Beschäftigten wird als Lohnansatz für die zu bewertenden Tätigkeiten herangezogen. Der Ansatz ist zum Teil intuitiv nachvollziehbar, offenbart bei gewissen Annahmen jedoch Schwachstellen. Nicht alle am Markt erbrachten Tätigkeiten finden sich auch bei den nicht-marktlichen wieder, daher kann es zu Über- bzw. Unterschätzungen kommen. Des Weiteren kann der Ansatz der Mehrdimensionalität dieser Tätigkeiten nicht ganz gerecht werden. Allerdings entfällt bei diesem Ansatz die Bewertung und Zuordnung der einzelnen Tätigkeiten zu bestimmten Berufen.[261]

---

258 Vgl. Chadeau (1992), S. 91.
259 Vgl. Goldschmidt-Clermont (1993), S. 423f.; Schäfer (2004b), S. 968.
260 Vgl. Goldschmidt-Clermont (1993), S. 423; Schäfer (2004b), S. 968.
261 Vgl. Goldschmidt-Clermont (1993), S. 421f.; Schäfer (2004b), S. 968.

Es konnte gezeigt werden, dass jede Bewertungsmethode – in Abhängigkeit der Tätigkeit und Aussagekraft – Vor- und Nachteile hat. Die bisherigen Ausführungen haben zudem verdeutlicht, dass die Arbeitsleistung und der damit verbundene ökonomische Wert der nicht-marktlichen Tätigkeiten ein zentraler Bestandteil der materiellen Wohlstandssituation darstellt. Wie in Kapitel 4.1.1 dargestellt können die nicht-marktlichen Tätigkeiten respektive der dafür investierte Zeitaufwand über die Zeitbudgeterhebung abgegrenzt und quantifiziert werden. Die Verwendung der Zeitbudgetdaten ermöglicht zudem die Diversitäten der nicht-marktlichen Tätigkeiten und damit auch der drei Teilkomponenten Schwarzarbeit, Haushaltsproduktion und Ehrenamt aufzuzeigen und gerecht zu werden. Unter Berücksichtigung dieser Erkenntnisse werden die Lohnsätze der drei Teilkomponenten jeweils über die Spezialistenmethoden bestimmt.

Die empirische Umsetzung der beschriebenen Methoden und die zeitliche und monetäre Erfassung der Schwarzarbeit, der Haushaltsproduktion und des Ehrenamtes zur Modellierung des Indikators erfolgt in den kommenden Kapiteln.

4.2 Empirische Modellierung eines Indikators zur materiellen Wohlstands- und Verteilungsmessung

Die bisherigen Ausführungen verdeutlichen, dass auch nicht-marktliche Tätigkeiten und deren mögliches Einkommen einen Einfluss auf den materiellen Wohlstand einer Gesellschaft haben. Es konnte gezeigt werden, dass vor allem Tätigkeiten im Bereich der Schwarzarbeit, der Haushaltsproduktion und des Ehrenamtes in diesem Zusammenhang eine entscheidende Rolle spielen. Allerdings wurde deren Einfluss auf den materiellen Wohlstand und damit einhergehende mögliche Verteilungseffekte bisher noch nicht umfassend und systematisch untersucht. Daher wird in den kommenden Kapiteln ein theoretischer Modellansatz mit empirischer Modellierung zur Erfassung und Monetarisierung von nicht-marktlichen Tätigkeiten dargestellt. Basierend auf den beschriebenen Datenquellen werden die bisher nicht systematisch erfassten Tätigkeiten im Bereich der Schwarzarbeit (SA), der Haushaltsproduktion (HP) und des Ehrenamtes (EA) mit Hilfe eines vergleichbaren und systematischen Vorgehens zeitlich quantifiziert und monetär bewertet. Anschließend sollen damit mögliche materielle Wohlstands- und Verteilungseffekte abgeleitet werden.

Die Fokussierung auf den Faktor Zeit ermöglicht eine quantitative (zeitlich und monetär) Messung der drei Teilkomponenten. Wie in Kapitel 3.2.1 dargelegt, bestehen bei der Erfassung der Schwarzarbeit große Herausforderungen. Im weiteren Verlauf dieser Arbeit wird jedoch versucht diesen auf Basis der Zeitbudgeterhebung in Kombination mit weiteren Sekundärstatistiken zu begegnen.

Aufgrund der Datendifferenzierung und möglichen Aussagekraft wird bei der Modellierung auf die Zeitbudgeterhebung zurückgegriffen.

Bei der Modellkonzeption wird ausgehend von den sozioökonomischen Merkmalen der Zeitbudgeterhebung zudem zwischen folgenden Berechnungsvarianten, die die Grundlage für die Bewertung der Verteilungseffekte liefern, unterschieden:

• Basisvariante (ohne sozioökomische Merkmalsdifferenzierung)
• Geschlechtsspezifische Variante
• Altersspezifische Variante
• Haushaltstypspezifische Variante

Die Modellierung der Teilkomponenten kann mit Hilfe eines dreistufigen Verfahrens, das für jede Teilkomponente durchlaufen werden muss, beschrieben werden. In nachfolgender Abbildung sind diese Phasen schematisch dargestellt.

Abbildung 4-3: Schematisches Vorgehen der Modellkonzeption – Drei-Stufen-Schema

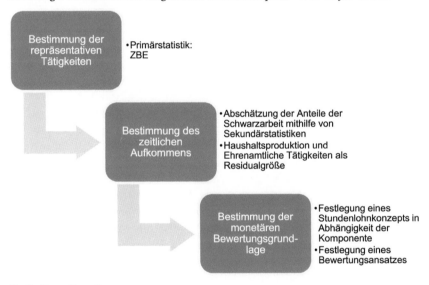

Quelle: Eigene Darstellung.

In der **ersten Stufe** müssen die repräsentativen Tätigkeiten für die drei Teilkomponenten auf Basis der Zeitbudgeterhebung bestimmt und abgegrenzt werden. In Anlehnung an Schäfer[262] sowie Sesselmeier/Ostwald[263] sind die relevanten

---

262   Vgl. Schäfer (2004b), S. 963.
263   Vgl. Sesselmeier, Ostwald (2011), S. 19.

Tätigkeiten im Bereich der Haushaltsführung, der Pflege und Betreuung, der ehrenamtlichen Tätigkeiten, aber auch im Bereich der Haupt- und Nebenerwerbstätigkeiten zu finden. Bei der Beschreibung der Zeitbudgeterhebung wurde gezeigt, dass unter den Aktivitätengruppen weitere Tätigkeiten subsummiert sind. In folgender Tabelle ist das vorgenommene Matching dieser Bereiche zu den drei Teilkomponenten dargestellt.

Tabelle 4-2: Matching Aktivitätengruppen der ZBE mit den drei Teilkomponenten

Aktivitätengruppen ZBE	Zuordnung zu drei Teilkomponenten
Haushaltsführung (H)	Schwarzarbeit, Haushaltsproduktion
Pflege und Betreuung (P)	Schwarzarbeit, Haushaltsproduktion
Ehrenamtliche Tätigkeiten (E)	Ehrenamt
Informelle Hilfe (I)	Schwarzarbeit, Ehrenamt
Haupterwerbstätigkeit (HE)	Schwarzarbeit
Nebenerwerbstätigkeit (NE)	Schwarzarbeit

Quelle: Eigene Darstellung.

Bei der Modellkonzeption wird angenommen, dass sich die Ausführung der Tätigkeiten in den sechs identifizierten Aktivitätengruppen auf die drei Teilkomponenten aufteilt. Es gilt somit, dass beispielsweise die relevanten Tätigkeiten in der Haushaltsführung sowohl in den Bereich der Schwarzarbeit als auch in den Bereich der Haushaltsproduktion fallen. Im Gegensatz dazu werden die ehrenamtlichen Tätigkeiten komplett der Teilkomponente Ehrenamt zugewiesen. Eine Besonderheit stellt die Zuteilung der Teilkomponente Schwarzarbeit zur Haupt- und Nebenerwerbstätigkeit dar. Hierbei wird angenommen, dass zum einen auch Erwerbstätige schwarzarbeiten.[264] Zum anderen, dass es auch während der regulären Arbeitszeit zu Schwarzarbeit kommt und dabei vor allem Tätigkeiten ausgeführt werden, die auch dem regulären Beruf entsprechen.[265] Dies bedeutet, dass Tätigkeiten in der Haupt- und Nebenerwerbstätigkeit relevant bei der Modellierung der Teilkomponente Schwarzarbeit sind.[266] Die konkrete zeitliche Abgrenzung der Tätigkeiten erfolgt dann in Stufe 2.

Zur Operationalisierung werden aus diesen Hauptaktivitäten jedoch nur bestimmte Tätigkeiten herangezogen und Berufen zugeordnet, die diesen Tätigkeiten entsprechen könnten. In nachstehender Tabelle ist die entsprechende Zuordnung

---

264 Vgl. Enste (2009), S. 2f., Feld, Larsen (2012b), S. 30ff.
265 Vgl. Enste (2009), S. 2ff.
266 Vgl. Sesselmeier, Ostwald (2011), S. 19.

wiedergegeben. Entsprechend den ausgewählten Tätigkeiten in der Zeitbudgeterhebung werden die relevanten Berufsgruppen eruiert, die diese ausführen können.[267] Nachfolgende Tabelle stellt die jeweiligen Paarungen gegenüber.

Tabelle 4-3: Zuordnung möglicher Berufsgruppen zu ausgewählten Tätigkeiten der Zeitbudgeterhebung

Tätigkeiten ZBE	Korrespondierende Berufsgruppen
Zubereitung von Mahlzeiten	Koch
Bauen und handwerkliche Tätigkeiten	Maurer
	Elektroinstallateur, -monteur
	Maler
	Dachdecker, Zimmerer
Instandhaltung und Reinigung der Wohnung	Raumreiniger
	Glasreiniger
Gartenarbeit, Pflanzen- und Tierpflege	Gärtner
	Tierpfleger
Einkaufen und Besorgungen	Hauswirtschafter
	hauswirtschaftlicher Betreuer
Kinderbetreuung	Kindergärtner, Kinderpfleger
	sonstige Lehrer
sonstige Betreuungen	Seelsorger
	Krankenschwester, Hebamme
	Helfer in der Krankenpflege
	Sozialarbeiter, -pfleger
informelle Hilfe	Hauswirtschafter
	hauswirtschaftlicher Betreuer
Haupterwerbstätigkeit	Maurer
	Elektroinstallateur, -monteur
	Maler
	Dachdecker, Zimmerer
Nebenerwerbstätigkeit	Florist
	Koch
	Kellner
	Kraftfahrzeuginstandsetzer
	Friseur

Quelle: Eigene Darstellung.

---

267   Vgl. u.a. Enste et al. (2009), S. 17.

Im Bereich der Haupt- und Nebenerwerbstätigkeit wurden Beispielberufe gewählt, die in den Wirtschaftszweigen klassischerweise ausgeführt werden, die einen hohen Schwarzarbeitsanteil aufweisen.[268] Die Zuweisung der Berufsgruppen ist die Basis für die spätere Berechnung der Stundenlöhne in den drei Teilkomponenten. Die Berufsbezeichnungen entsprechen der Berufsklassifizierung der Berufe 1988. Somit können die entsprechenden Stundenlohnsätze direkt aus der Verdienststrukturerhebung (siehe Kapitel 4.1.2.2) entnommen werden.

In der **zweiten Stufe** wird die aufgewandte Zeit der Tätigkeiten bezüglich der drei Teilkomponenten bestimmt. Die Zuordnung der Aktivitätengruppen der Zeitbudgeterhebung zu den drei Teilkomponenten determiniert deren maximales Zeitaufkommen. Ausgehend von den Angaben in der Zeitbudgeterhebung werden mithilfe von Sekundärstatistiken die Anteile für die drei Teilkomponenten ermittelt bzw. – sofern möglich – direkt aus den Zeitverwendungsdaten entnommen. Dies impliziert, dass mit der Modellierung der Teilkomponente Schwarzarbeit begonnen wird und die verbleibende Zeit in den zugewiesenen Aktivitätengruppen für die Haushaltsproduktion bzw. das Ehrenamt verwendet wird. In Anlehnung an Tabelle 4-2 wird deutlich, dass sich die aufgewandte Zeit in diesen Aktivitäten auf die drei Teilkomponenten auffächert bzw. ein gewisser Anteil dafür verwendet wird. Somit ergibt sich für die Zeitverteilung der Tätigkeiten im Bereich der Haushaltsführung (t_i^H), Pflege und Betreuung (t_i^P) sowie informelle Hilfe (t_i^I) folgende Zusammenhänge:

$$t_i^H = t_{i,SA}^H + t_{i,HP}^H \tag{1}$$

$$t_i^P = t_{i,SA}^P + t_{i,HP}^P \tag{2}$$

$$t_i^I = t_{i,SA}^I + t_{i,EA}^I \tag{3}$$

Aus Gleichung (1) wird deutlich, dass die Zeit im Bereich der Haushaltsführung sowohl für Tätigkeiten im Bereich der Schwarzarbeit ($t_{i,SA}^H$) als auch im Bereich der Haushaltsproduktion ($t_{i,HP}^H$) verwendet werden kann. Die vorhandene Zeit für die Tätigkeiten im Bereich von Pflege und Betreuung, die durch Gleichung (2) dargestellt ist, kann ebenfalls für Tätigkeiten genutzt werden, die den Teilkomponenten Schwarzarbeit ($t_{i,SA}^P$) und Haushaltsproduktion ($t_{i,HP}^P$) zugeordnet werden können. In Gleichung (3) ist die Zeitaufteilung im Bereich der informellen Hilfe dargestellt. Diese kann sich auf die Tätigkeiten im Bereich der

---

268 Vgl. u.a. Weinkopf (2005), S. 23f., Feld, Larsen (2012b), S. 70. Die Auswahl der Beispielberufe erhebt nicht den Anspruch auf Vollständigkeit, sie spiegelt jedoch das vielfältige Tätigkeitsspektrum der nicht-marktlichen Tätigkeiten wider.

Schwarzarbeit $(t_{i,SA}^I)$ und des Ehrenamtes $(t_{i,EA}^I)$ aufteilen, damit zählen Tätigkeiten der informellen Hilfe nicht zu den Tätigkeiten der Haushaltsproduktion. Im Gegensatz zu diesen drei Aktivitätengruppen wird die angegebene Zeit im Bereich der ehrenamtlichen Tätigkeiten (t_i^E) gänzlich der Teilkomponente Ehrenamt zugewiesen.

Eine weitere Besonderheit stellt die Zeitverteilung der Haupt- und Nebenerwerbstätigkeit bei der Teilkomponente Schwarzarbeit dar. Im Gegensatz zu den anderen vier Aktivitätengruppen wird hier nicht die komplett angegebene Zeit, sondern nur ein gewisser Anteil der angegebenen Zeiten zur Modellierung der Schwarzarbeit herangezogen.

In diesem Modellierungsschritt erfolgt die Differenzierung der vier Berechnungsvarianten. In der Basisvariante wird die aufgewandte Zeit der drei Teilkomponenten insgesamt bestimmt. Dies bedeutet, dass keine Differenzierungen nach sozioökonomischen Merkmalen vorgenommen werden. Die Angaben der Zeitbudgeterhebung werden in aggregierter Form als ein Durchschnittswert für die Tätigkeiten ausgewiesen; sie bilden die Grundlage in dieser Berechnungsvariante. Bei der geschlechtsspezifischen Variante werden die Zeitangaben der relevanten Tätigkeiten, die in der ersten Stufe identifiziert wurden, geschlechtsspezifisch in die Modellierung einbezogen. Hierbei sind zudem weitere Informationen bei der Bestimmung der drei Teilkomponenten notwendig (siehe Kapitel 4.3). Darüber hinaus wird in dieser Arbeit eine Differenzierung der Tätigkeiten nach Altersgruppen vorgenommen. Die Einteilung der Altersklassen orientiert sich dabei an den Vorgaben der Zeitbudgeterhebung (siehe Kapitel 4.4). Abschließend erfolgt eine Abgrenzung des zeitlichen Aufkommens nach Haushaltstypen. Die entsprechenden Ausführungen sind in Kapitel 4.5 dargelegt.

In der **dritten Stufe** wird in Abhängigkeit der Teilkomponente ein Bewertungsansatz und Stundenlohnkonzept für die Tätigkeiten gewählt, die im vorherigen Kapitel vorgestellt wurden. Somit können die drei Teilkomponenten quantifiziert und bewertet werden.

Diese vorgestellte Struktur setzt die Rahmenbedingungen bei der Modellierung eines Indikators zur materiellen Wohlstands- und Verteilungsmessung. In den folgenden Kapiteln erfolgt die konkrete Modellumsetzung mit dem Ziel, die drei Teilkomponenten zu bewerten und das mögliche Einkommen durch diese Tätigkeiten zu quantifizieren. Ausgehend von der Basisvariante werden, wie bereits beschrieben, die drei weiteren Modellierungsvarianten aufgezeigt. Diese werden im Folgenden mit den Besonderheiten und notwendigen Annahmen für jede Teilkomponente spezifiziert. Anschließend wird in Kapitel 4.6 die Aggregation der Teilkomponenten zum sogenannten SHE-Indikator (**S**chwarzarbeit, **H**aushaltsproduktion, **E**hrenamt) beschrieben.

4.3 Modellierung der Teilkomponente Schwarzarbeit

Die erste Komponente des SHE-Indikators ist die Schwarzarbeit. Ausgehend von der Definition und Abgrenzung der Schwarzarbeit aus Kapitel 3.2.1 werden im Folgenden die vier verschiedenen Berechnungsvarianten und die dafür notwendigen Modellierungsschritte und Annahmen aufgezeigt. Im Rahmen dieser Arbeit wird basierend auf den Tätigkeitsangaben in der Zeitbudgeterhebung der zeitliche Umfang der schwarzgeleisteten Arbeit eruiert und anschließend monetär bewertet. Dabei werden zusätzlich verschiedenen Sekundärstatistiken zur Berechnung herangezogen.

4.3.1 Basisvariante

Das dreistufige Modellierungsverfahren, das bei der zeitlichen und monetären Bestimmung der Teilkomponente Schwarzarbeit angewandt wird, kann durch nachstehenden funktionalen Zusammenhang beschrieben werden:

$$k_{SA} = \Sigma_i^j t_i * a_i^{SA} * w_i^B \tag{4}$$

$$t_i^{SA} = a_i^{SA} * t_{i,j} \tag{5}$$

$$K_{SA} = k_{SA} * A_{Bev} \tag{6}$$

Die einzelnen Faktoren sind wie folgt definiert:

k_{SA} = Komponente Schwarzarbeit pro Kopf (in Euro pro Stunde bzw. Tag)

$t_{i,j}$ = Zeit für Tätigkeit i (aus Zeitbudgeterhebung in Minuten)

a_i^{SA} = prozentualer Schwarzarbeitsanteil für Tätigkeit i

t_i^{SA} = Zeit für Schwarzarbeit nach Tätigkeit i (in Stunden)

w_i^B = durchschnittlicher Bruttostundenlohn für Tätigkeit i

K_{SA} = Schwarzarbeit gesamt

A_{Bev} = Anteil Bevölkerung

Die Komponente Schwarzarbeit pro Kopf k_{SA} setzt sich über eine Zeit- ($t_i * A_i^{SA}$) und eine Lohnkomponente (w_i^B) zusammen. Somit kann der fiktive monetäre und quantitative Wert der geleisteten Schwarzarbeit pro Tag bestimmt werden. Die Zusammensetzung, die zugrundeliegenden Annahmen und die Gewichtung der einzelnen Faktoren werden nachfolgend detaillierter beschrieben. Die Ausführungen orientieren sich dabei an dem dreistufigen Verfahren und werden an entsprechender Stelle näher erläutert.

1. Modellierungsstufe: Abgrenzung der relevanten Tätigkeiten im Bereich der Schwarzarbeit

Wie bereits in Kapitel 4.2 ausgeführt werden im ersten Schritt die relevanten Tätigkeiten und die damit einhergehende maximal aufgewandte Zeit pro Tätigkeit aus der Zeitbudgeterhebung bestimmt. Das Zusammenspiel der abgegrenzten Aktivitätengruppen und der identifizierten relevanten Tätigkeiten ist in Tabelle 4-4 abgebildet. Im Rahmen dieser Arbeit werden Tätigkeiten für die Schwarzarbeit als relevant angesehen, die mit der Intention verrichtet werden, Steuern und Sozialabgaben zu sparen (vgl. Kapitel 3.2.1). Den fünf Tätigkeitsbereichen der Zeitbudgeterhebung stehen somit elf relevante Aktivitäten gegenüber. Im Bereich der Haushaltsführung lassen sich mit sechs verschiedenen Möglichkeiten die meisten Aktivitäten identifizieren, die unter die gewählte Abgrenzung der Schwarzarbeit fallen können.

Tabelle 4-4: Aktivitäten und relevante Tätigkeiten der Teilkomponente Schwarzarbeit inkl. maximaler Zeit dieser Tätigkeiten der Zeitbudgeterhebung

Aktivitäten und relevante Tätigkeitsbereiche		Zeit in Minuten pro Tag
Haushaltsführung	Zubereitung von Mahlzeiten	45
	Bauen und handwerkliche Tätigkeiten	9
	Instandhaltung und Reinigung der Wohnung	51
	Gartenarbeit, Pflanzen- und Tierpflege	21
	Planung und Organisation	6
	Einkaufen und Besorgungen	23
Pflege & Betreuung	Kinderbetreuung	15
	Sonstige Betreuungen	1
Ehrenamtliche Tätigkeiten	Informelle Hilfe	8
Haupterwerbstätigkeit	Haupterwerbstätigkeit	120
Nebenerwerbstätigkeit	Nebenerwerbstätigkeit	3

Quelle: Eigene Darstellung, Statistisches Bundesamt (2006).

Die Angaben stellen das (theoretisch) maximal zeitliche Spektrum für die Schwarzarbeit dar. In diesem Zusammenhang wird angenommen, dass alle Tätigkeiten schwarz verrichtet werden, sodass für die Gleichungen (1) und (2) gilt: $t_i^H = t_{i,SA}^H$ und $t_i^P = t_{i,SA}^P$.

In der Basisvariante wird keine Differenzierung der Aktivitäten nach sozioökonomischen Merkmalen vorgenommen. Dies bedeutet, dass als Ausgangspunkt die aggregierten zeitlichen Angaben aus der Zeitbudgeterhebung herangezogen werden. Die angegebenen Minuten pro Tätigkeit und Tag werden für die weitere Modellierung in Stunden umgerechnet, sodass der erste Faktor $t_{i,j}$ daraus resultiert.

2. Modellierungsstufe: Bestimmung des zeitlichen Aufwandes im Bereich der Schwarzarbeit

Im zweiten Schritt muss der zeitliche Aufwand im Bereich der Schwarzarbeit modelliert werden. Nach der Identifikation der relevanten Tätigkeiten wird nun der zeitliche Umfang der Schwarzarbeit in diesen Bereichen – ausgehend von der maximal verfügbaren Zeit dieser Tätigkeiten (siehe Tabelle 4-4) – ermittelt. Die Erhebungsstruktur der Zeitbudgeterhebung ermöglicht eine zeitliche Abgrenzung der Tätigkeiten in den privaten Haushalten über den Tag verteilt. Allerdings sind in den Daten keine direkten Angaben für die Schwarzarbeit vorhanden, da keine Intention zur Auswertung der Daten in diesem Bereich vorlag. Dennoch kann angenommen werden, dass in den Daten implizit Angaben zur Schwarzarbeit enthalten sind und sich diese in den als relevant erachteten Tätigkeiten widerspiegeln.[269] Das maximal mögliche zeitliche Ausmaß der Schwarzarbeit in den privaten Haushalten – im Sinne dieser Arbeit – ist daher durch die Zeitangaben dieser Tätigkeiten determiniert. Da jedoch nicht davon ausgegangen werden kann, dass alle Tätigkeiten schwarz verrichtet werden, muss eine zeitliche Abschätzung des tatsächlichen Ausmaßes erfolgen. Dies wird unter Zuhilfenahme von verschiedenen Sekundärstatistiken durchgeführt.

Die Abgrenzungen und Erhebungen (vgl. Kapitel 3.2.1) zur Schwarzarbeit zeigen die Herausforderungen bei deren Erfassung. Explizite Befragungen erweisen sich aufgrund der Illegalität der Schwarzarbeit als schwierig und zum Teil wenig aussagekräftig – auch wenn diese anonym getätigt werden. Die Studie von Feld und Larsen zeigt zudem, dass die Angaben zur geleisteten Schwarzarbeit als Untergrenze des tatsächlichen, zeitlichen und finanziellen Ausmaßes zu bewerten sind.[270] Abschätzungen zum finanziellen Umfang der Schwarzarbeit erfolgen zudem über Steuerschätzungen oder erwirtschaftete Bruttowertschöpfung.[271] In

---

269 Siehe hierzu die entsprechenden Ausführungen in Kapitel 3.2.1 und Kapitel 4.1.1. Durch das Erhebungsdesign der Zeitbudgeterhebung in Form von Tagebucheinträgen kann ein durchschnittlicher Tag in einer 10-Minuten-Taktung nach Tätigkeiten differenziert werden. Daher kann angenommen werden, dass bestimmte Tätigkeitsbereiche auch Angaben zur Schwarzarbeit beinhalten. Diese werden jedoch nicht gesondert erfasst bzw. ausgewiesen.

270 Vgl. Feld, Larsen (2012a), S. 60.

271 Vgl. Bundestag (2013), S. 336.

beiden Erhebungsverfahren kommt es jedoch vielmehr zu einer Unter- als Überschätzung der Schwarzarbeit.

Im Rahmen dieser Arbeit wird die Bestimmung der Schwarzarbeit auf Basis des Arbeitsinput-Ansatzes in Kombination mit einer Sensitivitätsanalyse vorgenommen. Der Faktor Arbeit, respektive die dafür aufgewandte Zeit stehen somit im Fokus bei der Modellierung der Teilkomponente Schwarzarbeit.

Gemäß der Modellstruktur ist es erforderlich das zeitliche Ausmaß der Schwarzarbeit nach Tätigkeiten zu quantifizieren, um die Datenstruktur der Zeitbudgeterhebung nutzen zu können. Eine direkte Erhebung nach Tätigkeitsfeldern, bestimmten Berufen oder aber auf Haushaltsebene liegt aufgrund der genannten Erhebungsproblematik nicht vor. In verschiedenen Forschungsarbeiten von Feld und Larsen[272] im Auftrag der Rockwool Foundation werden die Primärbefragungen zur Schwarzarbeit nach verschiedenen Merkmalen und Erhebungsformen ausgewertet. Darüber hinaus bestehen zwei verschiedene Erhebungsvarianten. Zum einen wird der Fokus auf die geleisteten Stunden der Schwarzarbeit im Verhältnis zu den beobachtbaren geleisteten Stunden in der regulären Wirtschaft gelegt.[273] Zum anderen beziehen sich die Autoren auf den erwirtschafteten Lohn durch die Schwarzarbeit, der in Relation zum BIP zu Marktpreisen gesetzt wird.[274]

Im Verlauf der vorliegenden Arbeit wird auf die erste Variante, die die geleisteten Schwarzarbeitsstunden erfasst, zurückgegriffen. Diese Stichprobe wurde auf Haushaltsebene gezogen und lässt mittels Gewichtungsfaktoren auch Aussagen nach Geschlecht und Alter zu.[275] Des Weiteren werden die schwarzgeleisteten Stunden nach acht verschiedenen Wirtschaftszweige erfasst: Landwirtschaft, verarbeitendes Gewerbe, Baugewerbe, Handel und Reparatur, Gastgewerbe, Verkehr und Kommunikation, wirtschaftsnahe Dienstleistungen und personenbezogene Dienstleistungen.[276] In nachfolgender Tabelle sind die schwarzgeleisteten Stunden als Anteil der geleisteten Stunden in der regulären Wirtschaft nach Wirtschaftszweigen dargestellt.

---

272 Vgl. Feld, Larsen (2012a, b).
273 Vgl. Feld, Larsen (2012b), S. 20.
274 Vgl. Feld, Larsen (2012b), S. 21.
275 Vgl. Feld, Larsen (2012b), S. 65.
276 Vgl. Feld, Larsen (2012a), S. 64.

Tabelle 4-5: Anteil der schwarzgeleisteten Stunden an registrierten Arbeitsstunden nach Wirtschaftszweigen im Jahr 2007

Bereiche Rockwool-Foundation	Schwarzarbeitsanteile in den Bereichen in Prozent
Landwirtschaft, Gartenarbeit	0,87
Verarbeitendes Gewerbe	0,19
Baugewerbe	16,87
Handel und Reparatur	0,36
Gastgewerbe	4,68
Verkehr	8,14
Wirtschaftliche Dienstleistungen	0,58
Persönliche Dienstleistungen	1,38
Arithmetisches Mittel	**4,13**

Quelle: Eigene Darstellung in Anlehnung an Feld, Larsen (2012a).

Es zeigt sich, dass die Schwarzarbeit vor allem im Bereich des Baugewerbes, des Gastgewerbes sowie im Verkehr und den personenbezogenen Dienstleistungen verstärkt auftritt. Die Befragungswellen, die die Rockwool Foundation zur Analyse der Schwarzarbeit in Deutschland eingesetzt hat, wurden nur in den Jahren 2001 und 2004 bis 2007 durchgeführt. Der Anteil der Schwarzarbeit in den dargestellten Wirtschaftszweigen erreicht im letzten Beobachtungsjahr den geringsten Wert. Die Autoren begründen diese Entwicklung auch mit der wirtschaftlichen Lage. Mit Blick auf die robuste Entwicklung am Arbeitsmarkt seit der Wirtschaftskrise, auf den Anstieg der sozialversicherungspflichtigen Beschäftigungsverhältnisse und den Anstieg des Arbeitszeitvolumens[277] kann angenommen werden, dass sich der rückläufige Trend der geleisteten Schwarzarbeit fortgesetzt hat bzw. auch im Jahr 2010 auf einem ähnlichen Niveau anzusetzen ist. Bei der Berechnung des Schwarzarbeitsanteils A_i^{SA} werden daher die Werte des Jahres 2007 als Basisjahr herangezogen.

Ergänzend zu den Wirtschaftszweigen geben die Autoren eine Übersicht der möglichen Tätigkeiten an, die in diesen Bereichen verrichten werden können. Die folgende Aufzählung orientiert sich an der Auswertung von Feld und Larsen und zeigt die „typischen" Tätigkeiten, die schwarz verrichtet werden:[278]

---

277 Vgl. Brücker et al. (2012); Bundesagentur für Arbeit (2013).
278 Vgl. Feld, Larsen (2012), S. 70. Die Liste ist eine leicht modifizierte Aufzählung der möglichen Wirtschaftszweige und Tätigkeiten, die bei Feld und Larsen zu finden sind.

- Landwirtschaft, Gartenarbeit: *Bäume fällen, Gartenarbeit, Rasen mähen, Gartenarbeit bei älteren Personen, landwirtschaftliche Arbeiten, u.a.*
- Verarbeitendes Gewerbe: *Maschinenreparaturen, Metallarbeiten, Gardinen nähen, Näharbeiten, Schrank aufbauen, u.a.*
- Baugewerbe: *Malerarbeiten, Renovierungsarbeiten, Dachdeckarbeiten, Teppich verlegen, Hausbau bei Freunden, Badezimmern renovieren, Lampen aufhängen, Elektroinstallationen, Mauererarbeiten, Handwerksarbeiten, u.a.*
- Handel und Reparatur: *Autoreparatur, Umnähen und Kürzen von Kleidung, Schneiderarbeiten, Fahrradreparaturen, u.a.*
- Gastgewerbe: *Barkeeping, Kellner, Kochen, Ausgestaltung und Mithilfe von Feierlichkeiten, u.a.*
- Verkehr: *Umzug, Kurierdienste, Umzugsdienstleistungen, u.a.*
- Wirtschaftliche Dienstleistungen: *Hilfe bei der Steuererklärung, Computer einrichten, Schreibarbeiten, Hilfe als Dolmetscher, Putzen, Reinigungsarbeiten, u.a.*
- Persönliche Dienstleistungen: *Babysitten, Haare schneiden, Betreuung älterer Menschen, Wäsche machen, Einkaufen, Tennisstunden geben, Nachhilfe, u.a.*

Die beispielhafte Zuteilung der Tätigkeiten ermöglicht eine Integration dieser Ergebnisse in die Modellstruktur. Basierend auf dieser Einteilung können die ausgewählten Tätigkeiten der Zeitbudgeterhebung, die als relevant für die Schwarzarbeit identifiziert wurden, den Wirtschaftszweigen zugeordnet werden. In folgender Tabelle ist das daraus resultierende Matching dargestellt.

Tabelle 4-6: Zuordnung relevanter Tätigkeiten der Zeitbudgeterhebung zu den Wirtschaftsbereichen

Tätigkeiten aus ZBE	Wirtschaftsbereiche
Zubereitung von Mahlzeiten	Persönliche Dienstleistungen
Bauen und handwerkliche Tätigkeiten	Baugewerbe
Instandhaltung und Reinigung der Wohnung	Persönliche Dienstleistungen
Gartenarbeit, Pflanzen- und Tierpflege	Landwirtschaft, Gartenarbeit
Planung und Organisation	Persönliche Dienstleistungen
Einkaufen und Besorgungen	Persönliche Dienstleistungen
Kinderbetreuung	Persönliche Dienstleistungen
Sonstige Betreuungen	Persönliche Dienstleistungen
Informelle Hilfe	Persönliche Dienstleistungen
Haupterwerbstätigkeit	Durchschnitt über alle Bereiche
Nebenerwerbstätigkeit	Durchschnitt über alle Bereiche

Quelle: Eigene Darstellung.

Die größten Überschneidungen werden im Bereich der personenbezogenen Dienstleistungen gesehen, sodass der Großteil der Tätigkeiten der Haushaltsführung sowie der Pflege und Betreuung diesem Wirtschaftszweig zugeordnet werden kann. Die Tätigkeiten „Bauen und handwerkliche Tätigkeiten" werden dem Baugewerbe und „Gartenarbeit, Pflanzen- und Tierpflege" der Landwirtschaft zugeteilt. Wie oben bereits ausgeführt wird bei der Modellkonzeption angenommen, dass auch die Angaben zur Haupt- und Nebenerwerbstätigkeit Schwarzarbeit beinhalten. Um der Vielschichtigkeit der Berufe gerecht zu werden, wird in diesem Bereich der Durchschnitt über alle acht Wirtschaftszweige ermittelt. Der gewählte Matchingansatz kann aufgrund der vorliegenden Datenlage nur durch die Übereinstimmung der genannten Tätigkeiten erfolgen. Generell ist dieser Ansatz zur Bestimmung der Schwarzarbeit daher eher als vorsichtig zu bezeichnen. Zum einen werden die relevanten Tätigkeiten aufgrund einer formalen Zuweisung mit den Daten der Wirtschaftszweige verbunden. Zum anderen sind die Angaben zur Schwarzarbeit per se als Untergrenze anzusehen.[279] Ausgehend von den Schwarzarbeitsanteilen A_i^{SA} nach Branchen werden die aufgewandten Minuten für die Tätigkeiten aus der ZBE bewertet, sodass daraus die Minuten Schwarzarbeit pro Tag resultieren. Die entsprechenden Anteile der repräsentativen Tätigkeiten sind in nachfolgender Tabelle zusammengefasst.

Tabelle 4-7: Schwarzarbeitsanteile nach Tätigkeiten

Tätigkeiten aus ZBE	Anteil Schwarzarbeit
Zubereitung von Mahlzeiten	0,01
Bauen und handwerkliche Tätigkeiten	0,17
Instandhaltung und Reinigung der Wohnung	0,01
Gartenarbeit, Pflanzen- und Tierpflege	0,01
Planung und Organisation	0,01
Einkaufen und Besorgungen	0,01
Kinderbetreuung	0,01
Sonstige Betreuungen	0,01
Informelle Hilfe	0,01
Haupterwerbstätigkeit	0,04
Nebenerwerbstätigkeit	0,04

Quelle: Eigene Berechnung.

---

279 Vgl. Feld, Larsen (2012a), S. 60. In diesem Zusammenhang sei vor allem auf die Behebungsproblematik im Bereich der Schwarzarbeit hingewiesen.

Die Daten können wie folgt interpretiert werden: Von der angegebenen Zeit, die die befragten Personen für die Zubereitung von Mahlzeiten aufwenden, wird 1 Prozent schwarz ausgeführt. Der höchste Schwarzarbeitsanteil wird nach dieser Abgrenzung im Bereich „Bauen und handwerkliche Tätigkeiten" erzielt. Die Zeit A_i^{SA}, die somit für in den privaten Haushalten für Schwarzarbeit aufgewandt wird, ergibt sich durch die Multiplikation der Anteile a_i^{SA} sowie der ausgewiesenen Zeit t_i. Es gilt somit folgender Zusammenhang: $A_i^{SA} = a_i^{SA} * t_{i,j}$.[280]

Die hier verwendeten Angaben der Zeitbudgeterhebung sind in Minuten ausgewiesen, allerdings müssen sie für die weiteren Berechnungsschritte der Schwarzarbeit in Stunden umgerechnet werden. Die Extrapolation der Daten auf Jahres-, Monats- und Wochenwerte erfolgt über folgende Zusammenhänge:

- Tageswerte * 365 = Jahreswerte
- Jahreswerte / 12 = Monatswerte
- Monatswerte / 4 = Wochenwerte

Den Hochrechnungsfaktoren liegt die Annahme zugrunde, dass Schwarzarbeit unabhängig vom Wochentag ausgeführt werden kann. Die 365 Tage verteilen sich daher auf die 12 Kalendermonate bzw. die durchschnittlichen vier Wochen eines Kalendermonats.

3. Modellierungsstufe: Bestimmung des monetären Bewertungsansatzes

Nachdem der zeitliche Umfang der Schwarzarbeit in Abhängigkeit der Tätigkeit in der Basisvariante bestimmt wurde, wird im letzten Modellierungsschritt das Stundenlohnkonzept und der korrespondiere Bewertungsansatz angewandt. Die Ausführungen in Kapitel 4.1.2 zeigen, dass bei der Modellierung der Teilkomponente Schwarzarbeit der Bruttostundenlohnsatz in Kombination mit dem Spezialistenansatz angewandt wird. Die ausgewiesenen Bruttolöhne spiegeln die tatsächlich geleistete Arbeit wider und sind daher realitätsnäher. Dazu ist zum einen die Zuweisung der Tätigkeiten aus der Zeitbudgeterhebung mit Berufen nötig, deren Vertreter diese ausführen könnten (vgl. Kapitel 4.2). Zum anderen wird der jeweilige Bruttostundenlohnsatz dieser Berufe benötigt (vgl. Kapitel 4.1.2.2).

Die explizite Zuweisung von Berufen zu den relevanten Tätigkeiten bildet die Grundlage für den Spezialistenansatz, da dieses Verfahren der Vielschichtigkeit

---

280 Es werden die durchschnittlichen Werte pro Person betrachtet, d.h. es gibt Gruppen, in denen die Schwarzarbeit ausgeprägter sein wird, beispielsweise die Gruppe der Beschäftigten. Diese Differenzierung wird im Rahmen der vorliegenden Arbeit jedoch nicht getroffen.

der Tätigkeiten gerecht wird.[281] Ausgehend von den differenzierten Bruttostundenlohnsätzen wird für die relevanten Tätigkeiten jeweils ein durchschnittlicher Lohnsatz w_i^B berechnet, der für die weiteren Berechnungen ausschlaggebend ist. Die Ergebnisse sind in nachstehender Tabelle zusammengefasst.

Tabelle 4-8: Durchschnittlicher Bruttostundenlohn für Schwarzarbeit nach Tätigkeiten[282]

Tätigkeit	Durchschnittlicher Bruttostundenlohn in Euro
Zubereitung von Mahlzeiten	11,60
Bauen und handwerkliche Tätigkeiten	15,10
Instandhaltung und Reinigung der Wohnung	10,60
Gartenarbeit, Pflanzen- und Tierpflege	12,70
Einkaufen und Besorgungen	12,30
Kinderbetreuung	17,50
Sonstige Betreuungen	17,00
Informelle Hilfe	12,30
Haupterwerbstätigkeit	15,10
Nebenerwerbstätigkeit	11,50
Durchschnitt	13,60

Quelle: Eigene Berechnungen auf Basis der VSE (Statistisches Bundesamt (2013e)).

Die höchsten Stundenlöhne mit 17,50 bzw. 17 Euro ergeben sich im Bereich der Betreuungstätigkeiten. Im Gegensatz dazu wird die Schwarzarbeit bei den Tätigkeiten der „Instandhaltung und Reinigung der Wohnung" mit 10,60 Euro bewertet. Durchschnittlich kann ein Bruttostundenlohn in Höhe von 13,60 Euro konstatiert werden. Bei den Studien von Feld und Larsen[283] wird von einem Stundenlohn von 13 Euro für das Jahr 2007 ausgegangen, während beispielsweise die Eurobarometer-Umfrage einen durchschnittlichen Stundenlohnsatz von 12 Euro[284] für Schwarzarbeit im Jahr 2007 veranschlagt. Die Abweichungen sind zum einen auf die unterschiedlichen Betrachtungszeitpunkte, zum anderen aber

---

281 Vgl. Schäfer (2004b), S. 968.
282 Im Anhang sind in Tabelle 0-1 die Bruttostundenlohnsätze der einzelnen Berufe dargestellt, die zur Berechnung der hier abgebildeten durchschnittlichen Lohnsätze auf Basis des Spezialistenansatzes verwendet werden.
283 Vgl. Feld, Larsen (2012a), S. 50.
284 Vgl. Boockmann et al. (2010), S. 29.

auch auf die verschieden vorgenommene Abgrenzung der Schwarzarbeit – vor allem bei der Eurobarometer-Umfrage – zurückzuführen.

Wie bereits erwähnt, wird in der Basisvariante keine weitere Merkmalsdifferenzierung vorgenommen, sodass mit den bisherigen Modellierungsschritten das monetäre und zeitliche Ausmaß der Schwarzarbeit bestimmt werden kann.

Zusammenfassend kann festgehalten werden, dass durch die drei Modellierungsschritte alle notwendigen Faktoren für die Gleichung (4) vorliegen und das Ausmaß der Schwarzarbeit pro Kopf und Tag (zeitlich und monetär) quantifiziert werden kann.

Darauf aufbauend kann mithilfe der entsprechenden Bevölkerungsanteile eine Hochrechnung für die Teilkomponente Schwarzarbeit gesamt K_{SA} erfolgen.

4.3.2 Verteilungsrelevante Berechnungsvarianten

Ausgehend von der Basisvariante müssen für die einzelnen Berechnungsvarianten der Teilkomponente Schwarzarbeit bestimmte Modifikationen vorgenommen werden. Das vorangegangene Kapitel hat gezeigt, dass die Bestimmung der Schwarzarbeitsanteile mit restriktiven Annahmen einhergeht. Diese sind auch bei den geschlechts-, alters- und haushaltstypspezifischen Varianten notwendig und werden mithilfe von Sekundärstatistiken – insbesondere der Rockwool-Foundation – abgeleitet.

Hinsichtlich der ersten Modellierungsstufe, der Abgrenzung der relevanten Tätigkeiten, werden die zeitlichen Angaben für die bereits identifizierten Tätigkeiten (vgl. Tabelle 4-4) aus der Zeitbudgeterhebung in Abhängigkeit des jeweiligen Berechnungsparameters entnommen. Allerdings müssen weitere Anpassungen bei der zeitlichen und monetären Bewertung der Tätigkeiten in Abhängigkeit der drei sozioökonomischen Größen vorgenommen werden. Die entsprechenden Modifikationen und daraus resultierenden Gewichtungsfaktoren für Geschlecht, Alter und Haushaltstyp werden im Folgenden beschrieben.

Geschlechtsspezifische Variante

Die Differenzierung nach Geschlecht erfolgt über die geschlechtsspezifischen Angaben aus der Zeitbudgeterhebung. Diese liegen als aggregierte Gesamtergebnisse bereits vor, sodass hier keine weiteren Anpassungen vorgenommen werden müssen. Die Auswahl der Tätigkeiten entspricht denen der Basisvariante, um eine Vergleichbarkeit und Interpretation der Ergebnisse im weiteren Verlauf der Arbeit gewährleisten zu können. Es ergeben sich bereits Unterschiede in den zeitlichen Angaben der ausgewählten Tätigkeiten, sodass indirekt eine geschlechtsspezifische Gewichtung vorliegt, die durch die individuellen Angaben der Befragten induziert wird. In Tabelle 4-9 sind die aufgewandten Minuten der relevanten Schwarzarbeitstätigkeiten sowie die ermittelten Schwarzarbeitsanteile nach Geschlecht zusammengefasst.

Tabelle 4-9: Maximale Zeitverwendung der relevanten Tätigkeiten in der Zeitbudgeterhebung und Schwarzarbeitsanteile nach Geschlecht

Relevante Tätigkeiten – Schwarzarbeit	Zeit in Minuten pro Tag		Anteil Schwarzarbeit	
	männlich	weiblich	männlich	weiblich
Zubereitung von Mahlzeiten	23	65	0,02	0,01
Bauen und handwerkliche Tätigkeiten	16	3	0,22	0,12
Instandhaltung und Reinigung der Wohnung	27	75	0,02	0,01
Gartenarbeit, Pflanzen- und Tierpflege	21	21	0,01	0,01
Planung und Organisation	6	6	0,02	0,01
Einkaufen und Besorgungen	19	26	0,02	0,01
Kinderbetreuung	9	21	0,02	0,01
Sonstige Betreuungen	1	1	0,02	0,01
Informelle Hilfe	8	8	0,02	0,01
Haupterwerbstätigkeit	158	84	0,05	0,03
Nebenerwerbstätigkeit	3	3	0,05	0,03

Quelle. Eigene Darstellung und Berechnungen, Statistisches Bundesamt (2006), Feld, Larsen (2012a).

Es zeigt sich, dass Frauen für Tätigkeiten im Haushalt und für Kinderbetreuung mehr Zeit aufwenden als Männer. Hingegen beträgt die durchschnittliche tägliche Zeit, die Männer mit „Bauen und handwerkliche Tätigkeiten" zubringen, 16 Minuten, d.h. mehr als das Dreifache im Vergleich zu den Frauen. Zur Bestimmung der entsprechenden geschlechtsspezifischen Schwarzarbeitsanteile wird wiederum auf die Erhebung der Rockwool-Stiftung zurückgegriffen. Die dort vorgenommene empirische Auswertung der Schwarzarbeitsaktivitäten zeigt, dass der Schwarzarbeitsanteil bei Männern um den Faktor 2,4 höher liegt als bei Frauen.[285] Dies führt zu der Annahme, dass die modellinduzierten Anteile für Schwarzarbeit, die in Tabelle 4-7 dargestellt sind, bei Männern mit dem Faktor 1,3 und bei Frauen mit dem Faktor 0,55 bewertet werden können. Daraus

---

285 Vgl. Feld, Larsen (2012a), S. 39.

ergeben sich die geschlechtsspezifischen Schwarzarbeitsanteile je Tätigkeit, die in den letzten beiden Spalten in Tabelle 4-9 dargestellt sind. Durch die Multiplikation der geschlechtsspezifischen Anteile sowie der entsprechenden Zeitangaben der Zeitbudgeterhebung ergibt sich t_i^{SA}, die Zeit für Schwarzarbeit nach Tätigkeit i (in Stunden) in Abhängigkeit des Geschlechts (siehe Gleichung (5)).

Hinsichtlich der Löhne kann auf die geschlechtsspezifischen Lohnsätze der einzelnen Berufe aus der Verdienststrukturerhebung zurückgegriffen werden. Die daraus resultierenden durchschnittlichen Bruttostundenlöhne für die relevanten Tätigkeiten sind in nachstehender Tabelle zusammengefasst.

Tabelle 4-10: Durchschnittliche Bruttostundenlöhne in Euro nach Geschlecht[286]

Tätigkeit	Durchschnittlicher Bruttostundenlohn in Euro	
	männlich	weiblich
Zubereitung von Mahlzeiten	12,40	10,60
Bauen und handwerkliche Tätigkeiten	15,10	13,80
Instandhaltung und Reinigung der Wohnung	11,10	9,80
Gartenarbeit, Pflanzen- und Tierpflege	12,90	12,10
Einkaufen und Besorgungen	16,30	11,70
Kinderbetreuung	18,30	16,60
Sonstige Betreuungen	17,80	14,70
Informelle Hilfe	16,30	11,70
Haupterwerbstätigkeit	15,10	13,80
Nebenerwerbstätigkeit	12,80	11,00
Durchschnitt	14,80	12,60

Quelle: Eigene Darstellung und Berechnung auf Basis der VSE (Statistisches Bundesamt (2013e)).

Für bestimmte Berufe (Maurer, Dachdecker, Zimmerer und Seelsorger) liegen jedoch keine Lohnsätze für Frauen vor. In diesem Fall wird für die ausgewählten Tätigkeiten der Mittelwert der vorliegenden Bruttostundenlohnsätze gebildet. Die Teilkomponente „Schwarzarbeit" wird nach Geschlecht differenziert und ergibt sich somit über die Bewertung der Schwarzarbeitsanteile nach Geschlecht und über den geschlechtsspezifischen Mittelwert der Lohnsätze für die ausgewählten

---

286 Im Anhang sind in Tabelle 0-1 die geschlechtsspezifischen Bruttostundenlohnsätze der einzelnen Berufe dargestellt, die zur Berechnung der hier abgebildeten durchschnittlichen Lohnsätze auf Basis des Spezialistenansatzes verwendet werden.

Tätigkeiten. Somit liegen alle Faktoren aus Gleichung (4) in Abhängigkeit des Geschlechts vor, sodass die Komponente Schwarzarbeit in der geschlechtsspezifischen Variante über diese Funktion berechnet werden kann.

Altersspezifische Variante

In Kapitel 4.1.1 wurden die möglichen Altersklassen der Zeitbudgeterhebung vorgestellt. Die Zeitangaben in der Zeitbudgeterhebung werden wiederum über die Altersklassen[287] hinweg als aggregierte Gesamtergebnisse angegeben.[288] Die fünf angegebenen Altersgruppen der Zeitbudgeterhebung weichen jedoch von der Einteilung im Mikrozensus und der laufenden Wirtschaftsrechnung ab, sodass eine Anpassung der Altersstruktur vorgenommen werden muss. Zusammengefasst sind in den drei Statistiken folgende Abgrenzungen vorgegeben:

• Zeitbudgeterhebung: 10 bis 17 Jahre / 18 bis 29 Jahre
• Mikrozensus: 15 bis unter 20 Jahre / 20 bis unter 25 Jahre / 25 bis unter 30 Jahre
• LWR: 18 bis unter 25 Jahre / 25 bis unter 35 Jahre

Es wird angenommen, dass die Angaben der Altersklasse der 10-17-Jährigen und der 18-29-Jährigen über die Bevölkerungsanteile der 15-29-Jährigen extrapoliert werden können. Dies impliziert, dass die Zeitangaben der 10-17-Jährigen als Basis für die Gruppe der 15-19-Jährigen herangezogen werden müssen. Damit können einerseits die Angaben der Rockwool-Foundation direkt angewandt werden und andererseits von „Kinderarbeit" abstrahiert werden. Anschließend werden die beiden jüngsten Gruppen zu einer aggregiert, sodass die daraus resultierenden vier Altersgruppen einen ähnlichen Bevölkerungsumfang haben und die Ergebnisse besser vergleichbar sind.

Analog zur geschlechtsspezifischen Modellierung ist in dieser Variante eine Bestimmung der Schwarzarbeitsanteile nach Altersgruppen für die relevanten Tätigkeiten erforderlich. Unter Berücksichtigung der Ergebnisse der Studien

---

287 Im Anhang (Tabelle 0-3) befindet sich eine Übersicht, die die Zeitangaben der Tätigkeiten nach Altersgruppen darstellt.

288 In Kapitel 4.1.1 wurde bereits darauf hingewiesen, dass die Werte der Zeitbudgeterhebung nicht beliebig aggregierbar sind, da unterschiedliche Gewichtungsfaktoren bei der Hochrechnung der Daten herangezogen wurden. Das bedeutet, dass die Summe der einzelnen Altersgruppen nicht der Summe der Gesamtergebnisse entsprechen (muss).

der Rockwool-Foundation können diese Anteile abgeleitet werden. Die Studie enthält Angaben darüber, wie viel Prozent der Altersgruppen angeben, pro Jahr schwarzgearbeitet zu haben.[289] Diese Werte werden mit dem Bevölkerungsanteil dieser Altersgruppen verrechnet und der gewichtete Durchschnitt ermittelt. Anschließend werden die Anteile nach Altersgruppen mit diesem Wert multipliziert. Die daraus resultierenden Gewichtungsfaktoren je Altersgruppe sind in nachstehender Tabelle dargestellt.

Tabelle 4-11: Gewichtungsfaktoren für die Schwarzarbeitsanteile nach Altersgruppen

Altersgruppen	Gewichtungsfaktor Schwarzarbeit
15 bis 19	0,81
20 bis 29	1,13
30 bis 44	1,03
45 bis 64	0,56
65+	1,57

Quelle: Eigene Berechnungen, Feld, Larsen (2012a), S. 47.

Per Annahme werden diese Werte als Gewichtungsfaktoren für die Schwarzarbeitsanteile nach Altersgruppen herangezogen. Dies bedeutet, dass die – in der Basisvariante – ermittelten Schwarzarbeitsanteile (vgl. Tabelle 4-7) mithilfe der obigen Faktoren gewichtet werden, sodass daraus die Schwarzarbeitsanteile der relevanten Tätigkeiten in Abhängigkeit der Altersgruppen resultieren.

Zur besseren Vergleichbarkeit der Ergebnisse werden die ersten beiden Altersgruppen zusammengefasst. Damit kann die Verteilung der Bevölkerungsanteile in den einzelnen Altersgruppen angeglichen werden.

Hinsichtlich des monetären Bewertungsansatzes bzw. der Bruttostundenlöhne werden keine altersgruppenspezifischen Modifikationen oder Annahmen getroffen. Somit werden zur Bewertung die Bruttostundenlohnsätze der Basisvariante (vgl. Tabelle 4-8) verwendet. Für die Faktoren $t_{i,j}$, a_i^{SA} und w_i^B sind somit alle erforderlichen altersgruppenspezifischen Anpassungen erfüllt, sodass zur Bestimmung der Teilkomponente „Schwarzarbeit nach Altersgruppen" der funktionale Zusammenhang aus Gleichung (4) angewandt werden kann.

---

289   Vgl. Feld, Larsen (2012a), S. 47.

Haushaltstypspezifische Variante

Ein zentrales Auswertungsmerkmal der Zeitbudgeterhebung ist die Differenzierung nach Haushaltstypen, die in Kapitel 4.1.1 beschrieben wurden. Die Zeitangaben in der Zeitbudgeterhebung sind für die Haushaltstypen[290]

- Alleinlebende Personen
- Zusammenlebende Personen ohne Kinder
- Alleinerziehende Mütter/Väter
- Zusammenlebende Mütter/Väter

als aggregierte Gesamtergebnisse angegeben.[291]

Die Modellierung der Schwarzarbeit in Abhängigkeit der Haushaltstypen erfordert zusätzliche Annahmen und Anpassungen. Wie bei den beiden vorangegangenen Berechnungsvarianten werden die relevanten Tätigkeiten der Basisvariante als Ausgangspunkt der Modellierung herangezogen. Abweichend von der geschlechts- und altersspezifischen Variante lassen die zur Verfügung stehenden Sekundärstatistiken und Studien keine Rückschlüsse auf haushaltstypspezifische Schwarzarbeitsanteile zu. Daher wird angenommen, dass sich die Schwarzarbeitsanteile in den Haushaltstypen in den einzelnen Tätigkeiten genauso verteilen wie in der Basisvariante (vgl. Tabelle 4-7).

Um jedoch den unterschiedlichen Haushaltstypen bzw. deren Zusammensetzung gerecht werden zu können, wird bei den Löhnen ein Gewichtungsfaktor verwendet. Die Bruttomonatsverdienste der laufenden Wirtschaftsrechnungen[292] nach Haushaltstyp bilden hierzu die entscheidende Bezugsgröße. Aus der laufenden Wirtschaftsrechnung werden die durchschnittlichen Bruttomonatsverdienste

---

290 Im Anhang (Tabelle 0-5) befindet sich eine Übersicht, die die Zeitangaben der Tätigkeiten nach Haushaltstypen darstellt.

291 In Kapitel 4.1.1 wurde bereits darauf hingewiesen, dass die Werte der Zeitbudgeterhebung nicht beliebig aggregierbar sind, da unterschiedliche Gewichtungsfaktoren bei der Hochrechnung der Daten herangezogen wurden. Das bedeutet, dass die Summe der einzelnen Haushaltstypen nicht der Summe der Gesamtergebnisse entsprechen (muss).

292 Die laufende Wirtschaftsrechnung (LWR) wird als Unterstichprobe der vorangegangenen Einkommens- und Verbrauchsstichprobe (EVS) realisiert. Das heißt, die für die LWR anzuwerbenden Haushalte werden aus der letzten Befragung der EVS ausgewählt. Diese Haushalte bilden grundsätzlich zur nächsten EVS-Befragung die Stichprobe der LWR. Statistisches Bundesamt (2012c), S. 4.

je Haushaltstyp direkt entnommen.[293] In Tabelle 4-12 sind die Bruttomonatsverdienste aus dem Jahr 2010 nach Haushaltstypen differenziert dargestellt.

Tabelle 4-12: Bruttomonatsverdienst nach Haushaltstyp aus dem Jahr 2010

	verfügbares Bruttomonatseinkommen in Euro	Faktoren zur Lohngewichtung
Alleinlebende	2.282	0,64
zusammenlebende Paare ohne Kinder	4.259	1,20
Alleinerziehende	2.643	0,75
zusammenlebende Paare mit Kindern	5.637	1,59
Gewichteter Lohndurchschnitt	3.538	

Quelle: Eigene Berechnungen, Statistisches Bundesamt (2012c), S. 37.

Die Bruttoverdienstspanne erstreckt sich dabei von 2.282 Euro bei Alleinlebenden bis 5.637 Euro bei zusammenlebenden Paaren mit Kindern. In Abhängigkeit der Verteilung dieser Haushaltstypen auf die Gesamtbevölkerung kann ein gewichteter Durchschnittslohn berechnet werden. Dieser beläuft sich für das Jahr 2010 auf 3.585 Euro. Basierend auf diesem gewichteten Durchschnittslohns werden Faktoren für die Lohngewichtung berechnet. Der entsprechende Faktor für die Lohngewichtung ergibt sich als Quotient aus dem haushaltstypspezifischen Bruttomonatslohn und dem gewichteten Durchschnittslohn und ist in der rechte Spalte von Tabelle 4-12 dargestellt. Durch dieses Vorgehen kann der vorherrschenden Einkommensstruktur in den Haushalten Rechnung getragen werden und bei der Entlohnung der nicht-marktlichen Tätigkeiten berücksichtigt werden. Damit können auch indirekt die Haushaltsgröße bzw. die Haushaltsmitglieder, die die nicht-marktlichen Tätigkeiten ausführen und damit einen Beitrag zum möglichen Einkommen daraus beitragen, berücksichtigt werden. Die Bruttolöhne (gesamt) der einzelnen Tätigkeiten werden daher jeweils mit diesen Faktoren multipliziert. Die Ermittlung des „Schwarzarbeitslohns" erfolgt dann erneut analog zur Basisvariante. Die vorgenommen Anpassungen können in Gleichung (4) integriert werden, sodass die Teilkomponente Schwarzarbeit in Abhängigkeit des Haushaltstyps berechnet werden kann.

---

293 Vgl. Statistisches Bundesamt (2012c), S. 37.

4.4 Modellierung der Teilkomponente Haushaltsproduktion

Die Bestimmung der zeitlichen und monetären Ausprägung der Haushaltsproduktion bildet die zweite Komponente des SHE-Indikators. Die Modellierung folgt dem beschriebenen Drei-Stufen-Schema.

Gemäß der allgemeinen Modellstruktur kann die Komponente Haushaltsproduktion pro Kopf (in Euro pro Stunde bzw. Tag) k_{HP} – analog zur Schwarzarbeit – wie folgt dargestellt werden:

$$k_{HP} = \Sigma_i^j t_i^{HP} * w_i^N \qquad (7)$$

Dabei entspricht w_i^N dem durchschnittlichen Nettostundenlohn (in Euro) für Tätigkeit i und t_i^{HP} der Zeit für Haushaltsproduktion für Tätigkeit i (in Stunden). Für den Wert der Haushaltsproduktion gesamt K_{HP} gilt folgender Zusammenhang:

$$K_{HP} = k_{HP} * A_{Bev} \qquad (8)$$

In den kommenden Abschnitten wird neben der Darstellung der Basisvariante auch hier eine geschlechts-, alters- und haushaltstypspezifische Modellierungsvariante vorgestellt.

4.4.1 Basisvariante

Die Modellierung der Teilkomponente Haushaltsproduktion wird in der Basisvariante ohne sozioökonomische Merkmalsdifferenzierungen vorgenommen. Der oben beschriebene funktionale Zusammenhang der Zeit- und Lohnkomponenten wird nun anhand der drei Modellierungsstufen konkretisiert.

1. Modellierungsstufe: Abgrenzung der relevanten Tätigkeiten im Bereich der Haushaltsproduktion

In Kapitel 4.2 wurde gezeigt, dass Haushaltsproduktion in den Bereichen Haushaltsführung sowie Pflege und Betreuung zu finden ist. Der Fokus liegt hierbei auf dem Faktor (unbezahlte) Arbeit, sodass aus der Zeitbudgeterhebung nur die Tätigkeiten ausgewählt werden, die sich durch das Dritt-Personen-Kriterium abgrenzen lassen. Mit diesem Vorgehen kann gewährleistet werden, dass alle Tätigkeiten im ökonomischen Sinne erfasst werden, die auch von Dritten gegen Bezahlung ausgeführt bzw. übernommen werden können (vgl. Kapitel 3.2.2). Durch diese Abgrenzung können Marktaktivitäten simuliert werden, die sich monetär bewerten lassen. Nach diesen Kriterien lassen sich folgende Aktivitäten als relevant für die Teilkomponente Haushaltsproduktion zusammenfassen:

Tabelle 4-13: Aktivitäten und relevante Tätigkeiten der Teilkomponente Haushaltsproduktion inkl. maximaler Zeit dieser Tätigkeiten der Zeitbudgeterhebung

Aktivitäten und relevante Tätigkeitsbereiche		Zeit in Minuten pro Tag
Haushaltsführung	Zubereitung von Mahlzeiten	45
	Bauen und handwerkliche Tätigkeiten	9
	Instandhaltung und Reinigung der Wohnung	51
	Gartenarbeit, Pflanzen- und Tierpflege	21
	Planung und Organisation	6
	Einkaufen und Besorgungen	23
Pflege & Betreuung	Kinderbetreuung	15
	Sonstige Betreuungen	1

Quelle: Eigene Darstellung. Statistisches Bundesamt (2006).

Es zeigt sich, dass sechs Aktivitäten im Bereich der Haushaltsführung und zwei Aktivitäten im Bereich von Pflege und Betreuung als relevant identifiziert werden können. Ausgehend von den Tätigkeiten wird im nächsten Schritt der entsprechende zeitliche Aufwand quantifiziert.

2. **Modellierungsstufe: Bestimmung des zeitlichen Aufwandes im Bereich der Haushaltsproduktion**

Gemäß dem Modellaufbau ergibt sich die verfügbare Zeit für Haushaltsproduktion t_i^{HP} als Residualgröße hinsichtlich der aufgewandten Zeit für Schwarzarbeit. Konkret bedeutet dies, dass die Zeit, die nicht für Schwarzarbeit aufgewendet wird, für die Haushaltsproduktion zur Verfügung steht. Somit besteht folgender Zusammenhang, der sich aus den Gleichungen (1) und (2) ableiten lässt:

$$t_i^{HP} = t_i^H - t_{i,SA}^H + t_i^P - t_{i,SA}^P \tag{9}$$

Das maximale tägliche Zeitbudget der Tätigkeiten für die Teilkomponente Haushaltsproduktion ergibt sich, falls von der Schwarzarbeit abstrahiert wird (siehe Tabelle 4-13). Anhand dieser Gleichung kann für jede relevante Tätigkeit der zeitliche Umfang pro Tag und Kopf ermittelt werden. Die Extrapolation der Daten auf Jahres-, Monats- und Wochenwerte erfolgt über folgende Zusammenhänge:

- Tageswerte * 365 = Jahreswerte
- Jahreswerte / 12 = Monatswerte
- Monatswerte / 4 = Wochenwerte

Die Hochrechnungsfaktoren liegen der Annahme zugrunde, dass Haushalts-produktion unabhängig vom Wochentag ausgeführt werden kann. Die 365 Tage verteilen sich daher auf die 12 Kalendermonate bzw. die durchschnittlichen vier Wochen eines Kalendermonats.

3. Modellierungsstufe: Bestimmung des monetären Bewertungsansatzes

Nach der Bestimmung der Zeitkomponente, werden im dritten Modellie-rungsschritt der Bewertungsansatz und das Stundenlohnkonzept bestimmt. Es konnte bereits gezeigt werden, dass bei der Modellierung der Teilkomponente Haushaltsproduktion der Nettostundenlohnsatz in Kombination mit dem Spe-zialistenansatz angewandt wird. Dazu wird wieder auf die Zuweisung der Tä-tigkeiten aus der Zeitbudgeterhebung zu Berufen zurückgegriffen und mit den jeweiligen Nettostundenlohnsätzen dieser Berufe verknüpft. Allerdings werden in der Verdienststrukturerhebung keine Nettostundenlöhne ausgewiesen. Um diese ermitteln zu können, wird daher auf die „Brutto-Netto-Umrechnung" aus der VGR zurückgegriffen.[294] Dort zeigt sich, dass die Nettolöhne ca. 26 Prozent unter den Bruttolöhnen liegen. Somit kann der durchschnittliche Nettostunden-lohnsatz für die Tätigkeiten der Haushaltsproduktion ermittelt werden. In fol-gender Tabelle sind diese Informationen noch einmal übersichtlich dargestellt.

Tabelle 4-14: Durchschnittliche Nettostundenlöhne für relevante Tätigkeiten der Haushaltsproduktion

Tätigkeit	Durchschnittlicher Nettostundenlohn in Euro
Zubereitung von Mahlzeiten	8,50
Bauen und handwerkliche Tätigkeiten	11,10
Instandhaltung und Reinigung der Wohnung	7,80
Gartenarbeit, Pflanzen- und Tierpflege	9,30
Einkaufen und Besorgungen	9,00
Kinderbetreuung	12,90
Sonstige Betreuungen	12,50
Durchschnitt	10,20

Quelle: Eigene Darstellung und Berechnung auf Basis der VSE (Statistisches Bundesamt (2013e)).

Die Spanne der durchschnittlichen Nettolöhne erstreckt sich von 7,80 Euro für Tätigkeiten zur „Instandhaltung und Reinigung der Wohnung" bis zu 12,90 Euro für Tätigkeiten im Bereich der „Kinderbetreuung".

---

294 Vgl. Statistisches Bundesamt (2013f), S. 35.

Mit Hilfe der beschriebenen Zeit- und Lohnkomponenten kann somit die Komponente Haushaltsproduktion pro Kopf (in Euro pro Stunde bzw. Tag) k_{HP} in der Basisvariante berechnet werden.

4.4.2 Verteilungsrelevante Berechnungsvariante

Nach der Modellierung der Haushaltsproduktion in der Basisvariante werden in diesem Kapitel die Berechnungsvarianten – differenziert nach Geschlecht, Alter und Haushaltstyp – und notwendige Modellanpassungen vorgestellt.

Die Identifikation der relevanten Tätigkeiten erfolgte bereits bei der Modellierung in der Basisvariante (vgl. Modellierungsstufe 1). Die relevanten Tätigkeiten werden auch bei den drei Modellierungsvarianten verwendet, da die Tätigkeit unabhängig von sozioökonomischen Merkmalen der Haushaltsproduktion zugeordnet werden.

Im zweiten Modellierungsschritt wird der zeitliche Umfang der Haushaltsproduktion ermittelt. An dieser Stelle werden abweichend zur Basisvariante die geschlechts-, altersgruppen- und haushaltstypspezifischen Angaben der Zeitbudgeterhebung als Berechnungsgrundlage herangezogen. In Tabelle 4-15 sind beispielhaft die maximalen Zeitangaben der relevanten Tätigkeiten im Bereich der Haushaltsproduktion nach Altersgruppen differenziert dargestellt.[295]

Tabelle 4-15: Maximal aufgewandte Zeit für Tätigkeiten im Bereich der Haushaltsproduktion je Altersklasse in der Zeitbudgeterhebung

	Tätigkeit	15–19	20–29	30–44	45–64	>65
		Zeit in Minuten pro Tag				
Haushalts-führung	Zubereitung von Mahlzeiten	11	19	44	52	73
	Bauen und handwerkliche Tätigkeiten	3	7	12	11	7
	Instandhaltung und Reinigung der Wohnung	19	26	52	60	77
	Gartenarbeit, Pflanzen- und Tierpflege	10	8	16	29	34
	Planung und Organisation	1	3	6	7	9
	Einkaufen und Besorgungen	11	17	23	26	27
Pflege & Betreuung	Kinderbetreuung	2	18	41	4	2
	Sonstige Betreuungen	0	1	1	1	1

Quelle: Eigene Darstellung, Statistisches Bundesamt (2006).

---

295 Auf die Darstellung der geschlechts- und haushaltstypspezifischen Zeitangaben wird an dieser Stelle verzichtet. Im Anhang (Tabelle 0-3 und Tabelle 0-5) befindet sich jedoch eine Übersicht der entsprechenden Zeitangaben der Tätigkeiten.

Es wird deutlich, dass über alle Altersgruppen hinweg die meiste Zeit pro Tag für die Zubereitung für Mahlzeiten aufgewandt wird. Dagegen wird im Bereich der sonstigen Betreuungen am wenigsten Zeit investiert. Darüber hinaus haben die bisherigen Ausführungen gezeigt, dass durch den gewählten Modellansatz die Modellierung der Teilkomponente Haushaltsproduktion (insbesondere der zweite Modellierungsschritt) direkt von der Modellierung der Teilkomponente Schwarzarbeit abhängig ist und beeinflusst wird. Dies bedeutet, dass die bereits vorgenommenen Anpassungen in den drei verteilungsrelevanten Berechnungs-varianten bei der Schwarzarbeit die verteilungsrelevanten Modellierungsschritte bei der Teilkomponente Haushaltsproduktion determinieren.

Abweichend zur Basisvariante werden im dritten Modellierungsschritt in der geschlechtsspezifischen Berechnungsvariante die Nettostundenlöhne von Män-nern und Frauen für die relevanten Tätigkeiten verwendet. Eine ausführliche Liste der berufsspezifischen Nettostundenlöhne ist im Anhang in Tabelle 0-2 dargestellt. Wie bereits bei der Modellierung der Schwarzarbeit ausgeführt, wird keine altersspezifische Lohndifferenzierung vorgenommen, sodass hier auf die durchschnittlichen Nettostundenlöhne aus Tabelle 4-14 zurückgegriffen wird. Bei der monetären Entlohnung der Tätigkeiten der Haushaltsproduktion in Ab-hängigkeit der Haushaltstypen wird wiederum auf die Gewichtungsfaktoren zu-rückgegriffen, die in Kapitel 4.3.2 (siehe Tabelle 4-12) ermittelt wurden.

Mit diesen Anpassungen sind alle notwendigen Voraussetzungen erfüllt, um die Teilkomponente Haushaltsproduktion auf Basis von Gleichung (7) $k_{HP} = \Sigma_i^j t_i^{HP} * w_i^N$ getrennt nach Geschlecht, Alter und Haushaltstyp zu berechnen.

4.5 Modellierung der Teilkomponente Ehrenamt

In diesem Kapitel wird die Modellierung der dritten Teilkomponente „Ehren-amt" analog zu beiden vorherigen Teilkomponenten in der Basisvariante sowie der geschlechts-, alters- und haushaltstypspezifische Modellierungsvariante vor-genommen. Ausgehend von der allgemeinen Modellstruktur ergibt sich folgen-der funktionaler Zusammenhang für die Komponente Ehrenamt pro Kopf (in Euro pro Stunde bzw. Tag) k_{EA}:

$$k_{EA} = \Sigma_i^j t_i^{EA} * w_i^N \qquad (10)$$

Dabei entspricht w_i^N dem durchschnittlichen Nettostundenlohn (in Euro) für Tätigkeit i und t_i^{EA} der Zeit für die Tätigkeiten i (in Stunden). Für den Wert des Ehrenamts gesamt k_{EA} gilt folgender Zusammenhang:

$$K_{EA} = k_{EA} * A_{Bev} \qquad (11)$$

4.5.1 Basisvariante

Die Modellierung der Teilkomponente „Ehrenamt" erfolgt analog zu den beiden anderen Komponenten anhand der drei Modellierungsstufen.

1. Modellierungsstufe: Abgrenzung der relevanten Tätigkeiten im Bereich des Ehrenamtes

Die Daten der Zeitbudgeterhebung ermöglichen eine direkte Zuweisung der relevanten Tätigkeiten für die Teilkomponente Ehrenamt. Generell zählen die Tätigkeiten des Ehrenamtes nicht zur Erwerbstätigkeit und gehen über eine reine formale Mitgliedschaft in Organisationen hinaus. In Tabelle 4-16 sind der Tätigkeitsbereich sowie die beiden relevanten Aktivitäten zusammengefasst.

Tabelle 4-16: Aktivitäten und relevante Tätigkeiten der Teilkomponente Ehrenamt inkl. maximaler Zeit dieser Tätigkeiten der Zeitbudgeterhebung

Aktivitäten und relevante Tätigkeitsbereiche		Zeit in Minuten pro Tag
Ehrenamt	ehrenamtliche Tätigkeiten	7
	informelle Hilfe	8

Quelle: Eigene Darstellung, Statistisches Bundesamt (2006).

Die zeitlichen Angaben der Zeitbudgeterhebung gehen über eine rein formelle Mitgliedschaft in Organisationen hinaus, das Ehrenamt wird also aktiv ausgeführt. Allerdings gehen verschiedene Studien davon aus, dass der angegebene Wert von den Befragten unterschätzt wird, da nicht immer eine strikte (zeitliche und aktive) Trennung der Tätigkeiten vorgenommen werden kann.[296] Neben den ehrenamtlichen Tätigkeiten werden im Rahmen dieser Arbeit zudem Aktivitäten der informellen Hilfe („Nachbarschaftshilfe") zum Ehrenamt gezählt. Das Aktivitätenspektrum erstreckt sich von der Mithilfe im Haushalt Dritter bis hin zu Pflege- und Betreuungsleistungen oder Reparaturleistungen.[297]

2. Modellierungsstufe: Bestimmung des zeitlichen Aufwandes im Bereich des Ehrenamtes

Die Abgrenzung der relevanten Tätigkeiten zeigt, dass die Zeiten für die ehrenamtlichen Tätigkeiten direkt aus der Zeitbudgeterhebung entnommen werden können. Somit müssen hierfür keine weiteren Anpassungen vorgenommen werden. Daneben werden auch Tätigkeiten im Bereich der informellen Hilfe

---

296 Vgl. u.a. Gensicke, Geiss (2004), Kahle, Schäfer (2005).
297 Vgl. Statistisches Bundesamt (2006).

betrachtet. Aus Gleichung (3) kann folgender Zusammenhang für die Zeit der informellen Hilfe im Bereich des Ehrenamtes $t_{i,EA}^I$ abgeleitet werden:

$$t_{i,EA}^I = t_i^I - t_{i,SA}^I \qquad (3.1)$$

Die zur Verfügung stehende Zeit der informellen Hilfe kann somit als Residualgröße zur verwendeten Zeit für Schwarzarbeit ermittelt werden.

Zusammenfassend ergibt sich für den zeitlichen Aufwand im Bereich des Ehrenamtes t_i^{EA}:

$$t_i^{EA} = t_{i,EA}^E + t_{i,SA}^I$$

Die Berechnungssystematik verdeutlicht, dass die zeitliche Abschätzung des Ehrenamtes als Untergrenze anzusehen ist. Die Extrapolation der Daten auf Jahres-, Monats- und Wochenwerte erfolgt über folgende Zusammenhänge:

- Tageswerte * 365 = Jahreswerte
- Jahreswerte / 12 = Monatswerte
- Monatswerte / 4 = Wochenwerte

Die Hochrechnungsfaktoren liegen der Annahme zugrunde, dass Tätigkeiten im Bereich des Ehrenamtes unabhängig vom Wochentag ausgeführt werden können. Die 365 Tage verteilen sich daher auf die 12 Kalendermonate bzw. die durchschnittlichen vier Wochen eines Kalendermonats.

3. Modellierungsstufe: Bestimmung des monetären Bewertungsansatzes
Nach der Herleitung des zeitlichen Umfangs des Ehrenamtes wird im letzten Modellierungsschritt das Bewertungs- und Stundenlohnkonzept umgesetzt. Gemäß den Ausführungen in Kapitel 4.1.2 wird der Spezialistenansatz mit Nettostundenlöhnen zur Bewertung herangezogen. Mit Hilfe der Zuteilung von Berufen zu den relevanten Tätigkeiten, können die entsprechenden Nettostundenlöhne berechnet werden.

Mit Hilfe der beschriebenen Zeit- und Lohnkomponenten kann somit die Komponente Ehrenamt pro Kopf (in Euro pro Stunde bzw. Tag) k_{EA} in der Basisvariante berechnet werden.

4.5.2 Verteilungsrelevante Berechnungsvarianten

Ausgehend von der Basisvariante werden im Folgenden analog zu den beiden anderen wohlstandsrelevanten Teilkomponenten Schwarzarbeit und Haushaltsproduktion auch für die Teilkomponente Ehrenamt die verteilungsrelevanten Berechnungsvarianten vorgestellt. Um die Vergleichbarkeit der Ergebnisse zu gewährleisten, werden auch für die Berechnungsvarianten nach Geschlecht, Alter und Haushaltstyp die identifizierten relevanten Tätigkeiten für ehrenamtliche Tätigkeiten und informelle Hilfe als Ausgangspunkt für die Modellierungsschritte zwei und drei herangezogen.

In Tabelle 4-17 sind exemplarisch die maximal aufgewandten Minuten pro Tag für die ehrenamtlichen Tätigkeiten und der informellen nach Haushaltstypen differenziert abgebildet.[298]

Tabelle 4-17: Maximal aufgewandte Zeit für Tätigkeiten im Bereich des Ehrenamtes nach Haushaltstypen in der Zeitbudgeterhebung

Tätigkeit	Ehrenamtliche Tätigkeiten	Informelle Hilfe
	Zeit in Minuten pro Tag	
Alleinlebende	10	11
zusammenlebende Paare ohne Kinder	8	10
Alleinerziehende	4	8
zusammenlebende Paare mit Kindern	7	6

Quelle: Eigene Darstellung; Statistisches Bundesamt (2006).

Die Angaben zeigen, dass alleinlebende Personen mit durchschnittlich 21 Minuten pro Tag die meiste Zeit für Tätigkeiten im Bereich des Ehrenamtes im Vergleich zu den anderen Haushaltstypen aufwenden. Alleinerziehende investieren dagegen nur vier Minuten für ehrenamtliche Tätigkeiten. Die nach sozioökonomischen Merkmalen differenzierten Zeitangaben der ehrenamtlichen Tätigkeiten und der informellen Hilfe bilden den maximalen Zeitrahmen für die Modellierung der Teilkomponente Ehrenamt.

Im zweiten Modellierungsschritt wird der konkrete zeitliche Aufwand des Ehrenamtes in Abhängigkeit des Geschlechts, Alters und Haushaltstyp bestimmt. Analog zur Basisvariante fließen die zeitlichen Angaben der ehrenamtlichen Tätigkeiten ohne weitere Anpassungen in das Modell ein. Im Bereich der informellen Hilfe müssen die bereits modellierten Schwarzarbeitsanteile berücksichtigt werden. In diesem Zusammenhang wird Gleichung (3.1) $t_{i,EA}^{I} = t_i^{I} - t_{i,SA}^{I}$ jeweils für die Berechnungsvarianten nach Alter, Geschlecht und Haushaltstyp modifiziert. Damit kann der zeitliche Aufwand des Ehrenamtes t_i^{EA} gemäß den verteilungsrelevanten Berechnungsvarianten bestimmt werden.

Abschließend werden im dritten Modellierungsschritt die Entlohnungsparameter entsprechend der sozioökonomischen Merkmale angepasst. Die bisherigen

---

298 Auf die Darstellung der geschlechts- und altersgruppenspezifischen Zeitangaben wird an dieser Stelle verzichtet. Im Anhang (Tabelle 0-3 und Tabelle 0-4) befindet sich jedoch eine Übersicht der entsprechenden Zeitangaben der Tätigkeiten.

Ausführungen zeigen, dass hierbei Modifikationen der Lohndaten nach Geschlecht und Haushaltstyp vorgenommen werden müssen. Dies bedeutet, dass zum einen die geschlechtsspezifischen Nettostundenlohnsätze und zum anderen die ermittelten Lohngewichtungsfaktoren für die Haushaltstypen (vgl. Tabelle 4-12) Anwendung finden. Bei der altersgruppenspezifischen Modellierung werden die gleichen Lohnstrukturdaten wie in der Basisvariante verwendet.

Die beschriebenen Annahmen und Modifikationen ermöglichen somit mithilfe von Gleichung (10) eine geschlechts-, altersgruppen- und haushaltstypspezifische Modellierung der Teilkomponente Ehrenamt.

4.6 Zwischenfazit: Aggregation der Teilkomponenten zum SHE-Indikator

In den vorangegangenen Teilkapiteln wurde die empirische Modellierung der Teilkomponenten Schwarzarbeit, Haushaltsproduktion und Ehrenamt vorgestellt. Dabei wurde sowohl der zeitliche Umfang als auch der monetäre Wert der Arbeitsleistung bestimmt. Die Bestimmung der Teilkomponenten erfolgte dabei getrennt in einer Basisvariante sowie in einer geschlechts-, altersgruppen- und haushaltstypspezifischen Variante. In Abbildung 4-4 sind die drei Teilkomponenten und die Berechnungsvarianten nochmals zusammenfassend dargestellt. Neben den Ausprägungen der Berechnungsvarianten, sind zudem die relevanten Datenbasen und die Bewertungsmethoden enthalten.

Abbildung 4-4: Teilkomponenten und Berechnungsvarianten des SHE-Indikators

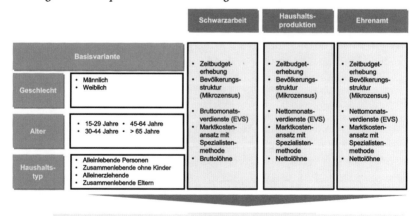

Quelle: Eigene Darstellung.

Basierend auf den drei Modellierungsstufen ist Aggregation der Teilkomponenten innerhalb der vier verschiedenen Varianten möglich, da alle Ergebnisse die gleiche zeitliche und monetäre Einheit besitzen. Es wird deutlich, dass zum einen die drei Teilkomponenten in vier verschiedenen Berechnungsvarianten ermittelt werden können. Zum anderen kann aber auch der aggregierte SHE-Indikator in den vier Varianten dargestellt werden. An dieser Stelle muss jedoch betont werden, dass durch die isolierte Modellierung der Berechnungsvarianten keine direkten Interdependenzen zwischen den einzelnen sozioökonomischen Gruppen abgebildet werden. So lassen sich durch die gewählte Berechnungsmethodik und Datenabgrenzung keine kombinierten Ergebnisse – beispielsweise nach Alter und Geschlecht – ableiten. Allerdings werden die Zusammenhänge der verschiedenen sozioökonomischen Merkmale untereinander und deren mögliche Einflüsse auf die wohlstands- und verteilungsrelevanten Ergebnisse – vor allem im Kontext sozialer Lebenslaufperspektiven bzw. Lebensverläufe – bei der Analyse im nachstehenden Kapitel aufgegriffen und interpretiert.

Ausgehend von den Ergebnissen aus Kapitel 3 enthält der SHE-Indikator folglich Teilkomponenten, die sowohl Einfluss auf die Wohlstandsentwicklung als auch Verteilungswirkungen haben. Die drei Teilkomponenten „Schwarzarbeit", „Haushaltsproduktion" und „Ehrenamt" bilden die Grundlage für die Modellierung von Wohlstandseffekten. Die verteilungsrelevanten Komponenten werden im SHE-Indikator durch die Dimensionen Geschlecht, Alter und Haushaltstyp abgedeckt. Die Zusammensetzung des SHE-Indikators kann somit als Indikatorenset zur Messung des materiellen Wohlstandes herangezogen werden.

Als Fazit bleibt festzuhalten, dass der SHE-Indikator ein geeigneter Ansatz ist, die zentrale Fragestellung dieser Arbeit zu beantworten. Es konnte gezeigt werden, dass durch den SHE-Indikator sowie die einzelnen drei Teilkomponenten die materielle Wohlstandssituation in Deutschland systematisch erfasst und verteilungsrelevante Komponenten berücksichtigt werden. Zur Beantwortung der zusätzlichen Fragestellung erfolgt in den kommenden Kapiteln die empirische Analyse der Ergebnisse unter wohlstands- und verteilungsrelevanten Gesichtspunkten.

5 Analyse der Ergebnisse

Die theoretische Konzeption des SHE-Indikators sowie die drei Teilkomponenten werden in den folgenden Kapiteln empirisch umgesetzt und ausgewertet. In den ersten drei Kapiteln werden die Wohlstands- und Verteilungsergebnisse für die einzelnen Teilkomponenten (Schwarzarbeit, Haushaltsproduktion, Ehrenamt) in Abhängigkeit der vorgestellten sozioökonomischen Varianten diskutiert. Anschließend erfolgt eine Interpretation der aggregierten Ergebnisse unter wohlstands- und verteilungsrelevanten Gesichtspunkten. In Kapitel 3 wurden ergänzende Fragestellungen für diese Arbeit abgeleitet, die nachstehend noch einmal aufgelistet werden:

• Welche monetären Auswirkungen hat die Berücksichtigung von nicht-marktlichen Tätigkeiten auf die Wohlstandssituation der privaten Haushalte?
• Können durch die Erfassung und Quantifizierung nicht-marktlicher Tätigkeiten materielle Wohlstands- und Verteilungseffekte gemessen werden?
• Welche sozioökonomischen Gruppen tragen am meisten zur materiellen Wohlstandsentwicklung bei?
• Welchen Einfluss hat das zusätzliche Einkommen der nicht-marktlichen Tätigkeiten auf sozioökonomische Einkommensdifferenzen? Wie wirkt sich die Erfassung von nicht-marktlichen Tätigkeiten auf die Einkommensverteilung aus?

In Anlehnung an diese Fragestellungen orientiert sich die Ergebnisauswertung an zwei verschiedenen Analysesträngen, anhand derer die wohlstands- und verteilungsrelevanten Ergebnisse separat ausgewertet werden. Die Beantwortung der obigen Fragestellungen wird mithilfe des folgenden Analyseschemas durchgeführt. Die Einkommen sowie die damit verbundene Verteilung der drei Teilkomponenten, die in Abhängigkeit der sozioökonomischen Merkmale differenziert ausgewertet werden können, stellen dabei die zentralen Elemente dar.

Abbildung 5-1: Analysematrix für Wohlstands- und Verteilungsergebnisse des SHE-Indikators

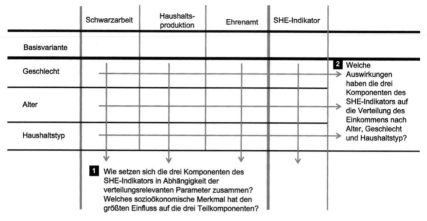

Quelle: Eigene Darstellung.

Der erste Analysestrang konzentriert sich auf die Zusammensetzung der drei Teilkomponenten in den einzelnen Berechnungsvarianten und deren Auswirkungen auf den materiellen Wohlstand. In diesem Zusammenhang wird sowohl nach der zeitlichen als auch nach der monetären Dimension der einzelnen Teilkomponenten differenziert. Die Wohlstandsergebnisse werden in Form von möglichen Einkommenszuwächsen, die mit der Entlohnung der drei Teilkomponenten einhergehen, dargestellt. Die Auswertung orientiert sich an den drei Modellierungsschritten, die im vorherigen Kapitel beschrieben wurden. Die sozioökonomischen Ergebnisse innerhalb einer Teilkomponente werden einander gegenübergestellt und bewertet. Die Auswertung des SHE-Indikators ermöglicht abschließend ebenfalls eine Evaluierung der Teilkomponenten und der Berechnungsvarianten untereinander. Darüber hinaus wird versucht die Ergebnisse mit verschiedenen Lebensweisen bzw. den Alltagsleben von Individuen und Haushalten in Verbindung zu setzen und zu interpretieren. Damit können mögliche Interdependenzen der sozioökonomischen Merkmale auf den zeitlichen und monetären Umfang der drei Teilkomponenten, die aufgrund der gewählten Methodik nicht in der Modellierung berücksichtigt werden konnten, abgeleitet werden.

Im zweiten Analysestrang werden die Auswirkungen der zusätzlichen Einkommenskomponenten auf die Verteilung des Einkommens nach Alter, Geschlecht und Haushaltstyp aufgezeigt. Die personelle Einkommensverteilung steht hierbei im Vordergrund. Diese wird – ausgehend von den abgeleiteten Ergebnissen – durch die Lorenzkurve bzw. den Gini-Koeffizienten beschrieben.

In den folgenden Analysekapiteln werden jeweils sowohl die einzelnen Teilkomponenten als auch das Zusammenspiel der drei Teilkomponenten als SHE-Indikator hinsichtlich der Verteilungswirkungen ausgewertet.

5.1 Auswertung der Teilkomponente Schwarzarbeit

Die bisherigen Ausführungen zur Teilkomponente Schwarzarbeit haben gezeigt, dass in vielen Bereichen des alltäglichen Lebens Schwarzarbeit verrichtet wird. Das zeitliche Ausmaß ist dabei sowohl von den jeweiligen Tätigkeiten als auch von sozioökonomischen Faktoren abhängig. Neben dem zeitlichen Einsatz geht mit der geleisteten Schwarzarbeit auch eine zusätzliche Einnahmequelle einher, die das verfügbare Einkommen der privaten Haushalte – auf individueller und gesamtwirtschaftlicher Haushaltsebene – erhöht. Basierend auf der theoretischen Modellkonzeption werden im Folgenden die empirischen Ergebnisse der Teilkomponente Schwarzarbeit vorgestellt. Die Auswertung legt den Fokus zuerst auf die Wohlstandsergebnisse in Abhängigkeit der Basisvariante (vgl. Kapitel 4.3.1) sowie auf die geschlechts-, altersgruppen- und haushaltstypspezifischen Varianten (vgl. Kapitel 4.3.2). Anschließend werden die Effekte dieser zusätzlichen Einkommenskomponente auf die Verteilung des verfügbaren Einkommens untersucht und bewertet.

5.1.1 Wohlstandsergebnisse

Die zeitliche und monetäre Bestimmung der Schwarzarbeit in der Basisvariante sowie in den sozioökonomischen Berechnungsvarianten waren die entscheidenden Faktoren bei der Modellierung der Teilkomponente Schwarzarbeit. In Anlehnung daran wird zuerst der ermittelte Zeitumfang der Schwarzarbeit diskutiert. Anschließend wird das dadurch abgeleitete Zusatzeinkommen aufgezeigt, um darauf aufbauend die materiellen (Wohlstands-)Effekte der Schwarzarbeit zu diskutieren. Neben einer Hochrechnung der Ergebnisse auf die Gesamtbevölkerung und einem kurzen Vergleich mit anderen Studien werden den die Daten auf Personen- bzw. Haushaltebene ausgewertet.

Die zeitliche Bewertung der Schwarzarbeit erfolgte, wie in Kapitel 4.3 beschrieben, über die Abschätzung des Arbeits-Inputs – insgesamt sowie in Abhängigkeit des Geschlechts, Alters und Haushaltstyps – in den als relevant identifizierten Tätigkeiten (vgl. Tabelle 4-4) aus der Zeitbudgeterhebung.[299] Es konnte gezeigt

---

299 Es wurden Aktivitäten und damit einhergehende Tätigkeiten im Bereich der Haushaltsführung, von Pflege und Betreuung, der informellen Hilfe sowie des Haupt- und

werden, dass bei den Tätigkeiten „Bauen und handwerkliche Tätigkeiten" sowie „Haupterwerbstätigkeit" die höchsten Schwarzarbeitsanteile zu erwarten sind. Basierend auf dem zeitlichen Schwarzarbeitsumfang wurden dann die identifizierten Tätigkeiten mithilfe des Spezialistenansatzes mit den entsprechenden Bruttostundenlohnsätzen bewertet. Durch dieses Vorgehen ergeben sich die zeitliche und monetäre Dimension der Teilkomponente Schwarzarbeit k_{SA}.

Für das Jahr 2010 konnte im Rahmen dieser Arbeit ein jährlicher Umfang von ca. 4 Milliarden Schwarzarbeitsstunden, die durch die privaten Haushalte erbracht wurden, berechnet werden. Damit wurden durchschnittlich ca. 54 Stunden pro Person im Jahr 2010 schwarzgearbeitet, was einer durchschnittlichen Wochenschwarzarbeitszeit von ca. 1,13 Stunden entspricht.

Im Vergleich zu anderen Studien, die den zeitlichen Umfang der Schwarzarbeit abschätzen, liegt der in dieser Arbeit ermittelte Wert unterhalb bzw. zwischen den Werten der anderen Studienergebnisse. So beträgt der durchschnittliche wöchentliche Stundenumfang der Schwarzarbeit pro Kopf in der Studie von Sesselmeier/Ostwald ca. 2,2 Stunden für das Jahr 2005.[300] Aus den Erhebungen des IW Köln lassen sich für das Jahr 2007 pro Person ca. 1,65 Stunden Schwarzarbeit in der Woche ableiten.[301] Im Gegensatz dazu wird in den Befragungen der Rockwool-Foundation ein durchschnittlicher Wochenwert von 0,67 Stunden für das Jahr 2007 ausgewiesen.[302] Die unterschiedlichen Ergebnisse sind zum Teil auf unterschiedliche Abgrenzungen und Erhebungen der Schwarzarbeit (vgl. Kapitel 3.2.1), aber auch auf die unterschiedlichen Betrachtungszeitpunkte zurückzuführen. Die generelle Niveauverschiebung kann jedoch zudem mit den gesamtwirtschaftlichen Entwicklungen zusammenhängen. So zeigt die Schattenwirtschaftsprognose des IAW Tübingen ab dem Jahr 2005 einen Rückgang des Anteils der Schattenwirtschaft im Vergleich zum BIP auf.[303] Aufgrund der gewählten Abgrenzung und Erfassung der Schwarzarbeit auf Basis der Zeitbudgeterhebung und der Spannbreite des vorgestellten Schwarzarbeitsumfangs können die folgenden Ergebnisse als eine vorsichtige Abschätzung des Schwarzarbeitsaufkommens interpretiert werden. Nachfolgend werden zuerst der modellinduzierte Zeitumfang und anschließend

---

Nebenerwerbs als relevant für die Schwarzarbeit identifiziert. Die Angaben aus der Zeitbudgeterhebung, die in Tabelle 4-4 zusammengefasst sind, verdeutlichen, dass der höchste Zeitaufwand im Bereich der Haupterwerbstätigkeit (durchschnittlich 120 Minuten pro Tag) zu finden ist.

300 Vgl. Sesselmeier, Ostwald (2011), S. 19.
301 Vgl. Enste (2012), S. 136.
302 Vgl. Feld, Larsen (2012a), S. 58.
303 Vgl. IAW (2014).

der monetäre Effekt der Schwarzarbeit nach Geschlecht, je Altersklasse bzw. je Haushaltstyp dargestellt.[304]

In Tabelle 5-1 sind ergänzend zu den obigen Ergebnissen das ermittelte Schwarzarbeitsaufkommen nach Stunden pro Tag, Woche und Jahr für Männer, Frauen sowie insgesamt abgebildet. Die angegebene Schwarzarbeitszeit setzt sich dabei aus der aufgebrachten Zeit für die einzelnen Tätigkeiten in Abhängigkeit des Geschlechts (vgl. Tabelle 4-9) zusammen.

Tabelle 5-1: Durchschnittlicher zeitlicher Umfang der Schwarzarbeit insgesamt und nach Geschlecht im Jahr 2010

		männlich	weiblich	gesamt
Schwarzarbeit in Stunden pro Person	pro Tag	0,23[305]	0,06	0,15
	pro Woche	1,79	0,48	1,13
	pro Jahr	86	23	54

Quelle: Eigene Berechnungen.

Der Vergleich zwischen den Geschlechtern zeigt deutliche Unterschiede bei der Verteilung der Stunden der Schwarzarbeit. Während Männer im Jahr 2010 im Schnitt 1,79 Stunden in der Woche schwarzarbeiten, beläuft sich der zeitliche Umfang bei Frauen auf 0,48 Stunden. Auf das Jahr 2010 hochgerechnet verbringen Männer somit über 85 Stunden mit Schwarzarbeit, während es bei Frauen durchschnittlich ca. 23 Stunden sind. Damit investieren Frauen durchschnittlich nur ca. ein Viertel der Zeit, die Männer aufwenden – dies ist auch auf die geschlechtsspezifischen Unterschiede im Bereich der Schwarzarbeit in den verschiedenen relevanten Tätigkeiten zurückzuführen. Der Schwerpunkt der Schwarzarbeit liegt bei Männern in den Tätigkeiten „Haupterwerbstätigkeit"[306] und „Bauen und handwerkliche Tätigkeiten", denen ähnliche Berufsbilder im Zuge des ersten Modellierungsschrittes zugeordnet werden konnten. Im Gegensatz dazu dominiert bei den Frauen der Schwarzarbeitsanteil neben den Tätigkeiten, die unter „Haupterwerbstätigkeit" subsummiert sind, die Tätigkeiten im

---

304 Bei den angegebenen Werten handelt es sich um durchschnittliche repräsentative Werte für die betrachtete Gesamtbevölkerung bzw. Bevölkerungsanteile im Jahr 2010.

305 Mögliche Abweichungen in den Ergebnissen sind rundungsbedingt.

306 Bei der Modellierung wurde angenommen, dass es auch während der regulären Arbeitszeit zu Schwarzarbeit kommt und dabei vor allem Tätigkeiten ausgeführt werden, die auch dem regulären Beruf entsprechen.

Bereich der Haushaltsführungen – konkret das Tätigkeitsfeld „Zubereitung von Mahlzeiten". Ein Vergleich mit den durchschnittlich geleisteten Wochenarbeitsstunden regulärer und damit marktlicher Erwerbsarbeit zeigt, dass Männer im Jahr 2010 ca. 36,70 Stunden, Frauen dagegen ca. 27,30 Stunden gearbeitet haben.[307] Es wird deutlich, dass der wöchentliche Arbeitsumfang der ermittelten Schwarzarbeit bei Männern in etwa fünf Prozent der marktlichen Arbeitszeit entspricht, bei Frauen ca. zwei Prozent. Die Geschlechterverhältnisse der regulären Erwerbsarbeit spiegeln sich somit auch zum Teil im zeitlichen Umfang der Schwarzarbeit wider. Des Weiteren zeigen auch die Ergebnisse von Feld und Larsen, dass bei Männern eine höhere Wahrscheinlichkeit zum Schwarzarbeiten vorliegt als bei Frauen.[308]

Neben den geschlechtsspezifischen Ergebnissen resultieren – aufgrund der Modellstruktur – in den verschiedenen Altersgruppen auch Unterschiede hinsichtlich der aufgewandten Zeit für Schwarzarbeit. Hierzu wird auf die altersgruppenspezifischen Angaben zu den relevanten Tätigkeiten aus der Zeitbudgeterhebung zurückgegriffen. Gemäß der Modellstruktur wird der altersgruppenspezifische Zeiteinsatz analog zur Basisvariante abgeleitet, da keine altersspezifischen Informationen bei der Ermittlung der Schwarzarbeitsanteile nach Tätigkeiten vorlagen (vgl. Tabelle 4-7).

In nachstehender Tabelle sind die jeweiligen Stunden Schwarzarbeit pro Tag, Woche und Jahr für das Jahr 2010 zusammengefasst. Die Angaben stellen die durchschnittlichen Werte für die jeweilige Altersklasse dar.

Tabelle 5-2: Durchschnittlicher zeitlicher Umfang der Schwarzarbeit je Altersgruppe im Jahr 2010

	Schwarzarbeit in Stunden		
	pro Tag	pro Woche	pro Jahr
15–29 Jahre	0,20	1,52	73
30–44 Jahre	0,23	1,71	82
45–64 Jahre	0,09	0,71	34
> 65 Jahre	0,11	0,88	42

Quelle: Eigene Berechnungen.

---

307 Vgl. Statistisches Bundesamt (2013g), S. 121f. Die Werte geben die durchschnittlich tatsächlich geleisteten Wochenarbeitszeiten der Erwerbstätigen inklusive Teilzeitarbeit wider.

308 Vgl. Feld, Larsen (2012b), S. 62.

Bei den ermittelten Werten in den vier Altersklassen wird deutlich, dass die Gruppe der 45-64-Jährigen die geringste Schwarzarbeitszeit, die 30-44-Jährigen hingegen die höchste Schwarzarbeitszeit aufweist. Die jährlichen Werte variieren somit zwischen ca. 82 Stunden bei den 30-44-Jährigen und ca. 34 Stunden in der Altersklasse 45–64 Jahre. Basierend auf der Modellstruktur wird in den beiden ersten Altersgruppen vor allem bei Tätigkeiten im Bereich des Haupt- und Nebenerwerbs schwarzgearbeitet. Die Ergebnisse der Zeitbudgeterhebung zeigen, dass der höchste Zeitaufwand durchschnittlich auch im Bereich des Haupt- und Nebenerwerbs erbracht wird. Vor allem in der Haupterwerbsphase, d.h. in der Altersgruppe der 30-44-Jährigen, nimmt die Arbeitszeit einen hohen Stellenwert ein.[309] Diese beiden Faktoren werden auch beim Zeitumfang der Teilkomponente Schwarzarbeit deutlich, d.h. der Schwarzarbeitsanteil korreliert mit der Arbeitszeit und ist somit in der zweiten Altersgruppe am stärksten ausgeprägt. Auch die im Vergleich zu den anderen Altersgruppen hohe Schwarzarbeitszeit der jüngsten Altersgruppe kann damit zum Teil begründet werden. Die Erwerbsbiographien der älteren Altersgruppen, vor allem ab dem 55. Lebensjahr, sind dagegen oftmals von den Übergängen vom Erwerbsleben in die Ruhestandsphase geprägt.[310] Damit reduziert sich in den meisten Fällen der zeitliche Arbeitsumfang für diese Altersgruppen und es steht mehr Zeit für die Familie oder andere Aktivitäten zur Verfügung.[311] Dies spiegelt sich in den beiden ältesten Altersgruppen zum einen auch beim zeitlichen Umfang der Schwarzarbeit, der mit ca. 0,88 Stunden pro Woche den zweitniedrigsten Wert einnimmt, und zum anderen auch in den Tätigkeitschwerpunkten im Bereich der Schwarzarbeit wider. So liegt beispielsweise in der Gruppe der über 65-Jährigen der zeitliche Schwarzarbeitsschwerpunkt verstärkt in Tätigkeiten im Bereich der Haushaltsführung. Bei der jüngsten Altersgruppe kann davon ausgegangen werden, das ein möglicher Grund für den relativ hohen Schwarzarbeitswert in den noch jungen Erwerbsbiographien bzw. den Phasen der Ausbildung und des Berufseinstiegs liegt, die zumeist mit geringerem Einkommen einhergehen.

Abschließend wird der zeitliche Umfang der Teilkomponente Schwarzarbeit je Haushaltstyp vorgestellt. Die zeitliche Abschätzung der Schwarzarbeit erfolgt hierbei nach dem gleichen Modellierungsmuster wie bei den Altersgruppen. Ausgehend vom zeitlichen Umfang der relevanten Tätigkeiten aus der Zeitbudgeterhebung wird der jeweilige Schwarzarbeitsanteil bestimmt. Die aggregierten

---

309 Vgl. Hacket (2012).
310 Vgl. Ebert, Trischler (2012), S. 533f.
311 Vgl. Ebert, Trischler (2012), S. 540ff., 552.

Ergebnisse zum haushaltstypspezifischen Zeiteinsatz für Schwarzarbeit sind in Tabelle 5-3 zusammengefasst.

Die Spanne der resultierenden wöchentlichen Zeit für Schwarzarbeit beträgt zwischen 1,58 Stunden bei zusammenlebenden Paaren mit Kindern und 1,06 Stunden bei Alleinstehenden. Es wird zudem deutlich, dass in Haushalten mit Kindern mehr Zeit für Schwarzarbeit aufgebracht wird als in kinderlosen Haushalten. So ergibt sich für Alleinerziehende im Jahr 2010 ein durchschnittlicher Schwarzarbeitsumfang von ca. 65 Stunden, bei zusammenlebenden Paaren ohne Kinder dagegen ca. 52 Stunden.

Tabelle 5-3: Durchschnittlicher zeitlicher Umfang der Schwarzarbeit je Haushaltstyp im Jahr 2010

	Schwarzarbeit in Stunden		
	pro Tag	pro Woche	pro Jahr
Alleinlebende	0,13	1,06	51
zusammenlebende Paare ohne Kinder	0,14	1,08	52
Alleinerziehende	0,18	1,35	65
zusammenlebende Paare mit Kindern	0,21	1,58	76

Quelle: Eigene Berechnungen.

Auf der einen Seite wird somit in Haushalten mit Kindern tendenziell mehr Zeit in Schwarzarbeit investiert als in kinderlosen Haushalten. Auf der anderen Seite wird in Paarhaushalten mit Kindern mehr schwarzgearbeitet als bei Alleinerziehenden, andererseits weisen kinderlose Paare einen leicht höheren Zeiteinsatz auf als Alleinlebende. Dies kann unter anderem an folgenden Faktoren liegen: In Paarhaushalten kann zwischen den Partnern die Zeit für nicht-marktliche Tätigkeiten generell sowie für Schwarzarbeit im Speziellen aufgeteilt werden, sodass prinzipiell mehr Zeit dafür vorhanden sein kann. Des Weiteren könnten Alleinerziehende, aber auch Paare mit Kindern eine höhere Tendenz zum Dazuverdienen durch Schwarzarbeit aufweisen als kinderlose Paare. Die Ergebnisse aus der Studie von Feld und Larsen legen in diesem Zusammenhang nahe, dass die Wahrscheinlichkeit im Haushaltskontext schwarz zu arbeiten demzufolge eher mit dem Familienstand korreliert ist als mit dem Vorhandensein von Kindern. So nimmt beispielsweise die Schwarzarbeitsneigung bei verheirateten Paaren eher ab.[312] Die Ergebnisse der vorliegenden Arbeit zeigen jedoch eher, dass das

---

312   Vgl. Feld und Larsen (2012b), S. 62.

Vorhandensein von Kindern einen deutlichen Einfluss auf die Schwarzarbeitszeit hat – unabhängig vom Familienstand. Dieses Verhalten stützt eher das klassische „Male Breadwinner"-Modell, in dem Männer die Versorgerrolle über ihren Verdienst durch die Erwerbsarbeit wahrnehmen. Allerdings wird dieses Modell in der aktuellen Genderregimediskussion oftmals als überholt angesehen.[313]

Die oben beschriebene zeitliche Abschätzung bildet die Grundlage für die monetäre Bewertung der Schwarzarbeit bzw. der zugrundeliegenden relevanten Tätigkeiten und für die damit einhergehenden Effekte auf den materiellen Wohlstand. Um den verschiedenen Berechnungsvarianten Rechnung zu tragen, werden bei den Entlohnungsdaten sozioökonomische Informationen berücksichtigt. Konkret fließen in der Basisvariante und auch bei der altersgruppenspezifischen Berechnungsvariante die durchschnittlichen Bruttostundenlöhne der Tätigkeiten ein. Bei der geschlechtsspezifischen Variante wird auf die entsprechenden Bruttostundenlohnsätze für Männer und Frauen (vgl. Tabelle 4-10) zurückgegriffen. Die Entlohnung der Schwarzarbeit in Abhängigkeit des Haushaltstyps orientiert sich an Lohngewichtungsfaktoren (vgl. Tabelle 4-12), die sich aus dem verfügbaren Haushaltseinkommen ableiten lassen. Somit wird die unterschiedliche Einkommensstruktur der Haushalte berücksichtigt und zudem angenommen, dass sich diese auf die Entlohnung der Schwarzarbeit auswirkt.

Die nachfolgenden Ergebnisse zeigen zum einen die durchschnittlichen verfügbaren Nettomonatseinkommen nach Geschlecht, Alter und Haushaltstyp und zum anderen das modellinduzierte zusätzliche Einkommen aus Schwarzarbeit in diesen Gruppen. Im Jahr 2010 verfügten die privaten Haushalte in Deutschland über ein durchschnittliches Haushaltsnettoeinkommen von 2.922 Euro[314], das klassischerweise für Konsum- und Sparzwecke verwendet werden kann. Aus den bisherigen Ausführungen wurde ersichtlich, dass das Einkommen aus Schwarzarbeit in den amtlichen Statistiken nicht berücksichtigt bzw. unterschätzt wird und somit auch nicht im ausgewiesenen Nettomonatseinkommen enthalten ist.[315] Ausgehend von der zeitlichen Abschätzung der Schwarzarbeit werden die damit einhergehenden monetären Effekte beschrieben.

Die Bewertung der Schwarzarbeit erfolgt in der Basisvariante mit einem durchschnittlichen Stundenlohnsatz in Höhe von 13,60 Euro, sodass im Jahr 2010 ein durchschnittliches monatliches Einkommen von ca. 64 Euro pro Kopf durch Schwarzarbeit hinzuverdient werden konnte. Damit konnten die Haushalte ihr

---

313   Vgl. u.a. Blossfeld, Buchholz (2009), Schmidt (2012).
314   Vgl. Statistisches Bundesamt (2012c), S. 32.
315   Vgl. Sachverständigenrat (2010), S. 35ff.

verfügbares monatliches Einkommen um 2,2 Prozent erhöhen. In Tabelle 5-4 sind ergänzend dazu die Einkommensbestandteile – als absolute Werte sowie der Anteil des Schwarzarbeitseinkommens am verfügbaren Einkommen – nach Geschlecht dargestellt.

Das verfügbare Einkommen zeigt die geschlechtsspezifischen Unterschiede, die auch bei den zeitlichen Unterschieden der geleisteten Arbeitsstunden vorliegen. Während sich das Nettoeinkommen der Männer auf durchschnittlich 3.426 Euro beläuft, liegt es bei den Frauen mit 2.146 Euro um ca. 40 Prozent niedriger.[316]

Tabelle 5-4: Verfügbares Nettomonatseinkommen und monatliches Einkommen aus Schwarzarbeit nach Geschlecht im Jahr 2010

	verfügbares Nettomonatseinkommen	monatliches Einkommen Schwarzarbeit	Anteil Schwarzarbeit
	in Euro		in Prozent
gesamt	2.922	64	2,2
männlich	3.426	106	3,1
weiblich	2.146	25	1,2

Quelle: Eigene Berechnungen; Statistisches Bundesamt (2012b, c), S. 32.

Das zusätzliche Einkommen durch Schwarzarbeit verstärkt die absoluten und relativen Einkommensunterschiede zwischen Frauen und Männern zusätzlich. Männer verdienen im Jahr 2010 durchschnittlich ca. 106 Euro pro Monat durch Schwarzarbeit, Frauen dagegen nur ca. 25 Euro. In diesen Ergebnissen spiegelt sich zum einen die zuvor beschriebene zeitliche Dominanz der Männer bei der Ausführung von Schwarzarbeit wider. Zum anderen wird dieser Effekt durch den unterschiedlichen durchschnittlichen Stundenlohnsatz von 14,80 Euro bei Männern und 12,60 Euro bei Frauen noch verstärkt. Dieser lässt sich auf die unterschiedlichen Tätigkeitsschwerpunkte bei der Schwarzarbeit sowie die generellen geschlechtsspezifischen Lohnunterschiede zurückführen. Durch die Berücksichtigung der Teilkomponente Schwarzarbeit können Männer somit ein zusätzliches Einkommen von ca. 1.275 Euro pro Jahr, Frauen dagegen nur von ca. 300 Euro pro Jahr verzeichnen. Somit erhöht die Schwarzarbeit das verfügbare Einkommen der Männer um durchschnittlich 3,1 Prozent, das der Frauen nur um ca. 1,2 Prozent.

---

316 Vgl. Statistisches Bundesamt (2012b), S. 32. Die geschlechtsspezifischen Angaben sind der EVS aus dem Jahr 2008 entnommen, da diese Angaben in der LWR 2010 nicht ausgewiesen werden.

Die zeitliche Auswertung hat bereits erste altersgruppenspezifische Unterschiede aufgezeigt, die sich auch im möglichen Schwarzarbeitseinkommen widerspiegeln. In Tabelle 5-5 sind die Ergebnisse zusammengefasst. Die Darstellung beinhaltet für das Jahr 2010 neben den verfügbaren Nettomonatseinkommen differenziert nach vier Altersklassen die berechneten monatlichen Einkommen aus Schwarzarbeit. Zudem wird der Anteil dieser zusätzlichen Einkommensbausteine am jeweiligen verfügbaren Nettoeinkommen gebildet, um die möglichen Zuverdienste in den einzelnen Gruppen besser miteinander in Relation setzen zu können.

Durch die hier dargestellten Einkommenshöhen aus regulärer Erwerbsarbeit werden die altersgruppenspezifischen Unterschiede sichtbar. Das verfügbare Nettoeinkommen im Jahr 2010 war in den beiden mittleren Altersklassen der 30-44-Jährigen und 45-64-Jährigen mit 3.403 Euro bzw. 3.211 Euro am höchsten. Die Gruppe der 15-29-Jährigen verfügte dagegen über das geringste durchschnittliche Nettomonatseinkommen. Dies kann zum Teil mit den kürzeren Erwerbsbiographien bzw. durch die Aus- und Weiterbildungsphasen, die in dieser Altersklasse besonders ausgeprägt sind, begründet werden.

Tabelle 5-5: Verfügbares Nettomonatseinkommen und monatliches Einkommen aus Schwarzarbeit nach Altersgruppen im Jahr 2010

	verfügbares Nettomonatseinkommen	monatliches Einkommen Schwarzarbeit	Anteil Schwarzarbeit
	in Euro		in Prozent
15–29 Jahre	2.308	89	3,9
30–44 Jahre	3.403	100	2,9
45–64 Jahre	3.211	40	1,3
> 65 Jahre	2.385	44	1,8

Quelle: Eigene Berechnungen, Statistisches Bundesamt (2012c), S. 32.

Das monatlich aus Schwarzarbeit generierbare Einkommen variiert zwischen 40 Euro (bzw. 1,3 Prozent des verfügbarem Einkommens) bei den 45-64-Jährigen und ca. 100 Euro (bzw. 2,9 Prozent des verfügbaren Einkommens) bei den 30-44-Jährigen. In der jüngsten Altersgruppe kann monatlich bis zu 3,9 Prozent (bzw. 89 Euro) und in der ältesten Altersgruppe bis zu 1,8 Prozent (bzw. 44 Euro) des verfügbaren Einkommens zusätzlich durch Schwarzarbeit verdient werden. Die absoluten Einkommenshöhen korrelieren somit direkt mit der aufgebrachten Schwarzarbeitszeit in den Altersgruppen. Allerdings ist der relative Einkommenszuwachs bei den 15-29-Jährigen am größten. Die Tätigkeitsschwerpunkte der Schwarzarbeit der ersten drei Altersgruppen liegen dabei vor allem in den Bereichen „Haupterwerbstätigkeit" und „Bauen und handwerkliche Tätigkeiten". Bei den über 65-Jährigen wird zudem durch Tätigkeiten „Zubereitung von Mahlzeiten" und „Instandhaltung und Reinigung der Wohnung" verstärkt schwarz hinzuverdient. Die Höhe des Schwarzarbeitseinkommens hängt somit sowohl vom zeitlichen Umfang, aber auch den Tätigkeiten ab, die mit unterschiedlichen Lohnsätzen auf Basis des Spezialistenansatzes entlohnt werden.

Abschließend sind in Tabelle 5-6 die durchschnittlichen Nettomonatseinkommen je Haushaltstyp sowie das Schwarzarbeitseinkommen für das Jahr 2010 dargestellt. Ergänzend dazu sind auch die relativen Einkommenszuwächse angegeben. Es zeigt sich, dass das Einkommen bei Alleinlebenden mit 1.784 Euro im Haushaltskontext am geringsten ist. Bei zusammenlebenden Paaren mit Kindern ist es mit durchschnittlich 4.280 Euro dagegen am höchsten. In diesem Zusammenhang spielt die Haushaltskonstellation eine entscheidende Rolle für die Höhe des Nettoeinkommens, daher sind die Einkommen in Paarhaushalten größer als in den anderen beiden Haushaltstypen. Die im Zuge der zeitlichen Auswertung beschriebenen unterschiedlichen Zeitverteilungen im Haushaltskontext zeichnen sich somit auch im Einkommen ab.

Tabelle 5-6: Verfügbares Nettomonatseinkommen und monatliches Einkommen aus Schwarzarbeit nach Haushaltstyp im Jahr 2010

	verfügbares Nettomonatseinkommen	monatliches Einkommen Schwarzarbeit	Anteil Schwarzarbeit
	in Euro		in Prozent
Alleinlebende	1.784	38	2,1
zusammenlebende Paare ohne Kinder	3.368	74	2,2
Alleinerziehende	2.202	58	2,6
zusammenlebende Paare mit Kindern	4.280	147	3,4

Quelle: Eigene Berechnungen, Statistisches Bundesamt (2012c), S. 32.

Die Höhe des zusätzlich möglichen Einkommens durch Schwarzarbeit ist absolut gesehen genauso wie das verfügbare Einkommen gestaffelt und zum Teil von der Anzahl der Haushaltsmitglieder abhängig. Im Gegensatz dazu ist der relative Einkommenszuwachs bei Alleinerziehenden höher als bei Paaren ohne Kinder, obwohl diese absolut gesehen mehr hinzuverdienen. In Paarhaushalten mit und ohne Kinder kann durch Schwarzarbeit absolut mehr hinzuverdient werden als in Haushalten von Alleinlebenden bzw. Alleinerziehenden. Durch Schwarzarbeit kann sich das Einkommen bei Alleinerziehenden um durchschnittlich weitere 2,6 Prozent bzw. 58 Euro erhöhen. Der höhere zeitliche Einsatz von Alleinerziehenden im Vergleich zu kinderlosen Haushalten spiegelt sich somit in einem höheren relativen Zuverdienst im Vergleich zum Haushaltseinkommen wider. Damit wird deutlich, dass in Haushalten mit Kindern relativ gesehen das meiste Einkommen durch Schwarzarbeit erwirtschaftet wird. Der höhere zeitliche Einsatz und das damit verbundene Einkommen können zum Teil an den zusätzlichen Ausgaben für Kinder liegen. Bei Alleinlebenden ist diese Einkommenskomponente im Vergleich zu den anderen Haushaltstypen sowohl absolut gesehen mit 38 Euro als auch relativ betrachtet mit 2,1 Prozent am niedrigsten. Die Einkommensdifferenzen zwischen den Haushaltstypen werden durch die Berücksichtigung des Schwarzarbeitseinkommens zusätzlich vergrößert.

Folgendes Zwischenfazit kann bisher gezogen werden: Den privaten Haushalten stand durch geleistete Schwarzarbeit im Jahr 2010 durchschnittlich 2,2 Prozent mehr Einkommen zur Verfügung. Bei Männern zeigt sich zudem eine höhere Affinität zur Schwarzarbeit als bei Frauen. Dies lässt sich sowohl in einem höheren zeitlichen als auch in einem höheren monetären Umfang erkennen. Die differenzierte Betrachtung unterstreicht zudem, dass beispielsweise Altersklassen mit geringerem Einkommen – auch aufgrund ihrer kurzen Erwerbsbiographie (15-29-Jährige) – ihr verfügbares Nettoeinkommen durch Schwarzarbeit um nahezu 4 Prozent aufstocken können. Im Haushaltskontext kann die Affinität zur Schwarzarbeit aufgrund der verfügbaren zeitlichen Kapazitäten bzw. der Tätigkeitsschwerpunkte (v.a. zusammenlebende Paare mit Kindern) sowie aufgrund eines möglichen Zuverdienstes (z.B. bei Alleinerziehende) interpretiert werden. Des Weiteren zeigen die Ergebnisse, dass in Haushalten mit Kindern ein höherer Zeiteinsatz für Schwarzarbeit vorliegt als in kinderlosen Haushalten.

5.1.2 Verteilungsergebnisse

Nach der zeitlichen und monetären Analyse des Einflusses der Schwarzarbeit auf den materiellen Wohlstand erfolgt in diesem Kapitel die Auswertung der Verteilungswirkungen, die mit dem zusätzlichen Einkommen einhergehen. In diesem zweiten Analysestrang steht die Frage, welche Auswirkungen das Einkommen durch die Schwarzarbeit auf die personelle Einkommensverteilung nach Alter, Geschlecht und Haushaltstyp hat, im Vordergrund. Hierbei wird auf die – in Kapitel 3.3 bereits skizzierten – Verteilungskonzepte der Lorenzkurve bzw. des

Gini-Koeffizienten zurückgegriffen. Die Lorenzkurve veranschaulicht graphisch die Einkommensverteilung verschiedener Personengruppen. Es wird aufgezeigt, wie viel Prozent der Bevölkerung welchen Anteil des Einkommens erhalten. Dabei werden die Einkommensanteile der Höhe aufsteigend sortiert und den jeweiligen Bevölkerungsanteilen zugeordnet. Die Winkelhalbierende repräsentiert in diesem Zusammenhang eine Gleichverteilung der Einkommen. Daher gilt generell für die Interpretation der Lorenzkurven: Je ungleicher die Verteilung der Einkommen ist, desto weiter ist die Lorenzkurve von der Winkelhalbierenden entfernt.[317] Durch den Gini-Koeffizienten werden die graphischen Erkenntnisse der Lorenzkurve in ein statistisches Ungleichheitsmaß transformiert. Die Fläche zwischen der Lorenzkurve und der Winkelhalbierenden im Verhältnis zur gesamten Fläche unterhalb der Winkelhalbierenden entspricht dem Gini-Koeffizienten, der somit einen Wert zwischen 0 und 1 annehmen kann. Analog zur Lorenzkurve gilt: Je größer der Gini-Koeffizient ist, desto ungleicher sind die Einkommen verteilt.[318] Ausgehend von diesem kurzen Exkurs[319] werden im Folgenden die personellen Verteilungsergebnisse der Teilkomponente Schwarzarbeit vorgestellt.

In Abbildung 5-2 sind die drei Lorenzkurven der beschriebenen Einkommensgröße nach Geschlecht abgebildet. Als Referenzgröße dient das verfügbare Haushaltsnettoeinkommen (NEK), das im vorherigen Kapitel bereits vorgestellt wurde. Darüber hinaus wird die Verteilung des berechneten Einkommens aus Schwarzarbeit (SA) und des resultierenden Gesamteinkommens (NEK+SA) dargestellt. Auf der Abszisse sind die kumulierten geschlechtsspezifischen Bevölkerungsanteile p[320] und auf der Ordinate die kumulierten Einkommensanteile L(p) abgetragen.[321]

---

317 Vgl. Schwarze, Elsas (2013), S. 106.
318 Vgl. Schwarze, Elsas (2013), S. 115f.
319 Die hier aufgeführten allgemeinen Erkenntnisse sind auch für die Auswertung der Verteilungsergebnisse der Teilkomponenten Haushaltsproduktion (vgl. Kapitel 5.2.2) und Ehrenamt (vgl. Kapitel 5.3.2) relevant, werden dort jedoch nicht noch einmal gesondert ausgeführt.
320 Die geschlechtsspezifischen Anteile werden auf Basis des Mikrozensus des Jahres 2010 ermittelt (vgl. Statistisches Bundesamt (2011b), S. 29ff).
321 Die kumulierten (sozioökonomischen) Bevölkerungsanteile werden im Folgenden immer in einer Tabelle rechts neben den Lorenzkurven angegeben.

Abbildung 5-2: Lorenzkurve der Teilkomponente Schwarzarbeit nach Geschlecht

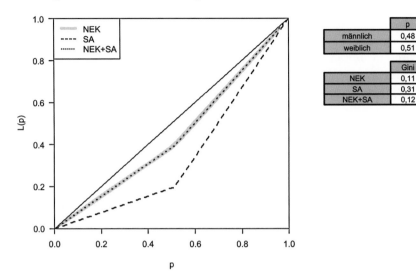

	p
männlich	0,48
weiblich	0,51

	Gini
NEK	0,11
SA	0,31
NEK+SA	0,12

Quelle: Eigene Berechnungen.

Im vorherigen Kapitel wurde gezeigt, dass das durchschnittliche monatliche Nettoeinkommen für Männer und Frauen in Summe 5.572 Euro und das Zusatzeinkommen aus Schwarzarbeit in Summe 131 Euro (vgl. Tabelle 5-4) beträgt. Aus der obigen Darstellung wird ersichtlich, dass das Einkommen aus Schwarzarbeit zwischen Mann und Frau ungleicher verteilt ist als das Haushaltsnettoeinkommen. Auf der einen Seite beziehen 51 Prozent der weiblichen Bevölkerung durchschnittlich 40 Prozent der Summe des Monatseinkommens, auf der anderen Seite jedoch nur 20 Prozent des Einkommens aus Schwarzarbeit. Diese Ungleichverteilung spiegelt sich auch in dem höheren Gini-Koeffizienten[322] von 0,31 für das Einkommen aus Schwarzarbeit wider. In der dritten Lorenzkurve ist die Verteilung der Summe des geschlechtsspezifischen Gesamteinkommens aus dem Nettomonatseinkommen und dem Schwarzarbeitseinkommen abgebildet. Diese Kurve ist nahezu deckungsgleich mit der NEK-Lorenzkurve und entspricht einem Wert für den Gini-Koeffizienten von 0,12. Das Schwarzarbeitseinkommen verteilt sich aufgrund der monetären und zeitlichen Effekte, die im vorherigen Kapitel beschrieben wurden, zu Ungunsten der Frauen noch

---

322 Im Folgenden werden die jeweiligen Gini-Koeffizienten immer in der unteren Tabelle rechts neben den Lorenzkurven dargestellt.

129

ungleicher als das Haushaltsnettoeinkommen. Allerdings hat der geringe absolute Einkommenszuwachs aus Schwarzarbeit im Vergleich zum verfügbaren Nettomonatseinkommen kaum Auswirkungen auf die Verteilung des gesamten Nettoeinkommens (NEK+SA) nach Geschlecht.

Die Auswertung der Wohlstandsergebnisse hat ergeben, dass es in den vier Altersgruppen sowohl absolute als auch relative Unterschiede beim Schwarzarbeitseinkommen gibt. Darauf aufbauend wird in Abbildung 5-3 die Verteilung des Schwarzarbeitseinkommens sowie des verfügbaren Nettoeinkommens in den jeweiligen Altersklassen anhand der Lorenzkurve dargestellt. Die kumulierten Einkommensanteile sind auf der Ordinate abgetragen und die korrespondierenden kumulierten Bevölkerungsanteile der Altersgruppen[323] sind auf der Abszisse dargestellt. Die Reihung der Altersgruppen verschiebt sich jedoch in Abhängigkeit der betrachteten Einkommensarten (vgl. Tabelle 5-5). Beim Haushaltsnettoeinkommen ist das Einkommen der über 65-Jährigen niedriger als in den beiden vorherigen jüngeren Altersklassen, sodass es direkt nach dem Einkommen der 15-29-Jährigen einsortiert wird. Das Schwarzarbeitseinkommen ist in der Gruppe der 45-64-Jährigen am geringsten, gefolgt von den über 65-Jährigen und 15-29-Jährigen.

Abbildung 5-3: Lorenzkurve der Teilkomponente Schwarzarbeit nach Alter

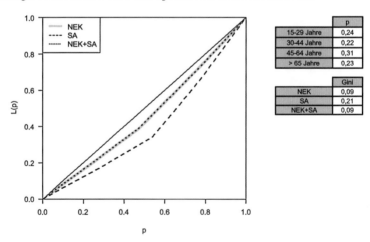

Quelle: Eigene Berechnungen.

---

323 Die altersgruppenspezifischen Anteile werden auf Basis des Mikrozensus des Jahres 2010 ermittelt (vgl. Statistisches Bundesamt (2011b), S. 33ff).

Bei der Verteilung der Einkommenskomponenten nach Altersgruppen zeichnet sich ein ähnliches Bild ab wie bei der geschlechtsspezifischen Einkommensverteilung. Die Schwarzarbeitseinkommen nach Alter sind ungleicher verteilt als die monatlichen Nettoeinkommen. An dieser Stelle muss allerdings auf die unterschiedliche Sortierung der Bevölkerungsanteile hingewiesen werden. Während beim monatlichen Haushaltsnettoeinkommen 24 Prozent der Bevölkerung (15-29-Jährige) ca. 19 Prozent des Einkommens erhalten, verteilen sich bei der Schwarzarbeit ca. 19 Prozent des Einkommens auf 31 Prozent der Bevölkerung (45-64-Jährige). Der Verlauf der beiden Lorenzkurven und die dazugehörigen Gini-Koeffizienten zeigen, dass das monatliche Haushaltsnettoeinkommen mit einem Gini-Koeffizienten von 0,09 auf die altersgruppengewichteten Bevölkerungsanteile nahezu gleich verteilt ist. Das Schwarzarbeitseinkommen ist mit einem Wert für den Gini-Koeffizienten von 0,21 deutlich ungleicher verteilt und unterstreicht die absoluten und relativen monetären Einkommensgrößen, die im Zuge der Wohlstandsergebnisse diskutiert wurden (vgl. Tabelle 5-5). Analog zu den geschlechtsspezifischen Verteilungsergebnissen wird in der dritten Lorenzkurve die Verteilung der Summe der beiden Einkommensarten (NEK+SA) dargestellt. Der Verlauf ist dabei mit dem durchschnittlichen Nettomonatseinkommen ohne Schwarzarbeit nahezu identisch. Die Ungleichverteilung des Schwarzarbeitseinkommens hat keinen Einfluss auf die Verteilungseffekte des zusätzlichen Einkommens im Vergleich zum Monatsnettoeinkommen. Dies ist vor allem auf die relativ geringen Einkommenszuwächse durch die Schwarzarbeit zurückzuführen.

Abschließend wird in der nachfolgenden Graphik die Verteilung der Einkommen in Abhängigkeit der vier verschiedenen Haushaltstypen dargestellt. Die Sortierung der Einkommen (vgl. Tabelle 5-6) und der korrespondierenden haushaltstypspezifischen Bevölkerungsanteile auf der Abszisse entspricht dabei der Reihenfolge in der Tabelle rechts neben der Graphik.[324]

---

324 Die haushaltstypspezifischen Anteile werden auf Basis der EVS ermittelt (vgl. Statistisches Bundesamt (2011c), S. 134).

Abbildung 5-4: Lorenzkurve der Teilkomponente Schwarzarbeit nach Haushaltstyp

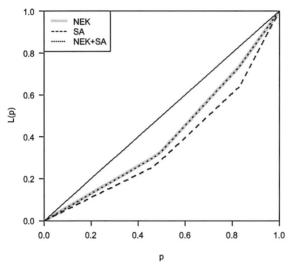

	p
Alleinlebende	0,45
Alleinerziehende	0,04
Zusammenlebende Paare ohne Kinder	0,33
Zusammenlebende Paare mit Kindern	0,17

	Gini
NEK	0,19
SA	0,27
NEK+SA	0,19

Quelle: Eigene Berechnungen.

Der Vergleich der Lorenzkurven zeigt wie bereits in den beiden vorherigen Fällen, dass die haushaltstypspezifischen Schwarzarbeitseinkommen ungleicher verteilt sind als die durchschnittlichen Nettomonatseinkommen. Ausgehend von den Werten der Lorenzkurven beziehen ca. 83 Prozent der hier abgebildeten Bevölkerung, d.h. alle Haushaltstypen außer den zusammenlebenden Paaren mit Kindern, ca. 64 Prozent des Schwarzarbeitseinkommens. Im Gegensatz dazu werden ca. 73 Prozent des Nettomonatseinkommens auf diese drei Haushaltstypen verteilt. Die ungleichmäßigere Verteilung spiegelt sich im höheren Gini-Koeffizienten (0,27) für die Schwarzarbeit wider. Ergänzend zu den beiden einzelnen Einkommensgrößen nach Haushaltstypen wird die Verteilung der daraus resultierenden Summe durch die dritte Lorenzkurve (NEK+SA) dargestellt. Es wird deutlich, dass diese identisch zur NEK-Lorenzkurve verläuft und ebenfalls einen Gini-Koeffizienten von 0,19 aufweist. Die Berücksichtigung der Schwarzarbeit hat somit keinen signifikanten Einfluss auf die Einkommensverteilung nach Haushaltstypen.

Die bisherigen Erkenntnisse können wie folgt zusammengefasst werden: Die Nettomonatseinkommen nach Altersjahren weisen im Vergleich zu den anderen beiden sozioökonomischen Gruppen mit 0,01 den geringsten Gini-Koeffizienten auf und sind somit am gleichmäßigsten verteilt. Des Weiteren konnte gezeigt werden, dass die Schwarzarbeitseinkommen in allen drei Fällen ungleicher verteilt sind als die entsprechenden Nettomonatseinkommen. Der höchste Gini-Koeffizient (0,31) wird bei der geschlechtsspezifischen Verteilung des Schwarzarbeitseinkommens erreicht, d.h. das Geschlecht hat den stärksten Einfluss auf die Entstehung und (zeitliche und monetäre) Verteilung der Schwarzarbeit. Die absoluten und relativen modellinduzierten Einkommenszuwächse wurden in Kapitel 5.1.1 beschrieben. Ausgehend davon wurde die neue Einkommensgröße NEK+SA für die jeweiligen sozioökonomischen Ausprägungen ermittelt, die eine Bewertung der Auswirkungen der Schwarzarbeit auf die Nettoeinkommenssituation ermöglicht. Die resultierenden Lorenzkurven verdeutlichen, dass die zusätzlichen Einkommen aus Schwarzarbeit keine signifikanten Veränderungen der Verteilungsstrukturen zur Folge haben.

5.2 Auswertung der Teilkomponente Haushaltsproduktion

Die empirische Ergebnisauswertung der Teilkomponente Haushaltsproduktion erfolgt ebenfalls unter wohlstands- und verteilungsrelevanten Gesichtspunkten. Eine direkte Entlohnung dieser Tätigkeiten ist in Deutschland aktuell nicht vorhanden. Daher bildet das zusätzlich generierbare Einkommen durch die Haushaltsproduktion – im Gegensatz zur Schwarzarbeit – eine fiktive Größe bzw. kann zum Teil auch als eingesparte Opportunitätskosten verstanden werden, da die Tätigkeiten von den Haushaltsmitgliedern direkt und nicht von Dritten ausgeführt werden. Basierend auf der theoretischen Umsetzung werden sowohl die zeitlichen als auch die monetären Effekte und deren Einflüsse auf die materielle Wohlstandssituation ausgewertet. Dabei werden maßgeblich die aggregierten Ergebnisse der Teilkomponente Haushaltsproduktion vorgestellt, die an manchen Stellen jedoch um die Ergebnisse der einzelnen relevanten Tätigkeiten ergänzt werden. Das bedeutet, dass sich die Haushaltsproduktion aus folgenden relevanten Tätigkeiten zusammensetzt: Zubereitung von Mahlzeiten; Bauen und handwerkliche Tätigkeiten; Instandhaltung und Reinigung der Wohnung; Gartenarbeit, Pflanzen- und Tierpflege; Planung und Organisation; Einkaufen und Besorgungen; Kinderbetreuung; sonstige Betreuungen. In diesem Zusammenhang werden im ersten Analysestrang die zeitlichen und monetären Interdependenzen zwischen der Haushaltsproduktion und den sozioökonomischen Merkmalen Geschlecht, Alter und Haushaltstyp diskutiert. Anschließend können im zweiten Analysestrang mögliche Verteilungswirkungen der zusätzlichen Einkommenskomponenten im Vergleich zu dem verfügbaren Einkommen analysiert werden.

5.2.1 Wohlstandsergebnisse

Die Teilkomponente Haushaltsproduktion beinhaltet eine zeitliche und eine monetäre Dimension und wird über das in Kapitel 4.2 vorgestellte 3-Stufen-Schema modelliert. Dies bedeutet, dass nach der Bestimmung der relevanten Tätigkeiten aus der Zeitbudgeterhebung der zeitliche Umfang dieser Tätigkeiten bestimmt wurde und dieser anschließend auf Basis des Spezialistenansatzes mit einem Nettolohn bewertet wurde (vgl. Tabelle 4-14). Bei der Teilkomponente Haushaltsproduktion fanden dabei Tätigkeiten im Bereich der Haushaltsführung sowie Pflege und Betreuung aus der Zeitbudgeterhebung Berücksichtigung. In Abhängigkeit der verschiedenen Berechnungsvarianten werden im Folgenden die entsprechenden Ergebnisse für das Jahr 2010 vorgestellt.

Die identifizierten Tätigkeiten der Haushaltsproduktion umfassen für die betrachtete Bevölkerung ab 15 Jahren ein jährliches Zeitvolumen von ca. 76 Milliarden Stunden. Im Jahr 2010 kann somit für die – im Rahmen dieser Arbeit modellierten – Haushaltsproduktion ein 19-mal höherer Zeitaufwand als für die Schwarzarbeit (4 Milliarden Stunden) konstatiert werden. Ein Vergleich mit den Ergebnissen der Studie des BMFSFJ auf Basis der Zeitbudgeterhebung zeigt, dass deren Jahresvolumen „unbezahlter Arbeit" 96 Milliarden Stunden und das Jahresvolumen „bezahlter Arbeit" 56 Milliarden Stunden für das Jahr 2001 beträgt.[325] Das IAB weist für das Jahr 2001 ein Jahresarbeitsvolumen der Erwerbstätigen von 57,4 Milliarden Stunden und für das Jahr 2010 ein Arbeitszeitvolumen von 57,1 Milliarden Stunden aus.[326] Dies kann als Jahresvolumen von bezahlter Arbeit interpretiert werden und verdeutlicht, dass es im Jahresvergleich kaum zu Veränderungen im durchschnittlichen Arbeitsvolumen gekommen ist. Die unterschiedlichen Abgrenzungen der relevanten Tätigkeiten für „Haushaltsproduktion" im Sinne der vorliegenden Arbeit und „unbezahlter Arbeit" der BMFSFJ-Studie sowie die unterschiedlichen Bevölkerungsstände in den beiden Bezugsjahren sind für die Ergebnisdifferenzen mitverantwortlich. Dennoch wird deutlich, dass die geleisteten Stunden im Bereich der Haushaltsproduktion – auch im Vergleich zur regulären Erwerbsarbeit oder zur Schwarzarbeit – einen sehr hohen Stellenwert einnehmen. Folgender Vergleich unterstreicht die Größenverhältnisse zwischen Erwerbsarbeit und Haushaltsproduktion: Pro Jahr stehen 8.760 Stunden, wovon im Jahr 2010 durchschnittlich ca. 1.400 Stunden bzw. ca. 16 Prozent der zur Verfügung stehenden Zeit für reguläre Erwerbsarbeit

---

325 Vgl. BMFSFJ (2003), S. 11.
326 Vgl. Brücker et al. (2012).

aufgebracht wurden.[327] Darüber hinaus werden im Jahresschnitt ca. 1.018 Stunden mit Tätigkeiten in der Haushaltsproduktion verbracht; was ca. 12 Prozent der verfügbaren Zeit entspricht. Damit bekräftigt bereits das zeitliche Ausmaß der Haushaltsproduktion, dass der materielle Wohlstand der privaten Haushalte unterschätzt wird, da dieser bisher nur die Einkommen der marktlichen Tätigkeiten berücksichtigt.

Der zeitliche Umfang der Haushaltsproduktion wird von verschiedenen sozioökonomischen Faktoren beeinflusst und determiniert. In den nachfolgenden Tabellen sind die – in Kapitel 4.4 – modellierten Stunden der Haushaltsproduktion pro Tag, Woche und Jahr nach Geschlecht, Alter und Haushaltstyp dargestellt. Es zeigt sich, dass im Jahr 2010 im Schnitt täglich ca. 2,80 Stunden pro Person im Bereich der Haushaltsproduktion geleistet wurden. Der geschlechtsspezifische Zeiteinsatz liegt bei Frauen mit ca. 3,60 Stunden pro Tag deutlich über dem Wert der Männer mit täglich ca. 1,95 Stunden. Die Extrapolation auf durchschnittliche Jahreswerte ergibt für Frauen 1.315 Stunden und für Männer 710 Stunden. Somit verbringen Frauen durchschnittlich ca. 1,9-mal mehr Zeit mit Haushaltsproduktion als Männer.

Tabelle 5-7: Durchschnittlicher zeitlicher Umfang der Haushaltsproduktion insgesamt und nach Geschlecht im Jahr 2010

		männlich	weiblich	gesamt
Haushaltsproduktion in Stunden pro Person	pro Tag	1,95	3,60	2,80
	pro Woche	14,80	27,40	21,21
	pro Jahr	710	1.315	1.018

Quelle: Eigene Berechnungen.

Neben den unterschiedlichen Zeitaufkommen zeigen sich auch Unterschiede bei den relevanten Tätigkeiten.[328] Während bei Frauen die als durchaus klassisch zu bezeichnenden Haushaltstätigkeiten „Zubereitung von Mahlzeiten", „Kinderbetreuung" und „Instandhaltung und Reinigung der Wohnung" nahezu drei Viertel des täglichen Zeitpensums veranschlagen, sind es bei Männern nur etwa die Hälfte. Einzig bei „Bauen und handwerkliche Tätigkeiten" überwiegt die Zeit der Männer in der Haushaltsproduktion (ca. 12 Minuten pro Tag) die der Frauen, die durchschnittlich ca. 3 Minuten pro Tag für diese Tätigkeiten aufwenden.

---

327 Vgl. IAB (2013).
328 Die relevanten Tätigkeiten im Bereich der Haushaltsproduktion sind in Tabelle 4-13 dargestellt.

Diese Arbeitsaufteilung bzw. die geschlechtsspezifischen Unterschiede bei den Schwerpunkten in diesen Tätigkeiten machen deutlich, dass Hausarbeit immer noch „Frauensachen" ist und damit das klassische „Male Breadwinner Modell" schwer aufzubrechen scheint.[329] Die geschlechtsspezifischen Ergebnisse dieser Arbeit unterstreichen damit auch die Geschlechterrollen, die sich beim Vergleich der durchschnittlichen regulären Arbeitszeit ergeben. Während im Jahr 2010 die durchschnittliche Wochenarbeitszeit von Erwerbstätigen (in Voll- und Teilzeit) bei Männern bei ca. 36,70 Stunden betrug, lag sie bei Frauen durchschnittlich nur bei ca. 27,30 Stunden.[330] Die durchschnittliche reguläre Arbeitszeit der Männer übersteigt die der Frauen um ca. das 1,35-fache. Die Haushaltsproduktion nimmt bei Frauen somit in etwa den gleichen Stellenwert ein wie die reguläre Erwerbsarbeit. Der Zeitaufwand für Tätigkeiten in der Haushaltsproduktion umfasst bei Männern dagegen weniger als die Hälfte (ca. 40 Prozent) der Zeit für reguläre Erwerbsarbeit. Darüber hinaus macht dieser Vergleich deutlich, dass die durchschnittlich geleistete Arbeitszeit der Frauen in Form von Haushaltsproduktion und Erwerbsarbeit im Wochendurchschnitt um ca. 3 Stunden höher liegt als bei den Männern. Die oben beschriebenen Aufgabenverteilungen zwischen Männern und Frauen im Haushalt können auch in anderen empirischen Befunden konstatiert werden. So zeigt sich beispielsweise in den Ausarbeitungen von Sojka auf Basis des SOEP, dass Frauen mehr Zeit für Hausarbeit, Kinderbetreuung bzw. generell für die Pflege von Familienangehörigen aufwenden als Männer. Zudem ergibt sich bei Frauen folgende Korrelation zwischen dem Arbeitsvolumen der regulären Erwerbsarbeit und den aufgebrachten Stunden für Hausarbeit: Übersteigt die wöchentliche Arbeitszeit 35 Stunden, reduzieren sich die geleisteten Stunden für die Hausarbeit deutlich. Für Männer kann ein solcher Zusammenhang nicht bestätigt werden, da der Zeitaufwand im Vergleich zu Frauen generell niedriger ist.[331]

Die aufgewandte Zeit im Bereich der Haushaltsproduktion kann nicht nur zwischen den Geschlechtern unterschiedlich ausgeprägt sein, sondern auch von den Altersgruppen abhängen. In dieser Variante wird ebenfalls der Zeiteinsatz der acht relevanten Tätigkeiten ermittelt und anschließend zum aggregierten zeitlichen Umfang der Haushaltsproduktion zusammengefasst. Die Ergebnisse in Abhängigkeit der vier Altersklassen sind in Tabelle 5-8 zusammengefasst.

---

329 Vgl. u.a. Notz (2008); Bundestag (2012); Heimeshoff, Schwenken (2013).
330 Vgl. Statistisches Bundesamt (2013g), S. 120f.
331 Vgl. Sojka (2012), S. 639ff.

In den Altersklassen ist eine durchschnittliche Wochenarbeitszeit für Haushaltsproduktion von ca. 19,30 Stunden bei den 15-29-Jährigen und ca. 28,34 Stunden bei den über 65-Jährigen zu konstatieren.

Tabelle 5-8: *Durchschnittlicher zeitlicher Umfang der Haushaltsproduktion nach Altersgruppen im Jahr 2010*

	Haushaltsproduktion in Stunden		
	pro Tag	pro Woche	pro Jahr
15–29 Jahre	2,54	19,30	926
30–44 Jahre	3,17	24,13	1.158
45–64 Jahre	3,13	23,80	1.142
> 65 Jahre	3,73	28,34	1.360

Quelle: Eigene Berechnungen.

Auffällig ist, dass in den beiden mittleren Altersklassen für die aggregierten Tätigkeiten kaum zeitliche Unterschiede festzustellen sind. Allerdings zeigen sich bei einer differenzierteren Betrachtung der relevanten Tätigkeiten größere Abweichungen zwischen den Altersklassen. Hierbei sind vor allem die „Kinderbetreuung" und die „Zubereitung von Mahlzeiten" zu nennen. Bei den 30-44-Jährigen dominiert mit durchschnittlich ca. 40 Minuten pro Tag die Zeit für „Kinderbetreuung" im Gegensatz zu den 45-64-Jährigen, die täglich ca. vier Minuten dafür aufwenden. Im zweiten Beispiel verbringen die 44-64-Jährigen durchschnittlich ca. 52 Minuten täglich mit der „Zubereitung von Mahlzeiten", während es in der jüngeren Altersklasse ca. 43 Minuten täglich sind (vgl. Tabelle 4-15). Über alle Altersklassen hinweg wird die meiste Zeit für Haushaltsproduktion für die Instandhaltung und Reinigung der Wohnung aufgebracht und dieser Zeiteinsatz nimmt mit steigendem Alter zu. Konkret bedeutet dies, dass die jüngste Altersgruppe durchschnittlich ca. 44 Minuten mit Putzen oder ähnlichen Arbeiten in der Wohnung beschäftigt ist, während es in der ältesten Gruppe über 75 Minuten pro Tag sein können. Die Tätigkeiten im Haushalt müssen oftmals neben der regulären Erwerbsarbeit erbracht werden, die in Abhängigkeit der Altersgruppen unterschiedlich stark ausgeprägt ist. In der Haupterwerbsphase der 30-55-Jährigen werden oftmals Erwerbsquoten von über 80 Prozent der jeweiligen Alterskohorte erreicht.[332] Dabei kann auch davon ausgegangen werden, dass die damit verbundene Arbeitszeit in diesen Altersgruppen höher ausfällt. Zudem zeichnen sich in

---

332 Vgl. Statistisches Bundesamt (2013g), S. 128.

den beiden hier dargestellten mittleren Altersklassen, die nahezu deckungsgleich mit der Haupterwerbsphase sind, relative hohe Arbeitszeiten für die Haushaltsproduktion ab. Damit scheinen hohe Erwerbsquoten bzw. die Haupterwerbsphase kein Grund dafür zu sein, weniger Zeit für Haushaltsproduktion aufzuwenden. Auf der anderen Seite sind zu Beginn des Erwerbslebens und in der Ruhestandsphase ungleich niedrigere bzw. höhere Zeiteinsätze für die Haushaltsproduktion zu beobachten. In der Gruppe der über 65-Jährigen entspricht der wöchentliche Zeitaufwand nahezu dem Umfang einer regulären Vollzeitbeschäftigung. Dies kann unter anderem auf die in der Ruhestandsphase mehr zur Verfügung stehende Zeit, aber auch auf mögliche zeitliche Kompensationen beim Übergang von der Erwerbs- in die Ruhestandsphase zurückzuführen sein. In der jüngsten Altersgruppe wird am wenigsten Zeit für Haushaltsproduktion im Allgemeinen und für die „Zubereitung von Mahlzeiten" im Speziellen aufgewandt. Ähnliche Erkenntnisse lassen sich auch in anderen Studien feststellen. So überlassen beispielsweise ca. 72 Prozent der Männer im Alter von 20 bis 25 Jahren viele Hausarbeiten, vor allem das Kochen bzw. die Ernährungsversorgung, vollständig den weiblichen Familienmitgliedern wie der Mutter, Großmutter oder Partnerin.[333] Trotz der zeitlichen Unterschiede bleibt festzuhalten, dass in den einzelnen Altersklassen die Haushaltsproduktion einen beträchtlichen Anteil der verfügbaren Zeit in Anspruch nimmt.

Abschließend ist in Tabelle 5-9 die durchschnittlich aufgebrachte Zeit für die Haushaltsproduktion in den vier Haushaltstypen zusammengefasst. Der Gesamtumfang setzt sich hierbei – analog zu den geschlechts- und altersgruppenspezifischen Ergebnissen – wieder aus den zeitlichen Angaben der acht relevanten Tätigkeiten zusammen.

Tabelle 5-9: Durchschnittlicher zeitlicher Umfang der Haushaltsproduktion nach Haushaltstypen im Jahr 2010

	Haushaltsproduktion in Stunden		
	pro Tag	pro Woche	pro Jahr
Alleinlebende	2,75	20,90	1.003
zusammenlebende Paare ohne Kinder	3,23	24,55	1.178
Alleinerziehende	4,08	31,04	1.490
zusammenlebende Paare mit Kindern	3,58	27,23	1.307

Quelle: Eigene Berechnungen.

---

333   Vgl. Meier-Gräwe (2010), S. 246.

Die mögliche Zeitspanne nach Haushaltstypen erstreckt sich von ca. 21 Stunden pro Woche bei Alleinlebenden bis ca. 31 Stunden pro Woche bei Alleinerziehenden. Der Zeiteinsatz bei Paaren mit und ohne Kinder unterscheidet sich mit einer Differenz von drei Stunden in der Woche nicht so stark im Vergleich zu den anderen Haushaltstypen. Allerdings sind bei den acht Tätigkeiten, die zur Haushaltsproduktion gehören, zum Teil Unterschiede hinsichtlich des zeitlichen Ausmaßes zwischen den Haushaltstypen zu erkennen. Über alle Haushaltsformen hinweg nimmt die „Zubereitung von Mahlzeiten" sowie die „Instandhaltung und Reinigung der Wohnung" die meiste Zeit in Anspruch. Während Alleinerziehende pro Tag durchschnittlich ca. eine Stunde mit Kochen beschäftigt sind, nimmt diese Tätigkeit bei Alleinlebenden lediglich ca. 48 Minuten ihrer Zeit in Anspruch und damit in etwas so viel wie in Paarhaushalten mit Kindern. Paare ohne Kinder verbringen durchschnittlich ca. 56 Minuten pro Tag mit der Zubereitung von Mahlzeiten und damit mehr als Paare mit Kindern. Bei der zweiten zeitintensiven Tätigkeit, der Instandhaltung und Reinigung der Wohnung, sind ähnliche Tendenzen – sowohl im zeitlichen Ausmaß als auch der zeitlichen Verteilung – zwischen den vier Haushaltstypen zu erkennen. Die zeitlichen Unterschiede können zum Teil auf Synergieeffekte bzw. Arbeitsteilungen in den jeweiligen Haushaltstypen, aber auch auf unterschiedliche Präferenzen zurückgeführt werden. Darüber hinaus zeichnen sich – erwartungsgemäß – Abweichungen bei den aufgebrachten Zeiten der „Kinderbetreuung" ab. In Paarhaushalten mit Kindern, aber auch bei Alleinerziehenden, wird hierfür ein durchschnittlicher Zeiteinsatz von ca. 45 Minuten täglich aufgewandt. Ähnlich wie bei den geschlechts- und altersspezifischen Ergebnissen können diese Werte mit möglichen Erwerbssituationen in den Haushalten gespiegelt werden. In den vergangenen Jahren hat zwar die Zahl der Paarhaushalte mit Kindern, in denen beide erwerbstätig sind, zugenommen, dennoch bleibt das traditionelle Ernährermodell die häufigste Erwerbskonstellation in diesen Haushalten.[334] Zudem gehen immer mehr Frauen einer sozialversicherungspflichtigen Beschäftigung nach, wenngleich mit weniger Stunden bzw. eher in Teilzeit als Männer.[335] Somit kann angenommen werden, dass der Großteil der Arbeiten der Haushaltsproduktion in den Haushalten von Frauen erbracht wird. In Auswertungen des SOEP lassen sich ähnliche Befunde ableiten. Ergänzend zu den hier dargestellten Ergebnissen wird deutlich, dass der Zeiteinsatz von Frauen für die Hausarbeit und Kinderpflege deutlich zurückgehen, wenn das wöchentliche Arbeitszeitvolumen

---

334 Vgl. Ebert, Fuchs (2012), S. 574.
335 Vgl. u.a. Kümmerling et al. (2008), WSI GenderDatenPortal.

der Frauen über 35 Stunden steigt. Bei den Männern hat die Erwerbskonstellation im Haushalt bzw. die Höhe der regulären Arbeitszeit keinen signifikanten Einfluss auf die Beteiligung an der Hausarbeit, da diese generell niedriger ist.[336] Sofern es sich um Haushalte mit Kindern handelt, bestehen zudem geschlechtsspezifische Ungleichheiten bezüglich der Kinderbetreuung und der Hausarbeit, die auf einen höheren Arbeitseinsatz der Frauen zurückzuführen sind.[337] Diese Erkenntnisse stützen auch die Ergebnisse der vorliegenden Arbeit.

Ausgehend von der zeitlichen Dimension der Teilkomponente Haushaltsproduktion werden im Folgenden die modellinduzierten monetären Effekte beschrieben. Im Gegensatz zum Einkommen aus Schwarzarbeit muss das mögliche generierbare Einkommen aus der Haushaltsproduktion als hypothetisch angesehen werden. Für die geleisteten Tätigkeiten ist aktuell kein entsprechender Markt vorhanden, über den diese umfassend entlohnt werden könnten. Daher können die folgenden Ergebnisse als mögliche Einkommenszuwächse, aber auch als eingesparte Opportunitätskosten angesehen werden, da die Tätigkeiten direkt von den Haushaltsmitgliedern und nicht von einer bezahlten Haushaltshilfe erbracht werden. Die obigen Ausführungen haben zudem gezeigt, dass das Zeitvolumen im Bereich der Haushaltsproduktion (76 Milliarden Stunden) das gesamte Zeitvolumen der regulären Erwerbstätigkeit (57 Milliarden Stunden) im Jahr 2010 übersteigt. Zudem setzt sich das Volkseinkommen in Deutschland zu über zwei Dritteln aus Arbeitnehmerentgelten zusammen. Damit wird deutlich, dass die geleistete Arbeit im Bereich der Haushaltsproduktion einen entscheidenden Einfluss auf die Zusammensetzung und Höhe des Volkseinkommens und damit den materiellen Wohlstand haben könnte. Basierend auf der Modellstruktur ergibt sich durch die Teilkomponente Haushaltsproduktion im Jahr 2010 ein zusätzliches Einkommen in Höhe von 688 Milliarden Euro. Im gleichen Jahr betrug das verfügbare Einkommen der privaten Haushalte nach dem Ausgabenkonzept 1.580 Milliarden Euro.[338] Die Monetarisierung der Haushaltsproduktion könnte im Jahr 2010 einen Anstieg des verfügbaren Einkommens um ca. 44 Prozent zur Folge haben. Die Ausübung der Tätigkeiten erfolgt auf Haushaltsebene, daher wird im weiteren Verlauf von der gesamtwirtschaftlichen Ebene abstrahiert.

Die monetären Effekte der Haushaltsproduktion werden in Abhängigkeit der sozioökonomischen Merkmale Geschlecht, Alter und Haushaltstyp diskutiert. Als Referenzgröße wird – analog zu den Ausführungen bei der Schwarzarbeit – auf die entsprechenden monatlich verfügbaren Nettoeinkommen zurückgegriffen.

---

336 Vgl. Sojka (2012), S. 639.
337 Vgl. Sojka (2012), S. 657.
338 Vgl. Statistisches Bundesamt (2013c), S. 12.

Die Tätigkeiten der Haushaltsproduktion werden über den Spezialistenansatz mit Nettostundenlöhnen bewertet. In der Basisvariante beträgt dieser 10,20 Euro, sodass ein durchschnittliches monatliches Einkommen in Höhe von ca. 765 Euro im Jahr 2010 resultiert.[339] Würde die Haushaltsproduktion entsprechend dieser Vorgaben entlohnt werden, könnte das verfügbare Nettoeinkommen somit um ca. 26 Prozent gesteigert werden. In Tabelle 5-10 sind die geschlechtsspezifischen verfügbaren Nettomonatseinkommen, das abgeleitete Einkommen der Haushaltsproduktion sowie der relative Einkommenszuwachs, der damit realisiert werden könnte, dargestellt.

Tabelle 5-10: Verfügbares Nettomonatseinkommen und monatliches Einkommen durch die Haushaltsproduktion nach Geschlecht im Jahr 2010

	verfügbares Nettomonatseinkommen	monatliches Einkommen Haushaltsproduktion	Anteil Haushaltsproduktion
	in Euro		in Prozent
gesamt	2.922	765	26,3
männlich	3.426	598	17,5
weiblich	2.146	907	42,3

Quelle: Eigene Berechnungen; Statistisches Bundesamt (2012b, c), S. 32.

Der ca. 1,9-fach höhere Zeiteinsatz der Frauen bei der Haushaltsproduktion unterstreicht die geschlechtsspezifischen Unterschiede und spiegelt sich zum Teil auch im Nettoeinkommen wider. Im Jahr 2010 entspricht die geleistete Arbeit der Frauen im Bereich der Haushaltsproduktion einem durchschnittlichen Monatseinkommen in Höhe von ca. 907 Euro bzw. 42,3 Prozent des realisierten Nettomonatseinkommens. Im Gegensatz dazu könnte das Einkommen der Männer um ca. 598 Euro bzw. 17,5 Prozent gesteigert werden. Damit übersteigt der Wert der Frauen das mögliche Einkommen der Männer um das ca. 1,5-fache. Die geringeren Einkommensdifferenzen im Vergleich zum zeitlichen Umfang sind auf die geschlechtsspezifischen Nettostundenlöhne zurückzuführen. Während die Tätigkeiten der Frauen mit durchschnittlich 9,40 Euro pro Stunde bewertet werden, sind es bei den Männern durchschnittlich 10,90 Euro. Der dominierende Zeiteffekt der Frauen wird somit durch den dominierenden Lohneffekt der Männer zum Teil kompensiert.

---

339   Im Anhang befindet sich in Tabelle 0-2 eine Auflistung der entsprechenden Nettostundenlöhne nach Geschlecht.

Neben der monetären Bewertung der Haushaltsproduktion nach Geschlecht werden nun die Ergebnisse nach Altersgruppen und Haushaltstypen differenziert dargestellt. Analog zu den Wohlstandsergebnissen der Schwarzarbeit sind in Tabelle 5-11 und Tabelle 5-12 die verfügbaren Nettomonatseinkommen in den vier Altersklassen und Haushaltstypen aus dem Jahr 2010 sowie die modellbestimmten monatlichen Einkommen aus der Haushaltsproduktion einander gegenübergestellt. Zudem wird in der letzten Spalte der Anteil dieses zusätzlichen Einkommensbausteins am jeweiligen verfügbaren Nettoeinkommen ausgewiesen. Die monetäre Bewertung der Tätigkeiten erfolgt – analog zur Basisvariante – in Altersklassen (vgl. Tabelle 4-14).

Tabelle 5-11: Verfügbares Nettomonatseinkommen und monatliches Einkommen durch die Haushaltsproduktion nach Altersgruppen im Jahr 2010

	verfügbares Nettomonatseinkommen	monatliches Einkommen Haushaltsproduktion	Anteil Haushaltsproduktion
	in Euro		in Prozent
15–29 Jahre	2.308	714	30,9
30–44 Jahre	3.403	924	27,2
45–64 Jahre	3.211	833	25,9
> 65 Jahre	2.385	974	40,8

Quelle: Eigene Berechnungen, Statistisches Bundesamt (2012c), S. 32.

Der mögliche Zuverdienst durch Entlohnung der Haushaltsproduktion kann sich in Abhängigkeit der Altersklasse im Jahr 2010 auf bis zu 974 Euro pro Monat belaufen. In der Gruppe der über 65-Jährigen sind somit sowohl absolut als auch relativ mit 40,8 Prozent die größten Einkommenszuwächse möglich. Die 15-29-Jährigen investieren im Vergleich zu den anderen Altersklassen am wenigsten Zeit in die Haushaltsproduktion und können daher mit ca. 714 Euro auch den geringsten Beitrag erwirtschaften. Allerdings würde die Entlohnung dieser Tätigkeiten ihr monatlich verfügbares Einkommen nahezu um ein Drittel erhöhen. Der gesamte zeitliche Umfang für die Haushaltsproduktion unterscheidet sich zwischen den beiden mittleren Altersklassen kaum. Die unterschiedlichen Tätigkeitsschwerpunkte, respektive die aufgewandte Zeit dafür, wirken sich jedoch auf das generierbare Einkommen aus. So zeichnet sich bei den 30-44-Jährigen ein zusätzliches Einkommen von ca. 924 Euro ab, das relativ gesehen 27,2 Prozent des Nettomonatseinkommens entspricht. Dagegen kann die Gruppe der 45-64-Jährigen monatlich ca. 833 Euro bzw. 25,9 Prozent hinzuverdienen. Die Einkommensunterschiede zwischen den Altersklassen könnten sich durch die Berücksichtigung der Haushaltsproduktion zum Teil sowohl absolut als auch relativ verringern.

Nachfolgend sind die modellabhängigen Wohlstandsergebnisse der Haushaltsproduktion für die vier Haushaltstypen dargestellt. Wie in Kapitel 4.4.2 gezeigt, werden bei der monetären Bewertung die berechneten Gewichtungsfaktoren je Haushaltstyp berücksichtigt, womit annahmegemäß die vorherrschende Einkommensstruktur bei der Entlohnung der Tätigkeiten berücksichtigt wird.

Tabelle 5-12: Verfügbares Nettomonatseinkommen und monatliches Einkommen durch die Haushaltsproduktion nach Haushaltstyp im Jahr 2010

	verfügbares Nettomonatseinkommen	monatliches Einkommen Haushaltsproduktion	Anteil Haushaltsproduktion
	in Euro		in Prozent
Alleinlebende	1.784	462	25,9
zusammenlebende Paare ohne Kinder	3.368	1.031	30,6
Alleinerziehende	2.202	865	39,3
zusammenlebende Paare mit Kindern	4.280	1.663	38,9

Quelle: Eigene Berechnungen, Statistisches Bundesamt (2012c), S. 32.

Die möglichen Einkommenszuwächse verteilen sich absolut gesehen gemäß der monatlichen Nettoeinkommensstruktur. Das geringste Einkommen durch Haushaltsproduktion wird somit von Alleinlebenden mit durchschnittlich ca. 462 Euro monatlich erwirtschaftet. Am anderen Einkommensende befinden sich mit einem zusätzlichen Monatseinkommen von ca. 1.663 Euro zusammenlebende Paare mit Kindern. Der Vergleich mit den ermittelten Zeiteffekten macht deutlich, dass sich die relativen Einkommenszuwächse direkt in der aufgewendeten Zeit widerspiegeln. Dies bedeutet, dass bei Alleinerziehenden nicht nur die meiste Zeit für Tätigkeiten in der Haushaltsproduktion anfällt, sie könnten dadurch auch ihr verfügbares Monatseinkommen um über 39 Prozent steigern. Im Gegensatz dazu wird bei zusammenlebenden Paaren ohne Kinder durch geringeren Zeitaufwand zwar ein höheres absolutes Einkommen (ca. 1.031 Euro), jedoch mit 30,6 Prozent ein geringeres relatives Einkommen generiert. Die induzierten Verschiebungen in den Einkommenszuwächsen sind zum einen auf die verschiedenen (zeitlichen) Tätigkeitsschwerpunkte in den Haushaltstypen, zum anderen auf haushaltstypspezifisch gewichtete Lohnsätze zurückzuführen. Die vorherrschenden absoluten Einkommensdifferenzen der einzelnen Haushalte untereinander vergrößern sich durch die Berücksichtigung der Haushaltsproduktion. Der hohe zeitliche Einsatz der Alleinerziehenden würde somit auf der einen Seite zwar den Einkommensunterschied zu den Alleinlebenden vergrößern, auf der anderen Seite wird der zeitliche Vorsprung zu Haushalten mit Kindern durch die höheren Zuverdienstmöglichkeiten dieser Gruppe zum Teil kompensiert.

Zusammenfassend kann konstatiert werden, dass die privaten Haushalte im Jahr 2010 ihr monatlich verfügbares Einkommen durch die Haushaltsproduktion durchschnittlich um 26,3 Prozent erhöhen könnten. Der ermittelte Zeitvorteil der Frauen gegenüber den Männern wird zum Teil durch die bestehenden geschlechtsabhängigen Lohnunterschiede eliminiert, sodass der mögliche Einkommensvorsprung reduziert wird. Die altersgruppenspezifische Betrachtung zeigt zudem, dass die meiste Zeit für Aktivitäten der Haushaltsproduktion, und damit auch der größte Zuverdienst, bei den über 65-Jährigen zu beobachten ist. Im Haushaltskontext ist die Verteilung der aufgebrachten Zeit von Synergieeffekten bei der Arbeitsteilung geprägt. So ist der Zeitaufwand für einige Aufgaben im Haushalt, wie beispielsweise „Einkaufen und Besorgungen", nicht direkt von der Anzahl der Haushaltsmitglieder abhängig. Der mögliche relative Zuverdienst ist bei Alleinerziehenden mit nahezu 40 Prozent des Monatseinkommens besonders hoch. Dadurch können jedoch die Einkommensunterschiede zu den Haushalten mit höherem Einkommen nicht reduziert werden – vielmehr ist das Gegenteil der Fall. Die Auswirkungen des zusätzlichen Einkommens auf die Einkommensverteilung zwischen den einzelnen sozioökonomischen Gruppen werden im nächsten Abschnitt näher ausgeführt.

5.2.2 Verteilungsergebnisse

Nachdem im vorherigen Kapitel die wohlstandsrelevanten Auswirkungen der Teilkomponente Haushaltsproduktion durch die zeitlichen und monetären Einflüsse der sozioökonomischen Merkmale beschrieben wurden, werden nachfolgend die verteilungsrelevanten Ergebnisse ausgewertet. Es werden die Verteilungseffekte des zusätzlichen Einkommens durch die Haushaltsproduktion (HP) im Vergleich zum verfügbaren Nettoeinkommen (NEK) sowie die Auswirkungen des zusätzlichen Einkommens auf das daraus resultierende Gesamteinkommen (NEK+HP) analysiert. Wie bereits bei der Auswertung der Schwarzarbeit werden auch hier die personellen Einkommensverteilungen in Abhängigkeit von Geschlecht, Alter und Haushaltstyp anhand der jeweiligen

Lorenzkurve und dem damit verbundenen Gini-Koeffizienten dargestellt. Die verfügbaren Nettomonatseinkommen der drei sozioökonomischen Merkmale werden – analog zur Schwarzarbeit – als Vergleichsgröße herangezogen.

In Abbildung 5-5 sind die Lorenzkurven der drei beschriebenen Einkommensgrößen (NEK, HP und NEK+HP), die geschlechtsspezifischen Bevölkerungsanteile sowie die daraus resultierenden drei Gini-Koeffizienten dargestellt. Die Abszisse teilt sich in die beiden Bevölkerungsanteile auf, allerdings unterscheiden sich die Abschnitte in Abhängigkeit der Einkommensgrößen. Bei den beiden Nettomonatseinkommen werden zuerst die Einkommen der Frauen abgetragen, d.h. die Einkommen sind zu Ungunsten der Frauen verteilt. Für das Einkommen der Haushaltsproduktion liegt jedoch der umgekehrte Fall vor – das Einkommen verteilt sich zu Gunsten der Frauen.

Abbildung 5-5: Lorenzkurve der Teilkomponente Haushaltsproduktion nach Geschlecht

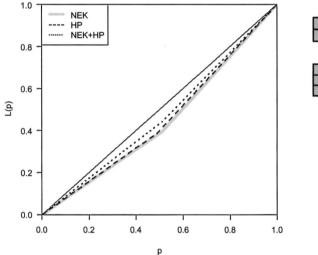

Quelle: Eigene Berechnungen.

Die Lage der Lorenzkurven zeigt, dass das verfügbare Nettoeinkommen nach Geschlecht ungleicher verteilt ist als die beiden anderen Einkommensgrößen. Während bei ersterem ca. 40 Prozent des Einkommens auf 51 Prozent der Bevölkerung verteilt werden, erhalten bei der Teilkomponente Haushaltsproduktion die Frauen (51 Prozent) ca. 60 Prozent des resultierenden Einkommens. Allerdings zeigen die Gini-Werte auch, dass die Ungleichverteilung der

Einkommen in beiden Fällen zum einen nahezu gleich ist und zum anderen auch als relativ gering eingestuft werden kann. Die wohlstandsrelevanten Ergebnisse haben gezeigt, dass der Einkommenszuwachs bei Männern ca. 598 Euro (bzw. 17,5 Prozent) und bei Frauen ca. 907 Euro (bzw. 42,3 Prozent) betragen kann. Somit verringert sich die Einkommensdifferenz zwischen Männern und Frauen von 1.280 Euro (NEK) auf 917 Euro (NEK+HP) und führt zu einer gleichmäßigeren Verteilung der Einkommen. Die NEK+HP-Lorenzkurve liegt somit näher an der Winkelhalbierenden als die beiden anderen Kurven und der Gini-Koeffizient sinkt unter der Berücksichtigung des Haushaltsproduktionseinkommens von 0,11 auf 0,07. Der deutlich höhere Zeiteinsatz der Frauen bei der Haushaltsproduktion führt dazu, dass Frauen durchschnittlich mehr Zeit in marktliche und nicht-marktliche Arbeiten investieren als Männer. Die unterschiedlichen Lohnsätze für Männer und Frauen führen jedoch dazu, dass die Einkommen auch nach Berücksichtigung der Haushaltsproduktion zu Gunsten der Männer verteilt sind.

Nach der geschlechtsspezifischen Auswertung sind in Abbildung 5-6 die Lorenzkurven in Abhängigkeit der Altersgruppen, der dazugehörigen Gini-Werte und der jeweiligen Bevölkerungsanteile dargestellt. Es liegen die modellinduzierten monatlichen Einkommen aus der Teilkomponente Haushaltsproduktion und die verfügbaren Monatsnettoeinkommen der vier Altersgruppen, die im vorherigen Kapitel vorgestellt wurden (vgl. Tabelle 5-11), vor. Die Abszissenabschnitte der NEK-Lorenzkurve und der NEK+HP-Lorenzkurve sind identisch mit den beschriebenen Abschnitten in Abbildung 5-3.[340] Die Tabelle rechts neben den Lorenzkurven gibt somit die Einteilung des Einkommens der Haushaltsproduktion nach Altersgruppen an und beschreibt somit die Abszissenabschnitte für diese Lorenzkurve.

---

340 Die Altersklassen werden nach aufsteigendem Einkommen sortiert. Somit ergibt sich beim Haushaltsnettoeinkommen (NEK) und dem hier ermittelten neuen Gesamteinkommen (NEK+HP) folgende Reihung für die Abszissenabschnitte der Lorenzkurve: 15–29 Jahre, > 65 Jahre, 30–44 Jahre und 45–64 Jahre.

Abbildung 5-6: Lorenzkurve der Teilkomponente Haushaltsproduktion nach Alter

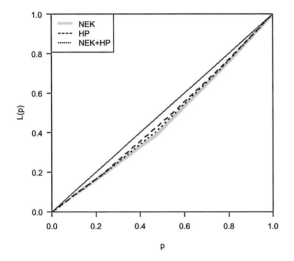

Quelle: Eigene Berechnungen.

Der Vergleich der Lorenzkurve des Nettomonatseinkommens und der Lorenzkurve des Haushaltsproduktionseinkommens zeigt, dass das Nettomonatseinkommen in den Altersgruppen ungleicher verteilt ist als das Einkommen
der Haushaltsproduktion. Während mit der Verteilung des Nettoeinkommens
ein Gini-Koeffizient von 0,09 einhergeht, liegt dieser beim Haushaltsproduktionseinkommen bei 0,06. Wie im vorherigen Kapitel gezeigt, kann das Nettomonatseinkommen durch Berücksichtigung des möglichen Einkommens der
Haushaltsproduktion zwischen ca. 26 Prozent bei den 45-64-Jährigen und bis
zu ca. 41 Prozent bei den über 65-Jährigen erhöht werden. Die damit einhergehende Einkommensverteilung ist durch die NEK+HP-Lorenzkurve dargestellt.
Diese liegt zwischen den beiden anderen Lorenzkurven und führt zu einem
Gini-Koeffizienten von 0,08. Damit ist das Einkommen inklusive des möglichen Zusatzeinkommens zwischen den Altersgruppen gleichmäßiger verteilt
als das verfügbare Nettomonatseinkommen. Der mögliche Zuverdienst durch
die Haushaltsproduktion reduziert somit die Einkommensdifferenzen zwischen den Altersgruppen und damit die Einkommensungleichheit.

In Abbildung 5-7 sind die Verteilungen der abgeleiteten Einkommen der
Haushaltsproduktion nach Haushaltstypen und das verfügbare Nettomonatseinkommen visualisiert. Ergänzend hierzu ist ebenfalls die Lorenzkurve des modellierten Gesamteinkommens (NEK+HP) abgetragen.

Abbildung 5-7: Lorenzkurve der Teilkomponente Haushaltsproduktion nach Haushaltstyp

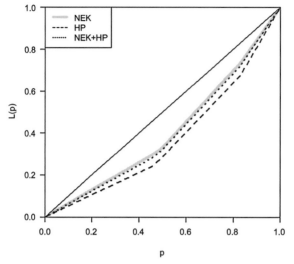

	p
Alleinlebende	0,45
Alleinerziehende	0,04
Zusammenlebende Paare ohne Kinder	0,33
Zusammenlebende Paare mit Kindern	0,17

	Gini
NEK	0,19
HP	0,23
NEK+HP	0,20

Quelle: Eigene Berechnungen.

Die Einkommen werden wie in den bereits beschrieben Fällen der Höhe nach aufsteigend sortiert. Die angegebenen Bevölkerungsanteile der Haushaltstypen entsprechen dabei der abgetragenen Reihung auf der Abszisse. Dies impliziert, dass die Alleinlebenden das geringste Einkommen erhalten. Der Verlauf der Lorenzkurven macht deutlich, dass das zusätzliche Einkommen aus der Haushaltsproduktion ungleicher über die Haushaltstypen verteilt ist als das verfügbare Nettomonatseinkommen. So erhalten ca. 83 Prozent der Haushalte (ohne zusammenlebende Paare mit Kindern) ca. 73 Prozent des verfügbaren Nettoeinkommens, aber nur ca. 67 Prozent des Einkommens aus der Haushaltsproduktion. Der mögliche Einkommenszuwachs, der bei den Wohlstandsergebnissen bereits diskutiert wurde, liegt zwischen ca. 462 Euro (bzw. 25,9 Prozent) bei den Alleinlebenden und ca. 1.663 Euro (bzw. 38,9 Prozent) bei den zusammenlebenden Paaren mit Kindern. Vor allem die Einkommenssituation der letztgenannten Gruppe trägt dazu bei, dass die Einkommen ungleicher verteilt werden. Dies zeigt sich auch in der dritten Lorenzkurve, die das neue verfügbare Einkommen darstellt. Bei der Berücksichtigung der Haushaltsproduktion würde sich der Gini-Koeffizient des verfügbaren Einkommens von 0,19 auf 0,20 erhöhen.

Für die Verteilungseffekte der Teilkomponente Haushaltsproduktion kann festgehalten werden, dass die modellinduzierten Einkommen nach Geschlecht

und in den Altersgruppen jeweils einen geringeren Gini-Koeffizienten aufweisen als das jeweilige verfügbare Nettomonatseinkommen. Mit einem Gini-
Koeffizienten von 0,23 ist das Haushaltsproduktionseinkommen zwischen den
vier Haushaltstypen zum einen ungleicher verteilt als das verfügbare Nettomonatseinkommen mit 0,19, zum anderen weist es den höchsten Gini-Koeffizienten
in den betrachteten drei sozioökonomischen Gruppen auf. Zudem konnte gezeigt werden, dass der Einkommenszuwachs, der aus der Berücksichtigung der
Haushaltsproduktion resultiert, die Verteilungseffekte beeinflusst. Dies wurde
durch die Lage der jeweiligen NEK+HP-Lorenzkurven deutlich. Hinsichtlich der
geschlechtsspezifischen Einkommensverteilung reduzierte sich die Ungleichheit
von 0,11 auf einen Gini-Wert von 0,07. Dies kann auf das deutlich höhere Einkommen der Frauen in der Haushaltsproduktion zurückgeführt werden. Bei den
Ergebnissen in Abhängigkeit der Altersgruppen würde die Berücksichtigung der
Haushaltsproduktion einen Gini-Koeffizienten von 0,08 zur Folge haben, der
somit leicht unter dem Wert des Nettomonatseinkommens von 0,09 liegt. Wie
bereits oben gezeigt, zeichnet sich bei den Haushaltstypen eine andere Verteilungssituation ab. Diese kann aus den unterschiedlich hohen Einkommen der
Haushaltsproduktion (vgl. Tabelle 5-12) abgeleitet werden. Das modellierte
mögliche Gesamteinkommen ist durch das Haushaltsproduktionseinkommen
ungleicher über die Haushalte verteilt als das verfügbare Nettoeinkommen.

5.3 Auswertung der Teilkomponente Ehrenamt

In diesem Kapitel werden die wohlstands- und verteilungsrelevanten Ergebnisse
der dritten Teilkomponente Ehrenamt vorgestellt. Die Tätigkeiten der Teilkomponente Ehrenamt umfassen dabei ehrenamtlichen Tätigkeiten sowie die informelle
Hilfe, die in der Zeitbudgeterhebung ausgewiesen werden (vgl. 4-16). Ausgehend
vom ermittelten zeitlichen Umfang des Ehrenamtes im Jahr 2010 werden –
in Abhängigkeit von Geschlecht, Alter und Haushaltstyp – die Auswirkungen
auf den materiellen Wohlstand analysiert. Dies erfolgt über eine Auswertung des
möglichen Einkommens, das durch eine Entlohnung der geleisteten Arbeitsstunden erzielt werden könnte. Anschließend werden im zweiten Analyseschritt die
damit einhergehenden Verteilungseffekte der zusätzlichen Einkommenskomponenten untersucht.

Die Ausführungen in Kapitel 3.2.3 verdeutlichen, dass das Ehrenamt im Allgemeinen sowie ehrenamtliche Tätigkeiten und informelle Hilfe im Speziellen
wichtige Eckpfeiler im deutschen Sozialstaat sind. Ehrenamtliches Engagement
sichert die Bereitstellung verschiedener Dienstleistungen und Hilfestellungen
in vielen Bereichen des alltäglichen Lebens. Dies kann zum Großteil nur durch

die unentgeltlich geleistete Arbeit sichergestellt werden. Eine vollständige bzw. adäquate Entlohnung dieser Tätigkeiten kann in der Regel – ähnlich den Tätigkeiten der Haushaltsproduktion – nicht erfolgen. Im Zuge dieser Arbeit werden daher nur zentrale Elemente der Arbeitsleistung im Bereich des Ehrenamtes, die über die Zeitbudgeterhebung zeitlich erfasst werden können, bewertet. Diese Angaben sind, wie in den vorherigen Kapiteln bereits erwähnt wurde, eher als Untergrenze des tatsächlichen Engagements zu interpretieren.

5.3.1 Wohlstandsergebnisse

Bei der Modellierung der Teilkomponente Ehrenamt standen die zeitliche und monetäre Erfassung und Bewertung, die durch die Basisvariante sowie die sozioökonomischen Berechnungsvarianten ermittelt werden konnten, im Vordergrund. Bevor die monetären und damit materiellen (Wohlstands-)Effekte des Ehrenamtes diskutiert werden, wird vorab der zeitliche Umfang der Tätigkeiten für die Teilkomponente Ehrenamt für das Jahr 2010 vorgestellt.

Die zeitliche Erfassung der Arbeitsleistung der Teilkomponente Ehrenamt erfolgte in Kapitel 4.5. Für das Jahr 2010 konnte dabei ein gesamtwirtschaftlicher Umfang von ca. 6,8 Milliarden Stunden im Bereich des Ehrenamtes ermittelt werden und damit ca. 2,8 Milliarden Stunden mehr als in der Teilkomponente Schwarzarbeit. Wie bereits in Kapitel 3.2.3 beschrieben, wird die Erfassung des Ehrenamtes aufgrund unterschiedlicher begrifflicher Abgrenzungen oder unterschiedlicher Betrachtungsebenen erschwert und verkompliziert somit einen Vergleich der Ergebnisse. Zur Einordnung des zeitlichen Umfangs wird hier dennoch auf die Ergebnisse des Engagements Altas von Prognos und des Freiwilligensurveys zurückgegriffen. Im Engagement Atlas wird für das Jahr 2008 ein Jahresvolumen des bürgerschaftlichen Engagements von ca. 4,6 Milliarden Stunden ausgewiesen.[341] Im Freiwilligensurvey werden dagegen nur Monatswerte ermittelt. Für das Jahr 2009 geben die Autoren eine durchschnittliche Stundenzahl von 16 Stunden pro Monat und Person an. Diese Zahl liegt über dem durchschnittlichen Monatswert von ca. acht Stunden, der im Rahmen dieser Arbeit berechnet wurde.[342] Die unterschiedlichen Ergebnisse sind maßgeblich auf die unterschiedlichen Erhebungsmethoden, die gewählten Abgrenzungen und die unterschiedlichen Beobachtungszeiträume zurückzuführen. Allerdings geben sie mögliche Eckwerte des zeitlichen Umfangs im Bereich des Ehrenamtes an. Es wird deutlich, dass die hier ermittelten Werte der Teilkomponente Ehrenamt

---

341 Vgl. Prognos (2009), S. 14.
342 Vgl. Gensicke, Geiss (2010), S. 203f.

eher im Bereich der Werte der Prognos-Studie eingeordnet werden können und daher möglicherweise das Engagement in der Bevölkerung unterschätzen. Im Folgenden werden die Ergebnisse nach den drei sozioökonomischen Gruppen differenziert vorgestellt.

In der nachstehenden Tabelle ist der modellinduzierte zeitliche Umfang der Teilkomponente Ehrenamt in Abhängigkeit des Geschlechtes zusammengefasst. Es zeigt sich, dass im Jahr 2010 durchschnittlich 91 Stunden pro Person für Tätigkeiten im Bereich des Ehrenamts aufgewandt wurden.

Tabelle 5-13: Durchschnittlicher zeitlicher Umfang des Ehrenamts insgesamt und nach Geschlecht im Jahr 2010

		männlich	weiblich	gesamt
Ehrenamt in Stunden pro Person	pro Tag	0,28	0,23	0,25
	pro Woche	2,15	1,77	1,90
	pro Jahr	103	85	91

Quelle: Eigene Berechnungen.

Die geschlechtsspezifischen Werte zeigen, dass Männer mit durchschnittlich 103 Stunden pro Jahr ungefähr 1,2-mal mehr Zeit in Ehrenämter investieren als Frauen. Die Zeitaufteilung auf die ehrenamtlichen Tätigkeiten und der informellen Hilfe unterscheiden sich dabei ebenfalls zwischen Männern und Frauen. Während Männer über die Hälfte der Zeit in die Ausübung von ehrenamtlichen Tätigkeiten investieren, ist es bei Frauen die informelle Hilfe, die den Hauptteil der aufgebrachten Zeit veranschlagt. Allerdings sind im Bereich der informellen Hilfe kaum zeitliche Unterschiede zwischen Mann und Frau zu konstatieren, sodass der Unterschied aus dem Zeitaufwand für die ehrenamtlichen Tätigkeiten abgeleitet werden kann. Bei Männern liegt dieser durchschnittlich um das 1,5-fache über dem Zeiteinsatz der Frauen. Die zeitliche Dominanz der Männer hinsichtlich des Ehrenamts, aber auch unterschiedliche Tätigkeitsschwerpunkte werden ebenfalls in anderen empirischen Studien deutlich. So zeigen tiefere Auswertungen der Zeitbudgeterhebung, aber auch die Ergebnisse des Engagementatlases von Prognos, dass Frauen mehr Zeit für soziale und kirchliche Aktivitäten sowie für Aufgaben im Bereich der Jugend- und Kinderbetreuung aufwenden als Männer. Die Schwerpunkte des Engagements bei Männern sind dagegen eher im Sportbereich, der Feuerwehr und anderen Freizeitvereinen zu finden.[343] Die Tätigkeitsschwerpunkte der Frauen legen zudem nahe, dass einige

---

343 Vgl. Kahle, Schäfer (2005), S. 313f.; Prognos (2019), S. 11.

ehrenamtlichen Aufgaben oder die informelle Hilfe nicht als solche wahrgenommen werden, sondern mit den Aufgaben der Haushaltsproduktion zusammenfallen können. Damit könnte das zeitliche Engagement der Frauen tendenziell unterschätzt werden.

Neben den geschlechtsspezifischen Ergebnissen können auch hinsichtlich der vier Altersgruppen Rückschlüsse über die Zeitverteilung der Teilkomponente Ehrenamt gezogen werden. In Tabelle 5-14 sind die entsprechenden durchschnittlichen Stunden – pro Tag, Woche und Jahr – dargestellt.

Tabelle 5-14: Durchschnittlicher zeitlicher Umfang des Ehrenamts nach Altersgruppen Jahr 2010

	Ehrenamt in Stunden		
	pro Tag	pro Woche	pro Jahr
15–29 Jahre	0,30	2,27	109
30–44 Jahre	0,18	1,38	66
45–64 Jahre	0,33	2,52	121
> 65 Jahre	0,31	2,38	114

Quelle: Eigene Berechnungen.

Es wird deutlich, dass in der Alterskasse der 30-44-Jährigen mit durchschnittlich 66 Stunden im Jahr mit Abstand die geringsten Stundenzahlen im Bereich des Ehrenamtes geleistet werden. In den anderen drei Altersklassen kann in der Gruppe der 45-64-Jährigen mit bis zu 121 Stunden der höchste zeitliche Umfang konstatiert werden. In allen Altersklassen – bis auf die Gruppe der 45-64-Jährigen – nehmen die ehrenamtlichen Tätigkeiten mehr Zeit in Anspruch als die informelle Hilfe. Des Weiteren bringt die jüngste Altersklasse mit jeweils ca. neun Minuten pro Tag nahezu gleich viel Zeit für ehrenamtliche Tätigkeiten und informelle Hilfe auf. Bei den über 65-Jährigen wird jedoch mehr als die Hälfte der Zeit für ehrenamtliche Tätigkeiten aufgebracht. Es ist zudem bemerkenswert, dass in den beiden Altersklassen der Haupterwerbsphase, also der 30-44-Jährigen und der 45-65-Jährigen sowohl die geringste als auch die meiste Zeit für ehrenamtliche Tätigkeiten und informelle Hilfe aufgebracht wird. Der geringe Zeiteinsatz in den ersten beiden Altersklassen kann auf die mögliche Arbeitsbelastung bzw. den Berufseinstieg und Ausbildung, aber auch altersspezifisch ausgeprägten Freizeitpräferenzen im Vergleich zu den anderen beiden Altersgruppen zurückzuführen sein.[344] Der relativ hohe Anteil in den beiden

---

344 Vgl. u.a. Kahle, Schäfer (2005), S. 314.

älteren Gruppen kann dagegen unter anderem durch eine höhere Zeitsouveränität aufgrund verschiedener Interessenslagen oder der Ruhestandsphase bedingt sein.

Abschließend ist in nachfolgender Tabelle das durchschnittliche zeitliche Engagement im Ehrenamt in den vier Haushaltstypen dargestellt. Die Werte stellen dabei die Summe aus dem zeitlichen Umfang der ehrenamtlichen Tätigkeiten und der informellen Hilfe dar und sind in Tages-, Wochen- und Jahreswerten angegeben. Es zeigt sich, dass kinderlose Haushalte deutlich mehr Zeit für Tätigkeiten im Bereich des Ehrenamtes aufwenden als Haushalte mit Kindern.

Tabelle 5-15: Durchschnittlicher zeitlicher Umfang des Ehrenamts nach Haushaltstypen Jahr 2010

	Ehrenamt in Stunden		
	pro Tag	pro Woche	pro Jahr
Alleinlebende	0,35	2,65	127
zusammenlebende Paare ohne Kinder	0,30	2,27	109
Alleinerziehende	0,20	1,50	72
zusammenlebende Paare mit Kindern	0,22	1,65	79

Quelle: Eigene Berechnungen.

Der mögliche Zeitaufwand für Ehrenamt ist in Paarhaushalten mit Kindern (79 Stunden pro Jahr) geringer als in kinderlosen Paarhaushalten (109 Stunden pro Jahr). Noch größer ist der zeitliche Unterschied zwischen Alleinlebenden mit ca. 127 Stunden pro Jahr und Alleinerziehenden mit durchschnittlich ca. 72 Stunden jährlich. Die Aufteilung zwischen ehrenamtlichen Tätigkeiten und informeller Hilfe ist in allen Haushaltstypen ähnlich verteilt – mit Ausnahme der Alleinerziehenden. Diese verbringen nahezu doppelt so viel Zeit mit informeller Hilfe. Der hohe Zeiteinsatz bei Alleinlebenden kann unter anderem mit dem Wunsch nach sozialer Interaktion begründet werden.[345] In Haushalten mit Kindern kann oder wird gegebenenfalls nicht zwischen den Tätigkeiten der Haushaltsproduktion und den Tätigkeiten im Bereich des Ehrenamtes unterschieden, sodass der zeitliche Ansatz zu gering bewertet wird. In anderen Studien zeigt sich, dass vor allem Kinder die Bereitschaft, sich ehrenamtlich zu engagieren, positiv beeinflusst und in Singlehaushalten eher

---

345 Vgl. u.a. Gensicke, Geiss (2010), S. 119ff.

eine geringere Bereitschaft zu ehrenamtlichem Engagement vorhanden ist.[346] Allerdings lassen diese Engagementquoten noch keinen direkten Rückschluss auf die tatsächlich aufgebrachte Zeit zu.

Durch die zeitliche Abgrenzung kann das Ehrenamt monetär bewertet werden, sodass die Auswirkungen auf den materiellen Wohlstand in den drei sozioökonomischen Gruppen ausgewertet werden können. Ähnlich wie bei der Haushaltsproduktion wird in Deutschland die Arbeitsleistung im Ehrenamt nicht entlohnt, wenngleich sie in manchen Bereichen mit einer Aufwandsentschädigung abgegolten wird. Durch die enge definitorische Abgrenzung des Ehrenamtes, die zudem eine zeitliche Untergrenze der berücksichtigten Tätigkeiten impliziert, konnte für das Jahr 2010 ein gesamtwirtschaftliches Einkommen in Höhe von ca. 65,4 Milliarden Euro ermittelt werden. Dies entspricht einem durchschnittlichen monatlichen pro Kopf Einkommen von ca. 73 Euro. Damit übersteigt die entlohnte Arbeitsleistung des Ehrenamtes das abgeleitete Schwarzarbeitseinkommen (42,3 Milliarden Euro) um ca. 23,1 Milliarden Euro. Analog zu den beiden anderen Teilkomponenten werden im Folgenden die monatlichen Einkommensströme auf Personen- bzw. Haushaltsebene aufgezeigt.

In Tabelle 5-16 sind die fiktiven monatlichen Einkommen, die aus den Tätigkeiten des Ehrenamtes resultieren könnten, nach Geschlecht differenziert sowie deren potenzieller Anteil am tatsächlich verfügbaren Nettomonatseinkommen dargestellt.

Tabelle 5-16: Verfügbares Nettomonatseinkommen und monatliches Einkommen durch das Ehrenamt nach Geschlecht im Jahr 2010

	verfügbares Nettomonatseinkommen	monatliches Einkommen Ehrenamt	Anteil Ehrenamt
	in Euro		in Prozent
gesamt	2.922	73	2,5
männlich	3.426	98	2,9
weiblich	2.146	63	2,9

Quelle: Eigene Berechnungen; Statistisches Bundesamt (2012b, c), S. 32.

Die bereits beim zeitlichen Umfang abgeleiteten Unterschiede zwischen Männern und Frauen werden bei der (absoluten) Entlohnung des Ehrenamtes zusätzlich

---

346 Vgl. Prognos (2009), S. 26; Gensicke, Geiss (2010), S. 164ff.; Prognos (2009), S. 26.

verstärkt. Durch Berücksichtigung des Ehrenamtes könnte sich das monatliche Einkommen bei Männern um durchschnittlich ca. 98 Euro erhöhen. Aufgrund der unterschiedlichen Tätigkeitsschwerpunkte und der geschlechtsspezifischen Lohnunterschiede ist das zusätzliche Einkommen der Männer in etwa um den Faktor 1,6 höher als das der Frauen mit 63 Euro pro Monat. In Relation zum verfügbaren Nettomonatseinkommen im Jahr 2010 könnte durch die Tätigkeiten im Bereich des Ehrenamtes sowohl bei Männern als auch bei Frauen ein Anstieg um ca. 2,9 Prozent realisiert werden.

Die Einkommenssituation im Bereich des Ehrenamtes in Abhängigkeit der Altersgruppen ist in Tabellen 5-17 dargestellt. Hierbei ist erneut neben dem monatlichen Nettoeinkommen aus dem Jahr 2010 das modellinduzierte Einkommen der Teilkomponente Ehrenamt sowie der entsprechende relative Anteil dargestellt.

Tabelle 5-17: Verfügbares Nettomonatseinkommen und monatliches Einkommen durch das Ehrenamt nach Altersgruppen im Jahr 2010

	monatliches Einkommen Ehrenamt	monatliches Einkommen Ehrenamt	Anteil Ehrenamt
	in Euro		in Prozent
15–29 Jahre	2.308	88	3,8
30–44 Jahre	3.403	54	1,6
45–64 Jahre	3.211	97	3,0
> 65 Jahre	2.385	93	3,9

Quelle: Eigene Berechnungen, Statistisches Bundesamt (2012c), S. 32.

Ausgehend vom zeitlichen Umfang variiert das durch Ehrenamt generierbare Einkommen in den Altersklassen monatlich zwischen ca. 54 Euro bei den 30-44-Jährigen und ca. 97 Euro bei den 45-64-Jährigen. Die absoluten Einkommenspositionen spiegeln somit den oben beschriebenen zeitlichen Einsatz in den jeweiligen Altersklassen wider. Hinsichtlich der möglichen relativen Einkommenszuwächse sind zum Teil andere Befunde zu beobachten. Während in der zweiten Altersgruppe auch relativ gesehen der geringste monetäre Effekt durch das Ehrenamt erzielt wird, wird in der dritten Altersgruppe – trotz absolut höchstem Zusatzeinkommen – mit 3,0 Prozent der zweitniedrigste Einkommenszuwachs realisiert.

Abschließend sind die abgeleiteten monetären Effekte des Ehrenamtes in den vier Haushaltstypen tabellarisch dargestellt.

Tabelle 5-18: Verfügbares Nettomonatseinkommen und monatliches Einkommen durch das Ehrenamt nach Haushaltstyp im Jahr 2010

	verfügbares Nettomonats- einkommen	monatliches Einkommen Ehrenamt	Anteil Ehrenamt
	in Euro		in Prozent
Alleinlebende	1.784	66	3,7
zusammenlebende Paare ohne Kinder	3.368	105	3,1
Alleinerziehende	2.202	43	1,9
zusammenlebende Paare mit Kindern	4.280	101	2,4

Quelle: Eigene Berechnungen, Statistisches Bundesamt (2012c), S. 32.

Es wird deutlich, dass der mögliche Zuverdienst, der durch das Ehrenamt generiert werden könnte, in den Paarhaushalten absolut gesehen am höchsten ausfallen kann. Allerdings wird bei Alleinlebenden trotz des höchsten zeitlichen Engagements das zweitniedrigste Einkommen in Höhe von 66 Euro generiert. Diese Einkommenseffekte sind somit maßgeblich auf die getroffenen Annahmen zur Lohngewichtung bei den Haushaltstypen zurückzuführen, die die Tätigkeiten der Paarhaushalte mit höheren Faktoren gewichtet als die anderen beiden Haushaltstypen (vgl. Tabelle 4-12). Darüber hinaus sind neben den absoluten Einkommensanstiegen auch Unterschiede bei den relativen Einkommenszuwächsen zu beobachten. Hierbei wird der oben beschriebene zeitliche Effekt deutlich, da die Haushalte mit höherem zeitlichen Einsatz auch höhere relative Einkommenszuwächse erzielen können. Die Einkommensdifferenzen werden durch die Berücksichtigung des Ehrenamtes jedoch nicht maßgeblich verändert.

Zusammenfassend kann festgehalten werden, dass sich die Einkommenspositionen durch die Berücksichtigung des Einkommens aus Ehrenamt in den betrachteten sozioökonomischen Gruppen nicht verschieben. Durchschnittlich könnte im Jahr 2010 das verfügbare Einkommen durch die Monetarisierung des Ehrenamtes um ca. 2,5 Prozent gesteigert werden. Die altersgruppenspezifische Betrachtung zeigt zudem, dass das verfügbare Einkommen beispielsweise bei Altersklassen mit geringerem Einkommen – wie den 15-29-Jährigen oder den über 65-Jährigen – durch das Ehrenamt um nahezu 4 Prozent aufgestockt werden könnte. Im Haushaltskontext wird deutlich, dass der Zeiteinsatz und die relativen Einkommenszuwächse in kinderlosen Haushalten höher sind als in den Haushalten mit Kindern. Allerdings könnte absolut gesehen das Einkommen in den Paarhaushalten mehr gesteigert werden.

5.3.2 Verteilungsergebnisse

Im Fokus dieses Kapitels stehen die verteilungsrelevanten Ergebnisse der Teilkomponente Ehrenamt, die von den eben beschriebenen wohlstandsrelevanten Effekten ausgehen können. Analog zu den bisherigen Ausführungen werden die Ergebnisse differenziert nach den drei sozioökonomischen Merkmalen Geschlecht, Alter und Haushaltstyp vorgestellt. Zum einen werden die Verteilungseffekte des zusätzlichen Einkommens (EA) im Vergleich zum verfügbaren Nettoeinkommen (NEK) gezeigt. Zum anderen werden die Auswirkungen des zusätzlichen Einkommens auf das resultierende Gesamteinkommen (NEK+EA) analysiert. Es wird wieder auf das Verteilungskonzept der Lorenzkurven und den damit verbundenen Gini-Koeffizienten zurückgegriffen.

In Abbildung 5-8 ist die Einkommensverteilung der drei Einkommensgrößen in Abhängigkeit des Geschlechts dargestellt. Die resultierenden Gini-Werte und die Bevölkerungsanteile, die die Abszissenabschnitte ergeben, sind rechts neben der Abbildung dargestellt.

Abbildung 5-8: Lorenzkurve der Teilkomponente Ehrenamt nach Geschlecht

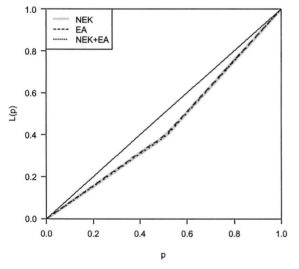

	p
männlich	0,48
weiblich	0,51

	Gini
NEK	0,11
EA	0,11
NEK+EA	0,11

Quelle: Eigene Berechnungen.

Die Lage der Lorenzkurven verdeutlicht, dass die Verteilung des verfügbaren Nettomonatseinkommens, des möglichen Einkommens durch Ehrenamt sowie des modellierten Gesamteinkommens nach Geschlecht identisch ist. Es erhalten jeweils 51 Prozent der weiblichen Bevölkerung ca. 40 Prozent des jeweiligen Einkommens. Damit verteilen sich die betrachteten Einkommenskomponenten für die Frauen im Vergleich zu den Männern ungleicher. Des Weiteren hat der monatliche Einkommenszuwachs – auch aufgrund der geringen absoluten Höhe von ca. 98 Euro für Männer und ca. 63 Euro für Frauen – der durch die Teilkomponente Ehrenamt generiert werden kann, keinen Einfluss auf die Verteilungssituation des Gesamteinkommens.

Die wohlstandsrelevanten Auswertungen der Teilkomponente Ehrenamt haben gezeigt, dass die 30-44-Jährigen im Vergleich zu den anderen drei Altersklassen am wenigsten Zeit für Ehrenamt aufwenden und dadurch auch am wenigsten Einkommen in diesem Bereich generieren würden. Allerdings hat diese Altersklasse das zweithöchste verfügbare Monatseinkommen der vier Altersgruppen (vgl. Tabelle 5-17). Die möglichen Implikationen für die altersgruppenspezifische Einkommensverteilung sind durch die entsprechenden Lorenzkurven in Abbildung 5-9 dargestellt. Aus der Darstellung wird ersichtlich, dass die EA-Lorenzkurve die anderen beiden Kurven schneidet. Die Sortierung der Einkommen in den Altersgruppen variiert somit in Abhängigkeit der Einkommensarten. Die Abszissenabschnitte für die Nettomonatseinkommen und die aggregierten NEK+EA-Einkommen entsprechen den Werten, die bereits bei der Lorenzkurvendarstellung der Teilkomponente Schwarzarbeit und Haushaltsproduktion beschrieben wurden.[347] Die abweichende Sortierung der modellierten Ehrenamtseinkommen ist in der nebenstehenden Tabelle abgebildet.

---

347 Die Altersklassen werden nach aufsteigendem Einkommen sortiert. Somit ergibt sich beim Haushaltsnettoeinkommen (NEK) und dem hier ermittelten neuen Gesamteinkommen (NEK+EA) folgende Reihung für die Abszissenabschnitte der Lorenzkurve: 15–29 Jahre, > 65 Jahre, 30–44 Jahre und 45–64 Jahre.

Abbildung 5-9: Lorenzkurve der Teilkomponente Ehrenamt nach Alter

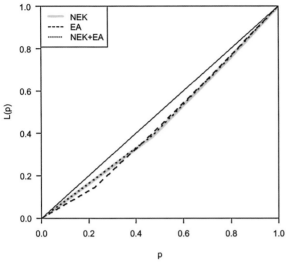

	p
30-44 Jahre	0,22
15-29 Jahre	0,24
> 65 Jahre	0,23
45-64 Jahre	0,31

	Gini
NEK	0,09
EA	0,10
NEK+EA	0,09

Quelle: Eigene Berechnungen.

Die Verläufe der Lorenzkurven lassen aufgrund der Überschneidung keine eindeutigen Aussagen zu, welche Einkommensgröße in Abhängigkeit der Altersgruppen gleichmäßiger oder ungleicher verteilt ist.[348] Durch die Gini-Koeffizienten, die die Flächen unterhalb der Winkelhalbierenden und der Lorenzkurven ins Verhältnis setzen, können jedoch Verteilungsergebnisse abgeleitet werden. Das Einkommen aus Ehrenamt weist mit 0,10 einen höheren Gini-Koeffizienten auf als die beiden anderen Einkommen mit jeweils 0,09. Damit ist das mögliche Einkommen der Teilkomponente Ehrenamt ungleicher verteilt als das Nettomonatseinkommen. Im vorherigen Kapitel wurde zudem gezeigt, dass die möglichen Einkommenszuwächse relativ gering ausfallen. Die ungleichmäßigere Verteilung hat somit keinen Einfluss auf die altersgruppenspezifische Verteilungssituation.

In Abbildung 5-10 wird abschließend die Verteilungssituation der Nettomonatseinkommen, des möglichen Ehrenamtseinkommens und des aggregierten Gesamteinkommens der vier Haushaltstypen dargestellt. Ergänzend dazu sind die Bevölkerungsanteile sowie die entsprechenden Gini-Koeffizienten angeführt.

---

348   Vgl. Schwarze, Elsas (2013), S. 112ff.

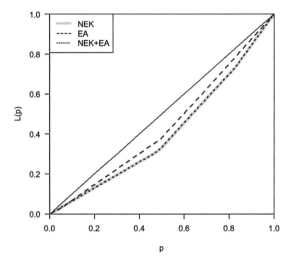

	p
Alleinerziehende	0,04
Alleinlebende	0,45
Zusammenlebende Paare mit Kindern	0,17
Zusammenlebende Paare ohne Kinder	0,33

	Gini
NEK	0,19
EA	0,18
NEK+EA	0,19

Quelle: Eigene Berechnungen.

Die Lage der Kurven zeigt, dass die möglichen Ehrenamtseinkommen gleichmäßiger auf die Haushaltstypen verteilt sind als die Nettomonatseinkommen. So erhalten 49 Prozent der Haushalte (Alleinerziehende und Alleinlebende) ca. 38 Prozent der Einkommen aus ehrenamtlichen Tätigkeiten, aber nur ca. 33 Prozent der Nettomonatseinkommen. Die wohlstandsrelevanten Ergebnisse belegen, dass das zusätzliche Einkommen aus Ehrenamt absolut und relativ gesehen nur einen geringen Einfluss auf die Höhe des aggregierten Gesamteinkommens (NEK+EA) hat. Dies spiegelt sich auch bei der Verteilung wider. Die NEK+EA-Lorenzkurve verläuft deckungsgleich mit der NEK-Lorenzkurve, sodass die gleichmäßigere Verteilung des Ehrenamtseinkommens keinen Effekt auf die Verteilung des Gesamteinkommens hat.

Zusammenfassend kann festgehalten werden, dass die Verteilung der möglichen Einkommen nach Haushaltstypen mit einem Gini-Koeffizienten von 0,18 ungleicher ausfällt als die Verteilung der Ehrenamtseinkommen nach dem Geschlecht oder den Altersgruppen. Des Weiteren zeigen die Ergebnisse, dass die Ehrenamtseinkommen auf die sozioökonomischen Gruppen gleichmäßiger verteilt sind als die entsprechenden Nettomonatseinkommen bzw. aggregierten Gesamteinkommen. Die Berücksichtigung des möglichen Ehrenamtseinkommens führt in den dargestellten Fällen weder zu einer gleichmäßigeren noch zu einer ungleichmäßigeren Einkommensverteilung.

Im folgenden Kapiteln werden abschließend die aggregierten wohlstands- und verteilungsrelevanten Ergebnisse durch den SHE-Indikator präsentiert.

5.4 Wohlstands- und verteilungsrelevante Analyse des SHE-Indikators

In Kapitel 4 wurde die Modellierung eines Indikators zur Messung von materiellen Wohlstands- und Verteilungseffekten vorgestellt. Dieser setzt sich aus den drei Teilkomponenten Schwarzarbeit, Haushaltsproduktion und Ehrenamt zusammen. Die Wohlstands- und Verteilungseffekte der einzelnen Teilkomponenten wurden in den vorherigen Kapiteln in Abhängigkeit von den Merkmalen Geschlecht, Alter und Haushaltstyp ausgewertet. Die Ausführungen der Tätigkeiten im Bereich der Teilkomponenten überschneiden sich zum Teil, sodass neben einer isolierten auch eine aggregierte Analyse der ermittelten Ergebnisse zielführend ist. Es konnte gezeigt werden, dass die drei Teilkomponenten – aufgrund der gleichen Dimensionen in den jeweiligen Berechnungsvarianten – aggregiert werden können und damit zum hier genannten SHE-Indikator führen. Im Folgenden sollen nun die Gesamtergebnisse des SHE-Indikators vorgestellt werden, um Wohlstands- und Verteilungseffekte abzuleiten. Das Vorgehen orientiert sich an den bereits aufgezeigten Analysestrukturen. Es werden sowohl die zeitliche als auch die monetäre Zusammensetzung sowie die unterschiedlichen Einflüsse auf den SHE-Indikator beschrieben. Die Bestimmung des zeitlichen Umfangs basiert auf den Angaben der Zeitbudgeterhebung, aus denen relevante Tätigkeiten für die drei Teilkomponenten ermittelt wurden (vgl. Tabelle 4-2 und 4-3). Anschließend wurden mithilfe des Spezialistenansatzes die jeweiligen Stundenaufkommen monetär bewertet, woraus das mögliche Einkommen der drei Teilkomponenten resultiert. Weiterhin werden die personellen Verteilungseffekte der resultierenden Einkommensgrößen ausgewertet. Dies erfolgt, wie in den obigen Abschnitten, über die Darstellung der Einkommensverteilung durch die Lorenzkurven bzw. den entsprechenden Gini-Koeffizienten.

In Tabelle 5-19 sind die geschlechtsspezifischen zeitlichen Einzel- und Gesamtergebnisse des SHE-Indikators pro Woche zusammengefasst. Zudem sind die relativen Anteile der jeweiligen Teilkomponenten am gesamten Zeitaufkommen dargestellt. Als zentrales Ergebnis kann festgehalten werden, dass Frauen ca. 1,6-mal mehr Zeit für nicht-marktliche Tätigkeiten aufwenden als Männer und dies alleine auf den Zeiteinsatz in der Haushaltsproduktion zurückzuführen ist. Des Weiteren wird deutlich, dass auch die zeitliche Verteilung von Schwarzarbeit, Haushaltsproduktion und Ehrenamt geschlechtsspezifisch, sowohl absolut als auch relativ, sehr variiert.

Tabelle 5-19: Durchschnittliche zeitliche Zusammensetzung des SHE-Indikators insgesamt und nach Geschlecht im Jahr 2010

	männlich		weiblich		gesamt	
	Stunden pro Woche	in Prozent	Stunden pro Woche	in Prozent	Stunden pro Woche	in Prozent
Schwarzarbeit	1,78	9,5	0,48	1,6	1,13	4,7
Haushaltsproduktion	14,80	79,0	27,40	92,4	21,21	87,5
Ehrenamt	2,15	11,5	1,77	6,0	1,90	7,8
SHE-Indikator	18,73	100	29,65	100	24,24	100

Quelle: Eigene Berechnungen.

Der Vergleich der drei Teilkomponenten untereinander zeigt, dass die meiste Zeit für Haushaltsproduktion aufgewandt wird. Allerdings nimmt die Haushaltsproduktion bei Frauen über 92 Prozent der Zeit für nicht-marktliche Tätigkeiten ein, während es bei Männern nur ca. 79 Prozent sind. Damit wird deutlich, dass Frauen nicht nur im absoluten Vergleich, sondern auch in der relativen Zeitverteilung der nicht-marktlichen Tätigkeiten mehr Zeit für Tätigkeiten der Haushaltsproduktion aufwenden als Männer. Ein Vergleich mit den durchschnittlichen Wochenarbeitszeiten von Männern (36,70 Stunden) und Frauen (27,90 Stunden) legt nahe, dass sich die geschlechtsspezifische Aufgabenteilung im Haushalt nahezu umgekehrt zur regulären Erwerbsarbeit verhält. Die Erwerbsquoten der Frauen erhöhten sich in den letzten Jahren auf bis zu 70,7 Prozent im Jahr 2010, während sie bei den Männern bei ca. 82,1 Prozent lagen.[349] Allerdings ist das Arbeitsvolumen der Frauen aufgrund vieler Teilzeitbeschäftigungsverhältnisse immer noch geringer als bei den Männern. Damit scheint die Frauenrolle in der Hausarbeit nach wie vor stark von Normen, Werten und Geschlechteridentitäten geprägt zu sein und zudem relativ resistent gegenüber ökonomischen Veränderungen.[350] Der Zeiteinsatz für Schwarzarbeit und Ehrenamt der Männer übersteigt den der Frauen sowohl absolut als auch relativ. Während Männer ähnlich viel Zeit in Ehrenamt (11,5 Prozent) wie in Schwarzarbeit (9,5 Prozent) investieren, wenden Frauen deutlich mehr Zeit für Ehrenamt (6 Prozent) als für Schwarzarbeit (1,6 Prozent) auf. Allerdings zeigen die Ergebnisse auch, dass die höchsten relativen Zeitdifferenzen bei der Schwarzarbeit zwischen Männer und Frauen bestehen. Die Unterschiede bei der Schwarzarbeit unterstreichen auch in diesem Vergleich die klassische Rollenverteilung bzw. das klassische Ernährermodell zwischen Männern und Frauen. Hinsichtlich des

---

349 Vgl. Statistisches Bundesamt (2013g), S. 120f., 126f.
350 Vgl. Heimeshoff, Schwenken (2013), S. 202.

Zeitaufkommens für das Ehrenamt belegen andere Studien, dass durchschnittlich ca. 7.5 Prozent der regulären Arbeitszeit auch für ehrenamtliches Engagement aufgewandt wird.[351] Die Ergebnisse dieser Arbeit zeichnen ein ähnliches Bild, wenngleich mit etwas niedrigerem Ausmaß. So arbeiten Männer ca. 5,6 Prozent ihrer durchschnittlichen Wochenarbeitszeit zusätzlich noch ehrenamtlich; bei Frauen beträgt dieser Anteil 6,3 Prozent.

Bei den Einzelauswertungen wurde deutlich, dass die zeitliche Dominanz der Frauen bei der Haushaltsproduktion durch die höheren Stundenlöhne der Männer teilweise kompensiert wurde. In wieweit sich dies auf die monetären Effekte des SHE-Indikators auswirkt, wird im Folgenden geklärt. Die bisherigen Ergebnisse zeigen, dass durch die drei Teilkomponenten ein monatlicher Einkommenszuwachs von 802 Euro (bzw. 23,4 Prozent) bei den Männern und 995 Euro (bzw. 46,3 Prozent) bei den Frauen realisiert werden könnte. Die Daten belegen, dass sich die geschlechtsspezifischen Einkommensdifferenzen durch die drei Teilkomponenten – insbesondere die Haushaltsproduktion – reduzieren können. Damit partizipieren Frauen sowohl absolut als auch relativ gesehen am stärksten am wohlstandsrelevanten Effekt des SHE-Indikators. In Tabelle 5-20 sind die Nettomonatseinkommen sowie die modellinduzierten Einkommen der Teilkomponenten des SHE-Indikators für das Jahr 2010 getrennt nach Geschlecht abgebildet und die Gesamtergebnisse der Basisversion zusammengefasst dargestellt. Neben den absoluten Einkommensgrößen sind auch die relativen Anteile am neuen aggregierten Gesamteinkommen des SHE-Indikators angegeben. Es sind somit vergleichende Aussagen zwischen den Geschlechtern, aber auch in Abhängigkeit des Geschlechts möglich.

Tabelle 5-20: Zusammensetzung des Monatseinkommens des SHE-Indikators nach Geschlecht für das Jahr 2010

	männlich		weiblich		gesamt	
	Euro	in Prozent	Euro	in Prozent	Euro	in Prozent
Nettomonatseinkommen	3.426	81,0	2.146	68,3	2.922	76,4
Schwarzarbeit	106	2,5	25	0,8	64	1,7
Haushaltsproduktion	598	14,2	907	28,9	765	20,0
Ehrenamt	98	2,3	63	2,0	73	1,9
Gesamteinkommen SHE-Indikator	4.228	100	3.141	100	3.824	100

Quelle: Eigene Berechnungen, Statistisches Bundesamt (2012b), S. 32.

---

351 Vgl. Prognos (2009), S. 15.

Die Zusammensetzung zeigt, dass das mögliche Gesamteinkommen der Frauen zu ungefähr 29 Prozent aus dem Einkommen der Haushaltsproduktion bestehen würde und der Anteil des verfügbaren Nettomonatseinkommens damit auf ca. 68 Prozent beziffert werden kann. Im Gegensatz dazu weist diese Einkommenskomponente bei den Männern einen Anteil von 14,2 Prozent bzw. ca. 598 Euro auf und trägt damit – im Vergleich zu den Frauen – weniger zum zusätzlichen Einkommen bei. Des Weiteren wird deutlich, dass das Schwarzarbeitseinkommen bei Frauen nur einen marginalen Einfluss auf die Einkommenshöhe hat. Der Einkommensanteil der Schwarzarbeit und des Ehrenamtes ist bei den Männern mit ca. 2,5 Prozent und ca. 2,3 Prozent auf einem ähnlichen Niveau und übersteigt damit die Zuverdienstmöglichkeiten der Frauen in diesen Bereichen. In Summe könnten sich die Einkommensdifferenzen zwischen Männern und Frauen von 1.280 Euro auf 1.087 Euro reduzieren.

Ausgehend von diesen wohlstandsrelevanten Ergebnissen sind in nachfolgender Abbildung die Auswirkungen auf die geschlechtsspezifische Verteilung des ursprünglichen Nettomonatseinkommens (NEK), das aggregierte Einkommen der drei Teilkomponenten (SHE) sowie das daraus resultierende Gesamteinkommen (NEK+SHE) visualisiert. Ergänzend dazu sind – wie bei den Einzelauswertungen – die geschlechtsspezifischen Bevölkerungsanteile zur Beschreibung der Abszissenabschnitte und die Gini-Koeffizienten rechts neben der Abbildung angegeben.

Abbildung 5-11: Lorenzkurve des SHE-Indikators nach Geschlecht

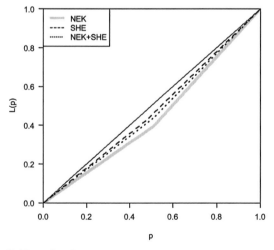

Quelle: Eigene Berechnungen.

Die bisherigen Ergebnisse spiegeln sich auch in der Verteilung der einzelnen Einkommensgrößen wider. Das verfügbare Nettomonatseinkommen ist deutlich ungleicher zwischen den Geschlechtern verteilt als das SHE-Einkommen. Allerdings ist ersteres für Frauen, zweiteres für Männer ungleicher verteilt. So erhalten Frauen ca. 40 Prozent des verfügbaren Nettomonatseinkommens, aber ca. 56 Prozent des SHE-Einkommens. Anders ausgedrückt resultiert für die NEK-Verteilung ein Gini-Koeffizient von 0,11, für die SHE-Verteilung dagegen ein Wert von 0,05. Dies kann auf die unterschiedlich zu verteilenden Einkommenshöhen über die Bevölkerungsanteile zurückgeführt werden. Die deutlichere Gleichverteilung des SHE-Einkommens führt somit dazu, dass das daraus resultierende Gesamteinkommen gleichmäßiger verteilt ist als das ursprünglich verfügbare Einkommen. Dies impliziert, dass Frauen ca. 44 Prozent des NEK+SHE-Einkommens erhalten würden. Zusammenfassend kann somit festgehalten werden, dass sich die Verteilungssituation auf Basis des aggregierten Gesamteinkommens – inklusive des Einkommens der SHE-Komponenten – für Frauen verbessert.

Neben den geschlechtsspezifischen Unterschieden konnten in den vorherigen Kapiteln auch zwischen den Altersgruppen zeitliche und monetäre Unterschiede hinsichtlich der drei nicht-marktlichen Tätigkeiten identifizert werden. Im Folgenden werden die bisherigen Einzelergebnisse zusammengefasst, um Aussagen bzw. Rückschlüsse zum altersgruppenspezifischen SHE-Indikator ableiten zu können. In nachstehender Tabelle sind die aufgewandten Wochenstunden der drei nicht-marktlichen Tätigkeiten sowie deren Anteil am zeitlichen Gesamtaufkommen dargestellt. Die Ergebnisse belegen, dass die über 65-Jährigen mit durchschnittlich fast 32 Stunden die meiste Zeit für nicht-marktliche Tätigkeiten aufwenden. In der jüngsten Altersgruppe sind es mit ca. 23 Stunden fast neun Stunden weniger. Die beiden mittleren Altersgruppen investierten mit je ca. 22 Stunden ähnlich viel Arbeitszeit in diesen Bereich.

Tabelle 5-21: Durchschnittliche zeitliche Zusammensetzung des SHE-Indikators je Altersgruppe im Jahr 2010

	15–29		30–44		45–64		>65	
	Stunden pro Woche	in Prozent	Stunden pro Woche	in Prozent	Stunden pro Woche	in Prozent	Stunden pro Woche	in Prozent
Schwarzarbeit	1,52	6,6	1,71	6,3	0,71	2,6	0,88	2,8
Haushalts-produktion	19,30	83,6	24,13	88,6	23,80	88,1	28,34	89,7
Ehrenamt	2,27	9,8	1,38	5,1	2,52	9,3	2,38	7,5
SHE-Indikator	23,09	100	27,22	100	27,03	100	31,60	100

Quelle: Eigene Berechnungen.

Hinsichtlich der zeitlichen Zusammensetzung des SHE-Indikators kann konstatiert werden, dass die Haushaltsproduktion der dominierende Zeitfaktor in allen Altersgruppen ist und sich ähnlich verteilt wie der gesamte SHE-Indikator. Des Weiteren belegen die Daten, dass besonders die ersten beiden Altersklassen im Vergleich zu den letzten beiden relativ viel Zeit für Schwarzarbeit aufbringen. Allerdings wird auch deutlich, dass dieser Zeiteinsatz weit unter dem zeitlichen Umfang für das Ehrenamt liegt. Einzige Ausnahme bildet hierbei die Gruppe der 30-44-Jährigen, die mehr Zeit für Schwararbeit aufbringt als für ehrenamtliche Tätigkeiten. Bemerkenswert ist auch, dass in der Gruppe der 15-29-Jährigen der zeitliche Einsatz für Schwarzarbeit und Ehrenamt den höchsten relativen Anteil an den nicht-marktlichen Tätigkeiten aufweist, auch wenn dort im Vergleich zu den anderen Altersklassen die geringste Zeit in nicht-marktlichen Tätigkeiten investiert wird. In dieser Altersklasse scheinen somit die Freizeitpräferenzen, aber möglicherweise auch der Wunsch, sich durch Schwarzarbeit etwas hinzuverdienen zu wollen oder zu müssen, stärker ausgeprägt zu sein als in den anderen drei Gruppen. Der gesamte zeitliche Umfang des SHE-Indikators übersteigt vor allem bei den über 65-Jährigen den Zeitaufwand einer durchschnittlichen regulären Arbeitswoche. In den beiden mittleren Gruppen, die auch die Haupterwerbsphase im Berufsleben abbilden, wird durchschnittlich nahezu die gleiche Stundenzahl für nicht-marktliche wie für marktliche Arbeit aufgebracht.

Ausgehend von diesem zeitlichen Umfang werden die möglichen monetären Auswirkungen in den Altersklassen ausgewertet. Die wohlstands- und verteilungsrelevanten Auswertungen in den vorangegangen Kapiteln belegten in den vier Altersgruppen unterschiedliche absolute und relative Einkommenszuwächse durch die drei Teilkomponenten. Darüber hinaus konnte gezeigt werden, dass sich das mögliche Einkommen aus Haushaltsproduktion im Vergleich zur Schwarzarbeit und zum Ehrenamt gleichmäßiger zwischen den Altersgruppen verteilt. In Tabelle 5-22 finden sich die vier Einkommenskomponenten (Nettomonatseinkommen, Schwarzarbeit, Haushaltsproduktion und Ehrenamt), die in Summe das aggregierte Gesamteinkommen bilden.

Tabelle 5-22: *Zusammensetzung des Monatseinkommens des SHE-Indikators für das Jahr 2010 nach Altersgruppen*

	15–29		30–44		45–64		>65	
	Euro	in Prozent	Euro	in Prozent	Euro	in Prozent	Euro	in Prozent
Nettomonats-einkommen	2.308	72,1	3.403	76,0	3.211	76,8	2.385	68,2
Schwarzarbeit	89	2,8	100	2,2	40	1,0	44	1,3
Haushalts-produktion	714	22,3	922	20,6	833	19,9	974	27,8
Ehrenamt	88	2,8	54	1,2	97	2,3	93	2,7
Gesamteinkommen SHE-Indikator	3.199	100	4.479	100	4.181	100	3.496	100

Quelle: Eigene Berechnungen, Statistisches Bundesamt (2012c), S. 32.

Es konnte bereits gezeigt werden, dass die beiden ersten Altersgruppen das geringste und das höchste Nettomonatseinkommen besitzen, was auf ihre Erwerbsbiographien zurückzuführen ist. Besonders die jüngste Altersklasse ist noch von Schulzeit, Ausbildung und Berufseinstieg geprägt und hat daher durchschnittlich geringere Einkommen zur Verfügung. In Bezug auf das neue Gesamteinkommen würde darauf ein Anteil von ca. 72,1 Prozent (15-29-Jährige) bzw. ca. 76,0 Prozent (30-44-Jährige) entfallen. Zudem wird aus der Tabelle ersichtlich, dass sich die Einkommenspositionen beim neuen Gesamteinkommen nicht ändern. Allerdings haben die Komponenten in den einzelnen Altersgruppen einen unterschiedlichen Einfluss auf dessen Zusammensetzung. Über alle Altersgruppen hinweg kann das Einkommen aus der Haushaltsproduktion als höchster absoluter und relativer Einkommenszuwachs identifiziert werden. Der Gruppe der über 65-Jährigen könnten durch die Entlohnung der Haushaltsproduktion ca. 974 Euro mehr zur Verfügung stehen. Dieser Beitrag entspräche ca. 27,8 Prozent des aggregierten Gesamteinkommens. Dahingegen weist in der Gruppe der 45-64-Jährigen das Haushaltsproduktionseinkommen mit 19,9 Prozent in Relation zu den anderen drei Altersgruppen den geringsten Anteil am Gesamteinkommen auf. Der Anteil der möglichen Einkommen aus Schwarzarbeit und Ehrenamt am neuen Gesamteinkommen ist damit als verhältnismäßig gering einzustufen. In der jüngsten Altersgruppe sind die Ergebnisse für Schwarzarbeit und Ehrenamt nahezu identisch und nehmen im Vergleich zu den anderen Altersgruppen den höchsten relativen Anteil von je ca. 2,8 Prozent am Gesamteinkommen ein. Besonders auffällig ist, dass in der Gruppe der 30-44-Jährigen der Anteil des Ehrenamtes am geringsten ausgeprägt ist und zudem geringer ist als der Wert der Schwarzarbeit. In den Altersgruppen der 45-64-Jährigen und der über 65-Jährigen ist der umgekehrte Fall zu beobachten. Die Einkommen aus Schwarzarbeit haben zum einen absolut den kleinsten Wert und zum anderen ist ihr Einfluss mit ca. 1,0 bzw. 1,3 Prozent zum jeweiligen Gesamteinkommen als marginal einzustufen. Es kann festgehalten werden, dass bei den über 65-Jährigen und den 30-44-Jährigen der Einkommenszuwachs durch die drei Teilkomponenten mit ca. 1.111 Euro und ca. 1.076 Euro absolut am höchsten sein kann. Der Einfluss der Haushaltsproduktion ist für diesen Anstieg verantwortlich und kann auch durch die leicht höheren Anteile der anderen beiden Teilkomponenten (vgl. die Gruppe der 15-29-Jährigen) nicht kompensiert werden. Hinsichtlich der Einkommensdifferenzen zwischen einzelnen Altersgruppen können verschiedene Befunde konstatiert werden. Während sich die Einkommensabstände der jüngsten Altersklasse zu den anderen drei Altersgruppen durch das SHE-Einkommen vergrößern, sind in den anderen Gruppen sowohl Annäherungen als auch weitere Einkommensspreizungen zu beobachten. Das SHE-Einkommen der über 65-Jähringen liegt näher an den SHE-Einkommen der mittleren beiden Altersklassen als das verfügbare Haushaltsnettoeinkommen. Die damit verbundenen Auswirkungen auf die Einkommensverteilung werden im Folgenden präsentiert. Es werden neben den Lorenzkurven für das verfügbare Nettomonatseinkommen, für das SHE-Einkommen und das aggregierte Gesamteinkommen auch die Gini-Koeffizienten dargestellt. Die angegebenen Bevölkerungsanteile der Altersgruppen entsprechen den Abszissenabschnitten der SHE-Lorenzkurve.[352]

Die Lage der Lorenzkurven macht deutlich, dass die Einkommensverteilung der drei Einkommensgrößen über die Altersklassen sehr ähnlich verläuft und durch die Nähe zur Winkelhalbierenden auch relativ gleichmäßig ist.

---

352 Die Altersklassen werden nach aufsteigendem Einkommen sortiert. Somit ergibt sich beim Haushaltsnettoeinkommen (NEK) und dem hier ermittelten neuen Gesamteinkommen (NEK+SHE) folgende Reihung für die Abszissenabschnitte der Lorenzkurve: 15–29 Jahre, > 65 Jahre, 30–44 Jahre und 45–64 Jahre.

Abbildung 5-12: Lorenzkurve des SHE-Indikators nach Alter

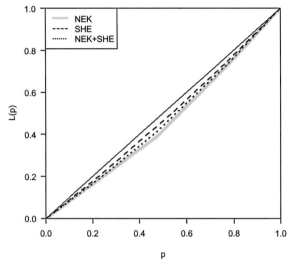

	p
15-29 Jahre	0,24
45-64 Jahre	0,31
30-44 Jahre	0,22
> 65 Jahre	0,23

	Gini
NEK	0,09
SHE	0,06
NEK+SHE	0,08

Quelle: Eigene Berechnungen.

Der Gini-Koeffizient des aggregierten Gesamteinkommens (NEK+SHE) beträgt 0,07 und liegt somit zwischen den beiden anderen Werten. Das SHE-Einkommen weist im Vergleich zu den beiden anderen Einkommen die geringste Ungleichverteilung über alle betrachteten Altersgruppen hinweg auf. Dies kann vor allem auf den absoluten und relativen Einfluss des Haushaltsproduktionseinkommens zurückgeführt werden, der maßgeblich die Einkommensdifferenzen zwischen den drei älteren Gruppen reduzieren kann. Das Haushaltsproduktionseinkommen kann somit die, in den vorherigen Kapiteln dargestellten, Ungleichheiten im Bereich der Schwarzarbeit und des Ehrenamtes kompensieren. Nach Berücksichtigung des SHE-Einkommens kann ca. 47 Prozent der Bevölkerung (15-29-Jährigen und über 65-Jährige) ca. 41 Prozent des neuen Gesamteinkommens zugewiesen werden, davor waren es ca. 39 Prozent.

Aufgrund der bisherigen Ergebnisse kann festgehalten werden, dass durch das SHE-Einkommen die Einkommensungleichheiten zwischen den Altersgruppen leicht reduziert werden können. Zudem wird das hier ermittelte neue Gesamteinkommen gleichmäßiger verteilt und würde die jüngste und die älteste Gruppe im Vergleich zur Verteilungssituation des verfügbaren Nettomonatseinkommens besser stellen.

Ergänzend zu den bisherigen Ausführungen werden nun die haushaltstyp-spezifischen Ergebnisse des aggregierten SHE-Indikators für das Jahr 2010 vorgestellt. Dabei wird das Zusammenspiel der zeitlichen, monetären und verteilungsrelevanten Ergebnisse der drei Teilkomponenten Schwarzarbeit, Haushaltsproduktion und Ehrenamt näher analysiert. Die nachstehende Tabelle enthält die absolute und relative zeitliche Zusammensetzung des SHE-Indikators. Es zeigt sich, dass Alleinerziehende mit durchschnittlich fast 34 Stunden pro Monat die meiste Zeit für nicht-marktliche Tätigkeiten aufbringen; Alleinlebende investieren mit ca. 24,6 Stunden dagegen über neun Stunden weniger in diese Tätigkeiten.

Tabelle 5-23: Durchschnittliche zeitliche Zusammensetzung des SHE-Indikators nach Haushaltstypen im Jahr 2010

	Alleinlebende		Zusammenlebende Paare ohne Kinder		Alleinerziehende		Zusammen-lebende Paare mit Kindern	
	Stunden pro Woche	in Prozent	Stunden pro Woche	in Prozent	Stunden pro Woche	in Prozent	Stunden pro Woche	in Prozent
Schwarzarbeit	1,06	4,3	1,08	3,9	1,35	4,0	1,58	5,2
Haushalts-produktion	20,90	84,9	24,55	88,0	31,04	91,6	27,23	89,4
Ehrenamt	2,65	10,8	2,27	8,1	1,50	4,4	1,65	5,4
SHE-Indikator	24,61	100	27,90	100	33,89	100	30,46	100

Quelle: Eigene Berechnungen.

Wie bereits die Einzelauswertungen gezeigt haben, nehmen die Tätigkeiten der Haushaltsproduktion in allen Haushalten die meiste Zeit – wenngleich in unterschiedlichem Ausmaß – in Anspruch. Sowohl absolut als auch relativ gesehen sind diese Tätigkeiten bei den Alleinerziehenden mit über 31 Stunden pro Monat am stärksten ausgeprägt, gefolgt von Paarhaushalten mit Kindern. Der zeitliche Umfang in der Haushaltsproduktion scheint somit vom Vorhandensein von Kindern und den damit verbundenen Aufgaben im Haushalt maßgeblich geprägt zu sein. Bei Haushalten ohne Kinder ist auffällig, dass diese zwar weniger Zeit in die Haushaltsproduktion investieren, dafür jedoch mehr in Ehrenamt als die Haushalte mit Kindern. Dies könnte unter anderem auf den Wunsch nach sozialer, sportlicher oder generell gesellschaftlicher Interaktion zurückzuführen sein. Der geringere Zeiteinsatz in den Haushalten mit Kindern könnte darauf zurückgeführt werden, dass viele Tätigkeiten im Bereich des Ehrenamtes nicht als

solche wahrgenommen werden, sondern vielmehr dem Bereich der Haushaltsproduktion zugeordnet werden bzw. aufgrund der hohen zeitlichen Beanspru-
chung durch die Aufgaben im Haushalt keine Zeit mehr für andere Tätigkeiten
übrig bleibt. In diesem Zusammenhang sind auch die zeitlichen Unterschiede
der Schwarzarbeit innerhalb, aber auch zwischen den Haushalten interessant.
Während in den kinderlosen Haushalten der Zeiteinsatz für Schwarzarbeit deutlich unter dem für Ehrenamt liegt, ist er in den Haushalten mit Kindern nahezu gleich. Die höhere Schwarzarbeitszeit in diesen Haushalten könnte somit auf
das Vorhandensein von Kindern bzw. damit verbundener etwaiger Mehrkosten
zurückzuführen sein, die durch das zusätzliche Schwarzarbeitseinkommen zu
kompensieren versucht werden.

Die monetären Effekte, die mit dem zeitlichen Arbeitseinsatz für die nicht-
marktlichen Tätigkeiten einhergehen, sind in Tabelle 5-24 abgebildet. Wie bei
den vorherigen Auswertungen sind die bereits vorgestellten Einkommensgrößen
aus Schwarzarbeit, Haushaltsproduktion und Ehrenamt sowie das verfügbare
Nettomonatseinkommen und das – durch Aggregation der vier Einkommensgrößen – ermittelte Gesamteinkommen des SHE-Indikators dargestellt.

*Tabelle 5-24: Zusammensetzung des Monatseinkommens des SHE-Indikators für das Jahr
2010 nach Haushaltstypen*

	Alleinlebende		Zusammen-lebende Paare ohne Kinder		Allein-erziehende		Zusammen-lebende Paare mit Kindern	
	Euro	in Prozent	Euro	in Prozent	Euro	in Prozent	Euro	in Prozent
Nettomonats-einkommen	1.784	75,9	3.368	73,6	2.202	69,5	4.280	69,1
Schwarzarbeit	38	1,6	74	1,6	58	1,8	147	2,4
Haushalts-produktion	462	19,7	1.031	22,5	865	27,3	1.663	26,9
Ehrenamt	66	2,8	105	2,3	43	1,4	101	1,6
Gesamteinkommen SHE-Indikator	2.350	100	4.578	100	3.168	100	6.191	100

Quelle: Eigene Berechnungen, Statistisches Bundesamt (2012c), S. 32.

Die Angaben in der ersten und letzten Zeile der Tabelle verdeutlichen, dass
sich die Reihenfolge der haushaltstypspezifischen absoluten Einkommenshöhen durch die Entlohnung der SHE-Komponenten nicht ändert. Somit steht
den Paarhaushalten monatlich auch weiterhin das meiste Nettoeinkommen zur

Verfügung. Allerdings belegen die Daten auch, dass die Einkommenskomponenten des SHE-Indikators in Haushalten mit Kindern einen höheren Anteil aufweisen als in kinderlosen Haushalten. Dies ist gleichbedeutend mit dem geringeren Anteil des Nettomonatseinkommens am aggregierten Gesamteinkommen des SHE-Indikators. Während dieser Wert bei Haushalten mit Kindern jeweils ca. 69 Prozent beträgt, liegt er bei kinderlosen Paaren bei ca. 73,6 Prozent und bei Alleinlebenden bei ca. 75,9 Prozent. Darüber hinaus lassen sich auch hier ähnliche Befunde wie in der vorherigen soziökonomischen Auswertungen ableiten. Das Einkommen aus der Haushaltsproduktion erhöht das Einkommen (absolut und relativ) am stärksten. Bemerkenswert ist an dieser Stelle, dass diese Einkommenskomponente bei Alleinerziehenden mit 865 Euro nahezu doppelt so hoch ist wie bei Alleinlebenden mit ca. 462 Euro. Dies ist maßgeblich auf den höheren Zeiteinsatz der Alleinerziehenden zurückzuführen (vgl. Tabelle 5-9). Die möglichen Einkommen aus Schwarzarbeit und Ehrenamt lassen auch Gemeinsamkeiten in den Haushalten mit Kindern und in den Haushalten ohne Kinder erkennen. Das Einkommen aus Ehrenamt übersteigt in den kinderlosen Haushalten das Einkommen aus Schwarzarbeit – in den Haushalten mit Kindern ist der umgekehrte Fall festzustellen.

Zusammenfassend kann konstatiert werden, dass das Einkommen bei Alleinerziehenden und zusammenlebenden Paaren mit Kindern durch die Berücksichtigung der SHE-Komponenten prozentual mehr gesteigert werden kann als in den anderen beiden Haushaltstypen. Zudem konnte gezeigt werden, dass Alleinlebende und kinderlose Paare mehr Zeit in Ehrenamt investieren und somit auch ein höheres Einkommen in diesem Bereich generieren könnten als Haushalte mit Kindern. Die dargestellten wohlstandsrelevanten Ergebnisse belegen zudem eine weitere Spreizung der Einkommensdifferenzen zwischen den Haushaltstypen. Daher werden im Folgenden die Verteilungswirkungen des aggregierten Gesamteinkommens des SHE-Indikators im Vergleich zum verfügbaren Nettomonatseinkommen beschrieben. In Anlehnung an die bisherige Ergebnisdarstellung sind neben den Lorenzkurven (NEK, SHE und NEK+SHE) auch die damit einhergehenden Gini-Koeffizienten und die Bevölkerungsanteile der Haushaltstypen dargestellt. Die Reihenfolge der haushaltstypspezifischen Bevölkerungsanteile (p) entspricht hierbei den jeweiligen Abszissenabschnitten.

Abbildung 5-13: Lorenzkurve des SHE-Indikators nach Haushaltstyp

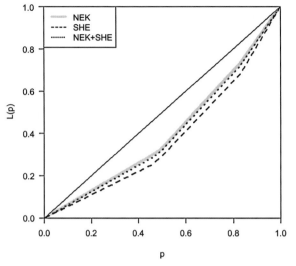

	p
Alleinlebende	0,45
Alleinerziehende	0,04
Zusammenlebende Paare ohne Kinder	0,33
Zusammenlebende Paare mit Kindern	0,17

	Gini
NEK	0,19
SHE	0,23
NEK+SHE	0,20

Quelle: Eigene Berechnungen.

Der Verlauf der Lorenzkurven verdeutlicht, dass das verfügbare Nettomonatseinkommen über die Haushalte gleichmäßiger verteilt ist als das aggregierte Einkommen (NEK+SHE) des SHE-Indikators. Ausschlaggebend für diese
Verschiebung ist die Einkommensverteilung der SHE-Teilkomponenten, die
einem Gini-Koeffizienten von 0,23 entspricht. So kann ca. 49 Prozent der Bevölkerung (Alleinlebende und Alleinerziehende) ca. 33 Prozent des verfügbaren Nettomonatseinkommens, aber nur etwa 29 Prozent des SHE-Einkommens
zugeteilt werden. Daraus resultiert für das aggregierte Gesamteinkommen des
SHE-Indikators ein Gini-Koeffizient von 0,20. Die Berücksichtigung der Teilkomponenten des SHE-Indikators führt zu einer ungleichmäßigeren Einkommensverteilung, die sich vor allem bei den Einkommen der Alleinlebenden und
Alleinerziehenden bemerkbar macht. Dies ist vor allem auf das Einkommen aus
der Haushaltsproduktion zurückzuführen, die zu einer Erhöhung der Einkommensdifferenzen zwischen den Haushalten führt.

Die bisherigen Ausführungen verdeutlichen, dass die Erfassung und Monetarisierung von nicht-marktlichen Tätigkeiten in den Bereichen der Schwarzarbeit, der Haushaltsproduktion und des Ehrenamtes einen entscheidenden
Einfluss auf die materielle Wohlstandssituation der privaten Haushalte haben
können. Das verfügbare Einkommen könnte im Jahr 2010 durchschnittlich um

ca. 30 Prozent gesteigert werden. Die Ungleichverteilung der Einkommen würde sich durch die Berücksichtigung des SHE-Indikators zwischen den Männern und Frauen sowie zwischen den vier dargestellten Altersgruppen reduzieren. Allerdings könnte die Verteilung zwischen den Haushaltstypen ungleicher im Vergleich zum verfügbaren Nettomonatseinkommen werden. Durch die Ergebnisse kann somit empirisch belegt werden, dass Wohlstandsaussagen über das BIP respektive das verfügbare Einkommen der privaten Haushalte die materielle Wohlstandssituation systematisch unterschätzen. Die zielgerichtete Erweiterung der Einkommensbasis um die Arbeitsleistung der nicht-marktlichen Tätigkeiten könnte die materielle Wohlstandssituation besser erfassen. Zudem ermöglicht der vorgestellte SHE-Indikator, erste personelle Verteilungsergebnisse im Rahmen der Wohlstandsmessung zu integrieren.

5.5 Kritische Würdigung der Ergebnisse

Zur Beantwortung der zentralen Fragestellung, wie ein Indikator konzipiert werden könnte, der wohlstands- und verteilungsrelevante Aussagen ermöglicht, wurde der SHE-Indikator abgeleitet. Basierend auf der zeitlichen und monetären Erfassung der Arbeitsleistung nicht-marktlicher Tätigkeiten konnte gezeigt werden, dass durch den SHE-Indikator die Auswirkungen auf die Einkommenssituation der privaten Haushalte modelliert und empirisch analysiert werden kann. Die Ergebnisse des vorgestellten Indikators zur materiellen Wohlstands- und Verteilungsmessung wurden in den vorherigen Abschnitten vorgestellt. Der folgende Abschnitt widmet sich einer kritischen Würdigung des Modellansatzes und der Annahmen sowie deren Einfluss auf die Ergebnisse.

In nachstehender Abbildung ist die Zusammensetzung des SHE-Indikators differenziert nach den wohlstands- und verteilungsrelevanten Komponenten zusammengefasst. Ausgehend von den einzelnen Komponenten werden die zugrundeliegenden Modellannahmen aufgegriffen und bewertet.

Abbildung 5-14: Zusammensetzung des SHE-Indikators

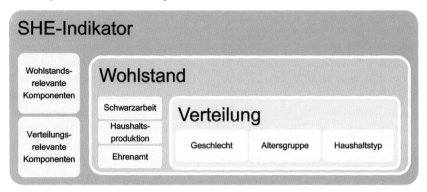

Quelle: Eigene Darstellung.

Es wird deutlich, dass die Fokussierung auf die Arbeitsleistung der nicht-marktlichen Tätigkeiten die Integration der wohlstandsrelevanten Komponenten Schwarzarbeit, Haushaltsproduktion und Ehrenamt im SHE-Indikator ermöglicht. Die Differenzierung nach Geschlecht, Alter und Haushaltstyp bildete die Grundlage für die personelle Verteilungsanalyse.

Ausschlaggebend für die zeitliche und monetäre Modellierung sind die Zeitbudgeterhebung und die Entlohnung der drei Teilkomponenten. In Kapitel vier wurden die drei Modellierungsschritte (Abgrenzung der relevanten Tätigkeiten, Bestimmung des zeitlichen Aufwands und Bestimmung des monetären Bewertungsansatzes) und die getroffenen Annahmen vorgestellt. Zur zeitlichen Abschätzung der Schwarzarbeit wurde auf Sekundärstatistiken der Rockwool-Foundation zurückgegriffen, die das Ausmaß der Schwarzarbeit in Deutschland über Befragungen in verschiedenen Wirtschaftszweigen eruiert haben. Die Ergebnisse mussten in die Systematik der Tätigkeiten der Zeitbudgeterhebung transformiert werden, dadurch war es möglich in den relevanten Tätigkeiten Schwarzarbeitsanteile abzuleiten (vgl. Tabelle 4-5). Im Rahmen der Ergebnisbeschreibung wurde darauf hingewiesen, dass das zeitliche Aufkommen und die angenommene Entlohnungsstruktur der Schwarzarbeit durch dieses Vorgehen vorsichtig abgeschätzt wurden. Des Weiteren wurden die Daten der Zeitbudgeterhebung aus dem Jahr 2001/02 für die Berechnungen herangezogen, da die aktualisierten Daten noch nicht veröffentlicht waren. In den neueren Zeitbudgetdaten könnte es zu Verschiebungen zwischen den einzelnen nicht-marktlichen Tätigkeiten sowohl zwischen als auch innerhalb der sozioökonomischen Gruppen kommen. Allerdings hat sich das durchschnittliche Jahresvolumen von bezahlter Arbeit in den vergangenen zehn Jahren kaum verändert, sodass dies gegebenenfalls auch auf die nicht-marktlichen Tätigkeiten zutreffen könnte. Eine abschließende Bewertung kann jedoch nur durch die Integration der neuen Zeitbudgetdaten erfolgen. Generell konnte gezeigt werden, dass über alle sozio-ökonomischen Merkmale hinweg in den Tätigkeiten der Haushaltsproduktion der größte Zeiteinsatz vorliegt. In den einzelnen Teilkapiteln wurde auf den zeitlichen Umfang in den jeweiligen Teilkomponenten hingewiesen. Bedingt durch die modellspezifischen Annahmen investieren Frauen ca. 92 Prozent der Zeit in nicht-marktliche Tätigkeiten im Bereich Haushaltsproduktion, dagegen nur 2 Prozent in Schwarzarbeit und ca. 6 Prozent in Ehrenamt. Bei den Männern verlagert sich diese Aufteilung zu Gunsten der Schwarzarbeit und des Ehrenamtes. Sie wenden jeweils ca. 10 Prozent dafür auf und somit nur ca. 80 Prozent für die Haushaltsproduktion. In den Altersgruppen zeichnet sich für die zur Verfügung stehende Zeit der Teilkomponenten eine ähnliche Aufteilung ab. In Vergleich zu den anderen Altersgruppen wird in der jüngsten Altersgruppe der geringste Zeitanteil für die Haushaltsproduktion (ca. 84 Prozent), aber der höchste für das Ehrenamt (ca. 10 Prozent) ermittelt. Die beiden mittleren Altersklassen verwenden ca. 88 Prozent der Zeit für die Haushaltsproduktion. Allerdings zeichnen sich unterschiedliche Präferenzen für die Zeitverwendung bezüglich der anderen beiden Komponenten ab. Während die Gruppe der 45-64-Jährigen ca. 9 Prozent der Zeit in Ehrenamt und ca. 3 Prozent in Schwarzarbeit investiert, sind es bei den 30-44-Jährigen jeweils ca. 6 Prozent. In der Gruppe der über 65-Jährigen nimmt die Haushaltsproduktion mit ca. 90 Prozent die meiste Zeit im Vergleich zu den anderen ein und die Schwarzarbeit mit ca. 3 Prozent einen der niedrigsten Anteile an. Die modellierten Anteile der drei Teilkomponenten in den Haushaltstypen zeigen, dass in Paarhaushalten mit Kindern jeweils ca. 5 Prozent der Zeit für Schwarzarbeit und Ehrenamt und damit rund 90 Prozent für die Haushaltsproduktion aufgewandt werden. Bei Alleinerziehenden werden sogar 92 Prozent der Zeit für die Tätigkeiten der Haushaltsproduktion benötigt, bei Alleinlebenden dagegen nur ca. 85 Prozent. Der höhere Zeiteinsatz bei den Alleinerziehenden ist dabei maßgeblich auf die Tätigkeiten im Bereich der Kinderbetreuung zurückzuführen. Bei den Alleinlebenden kann im Bereich des Ehrenamtes mit ca. 11 Prozent der höchste relative Zeiteinsatz im Vergleich zu den anderen Haushaltstypen konstatiert werden. Des Weiteren konnte gezeigt werden, dass kinderlose Paare ca. 8 Prozent ihrer Zeit in Ehrenamt investieren und damit etwa doppelt so viel wie in Schwarzarbeit. Die Modellierung des zeitlichen Umfangs bildet die Basis zur monetären Bewertung der drei Teilkomponenten und hat somit einen entscheidenden Einfluss auf die Ergebnisse des materiellen Wohlstandes in den dargestellten sozioökonomischen Gruppen.

Hinsichtlich der monetären Bewertung wurde in dieser Arbeit der Spezialisten-ansatz in Kombination mit Bruttostundenlöhnen für die Tätigkeiten der Schwarz-arbeit und Nettostundenlöhnen für die Tätigkeiten der Haushaltsproduktion und des Ehrenamtes angewandt. Dieser Ansatz spiegelt die Vielschichtigkeit der nicht-marktlichen Tätigkeiten besser wider als die alternativen Ansätze der Gene-ralistenmethode oder die Bewertung mit einem gesamtwirtschaftlichen Durch-schnittslohn. Dafür ist jedoch die Zuteilung der relevanten Tätigkeiten in den drei Teilkomponenten zu Berufen notwendig, die diese prinzipiell ausführen könnten (vgl. Tabelle 4-3). Die Löhne dieser Berufe determinieren die Höhe des Lohns für die Tätigkeiten und haben damit neben dem zeitlichen Umfang entscheidenden Einfluss auf die Ergebnisse des materiellen Wohlstandes. Die Auswahl der Berufe führt über die relevanten Tätigkeiten hinweg zu einem durchschnittlichen Brut-tostundenlohn in Höhe von 15,00 Euro für Männer und 12,60 Euro für Frauen. Die Bestimmung der Nettostundenlohnsätze erfolgte über eine Gewichtung mit den Brutto-Netto-Einkommensdaten der VGR. Für die Nettostundenlöhne wird somit angenommen, dass sie ca. 26 Prozent unter den Bruttostundenlöhnen lie-gen (vgl. Kapitel 4.4). Diese Anpassung musste vorgenommen werden, da keine durchschnittlichen berufsspezifischen Nettostundenlöhne in den öffentlichen Statistiken ausgewiesen werden.

Wie in Kapitel 4.1.2.3 ausgeführt, könnte auch der gesamtwirtschaftliche Stundenlohn bzw. ein ausgewählter Generalistenlohn (bspw. Stundenlohn eines hauswirtschaftlichen Betreuers[353]) zur Bewertung der nicht-marktlichen Tätig-keiten herangezogen werden. Für das Jahr 2010 beträgt der durchschnittliche gesamtwirtschaftliche Bruttostundenlohn ca. 17,50 Euro und der Bruttolohn für einen hauswirtschaftlichen Betreuer ca. 10,45 Euro.[354] Damit wird deutlich, dass die Bewertung mit Durchschnittslöhnen zu einer höheren Entlohnung, die Be-wertung mit dem Generalistenansatz jedoch zu einer niedrigeren Entlohnung der drei Teilkomponenten im Vergleich zum Spezialistenansatz führen würde. Allerdings kann angenommen werden, dass die Teilkomponenten durch den Durchschnittslohn überschätzt werden, da sich dieser aus den Lohnsätzen al-ler Berufe ergibt. Der Generalistenansatz kann dagegen die Vielschichtigkeit der nicht-marktlichen Tätigkeiten und deren Entlohnung nicht aufgreifen. Aus die-sen Gründen ist die Anwendung des Spezialistenansatzes zur Beantwortung der Fragestellung im Rahmen dieser Arbeit als sinnvoll und robust anzusehen. Die möglichen Einkommenszuwächse sind somit vom zeitlichen Einsatz und den

---

353   Vgl. Schäfer (2004a), S. 967f.
354   Vgl. Statistisches Bundesamt (2012b), S. 503ff.

gewählten Stundenlöhnen in den relevanten Tätigkeiten abhängig. Wie bereits bei der obigen wohlstandsrelevanten Analyse beschrieben, müssen die Ergebnisse im Kontext dieser Annahmen interpretiert und bewertet werden.

Der entwickelte Indikator ermöglicht nicht nur Aussagen zum materiellen Wohlstand in Abhängigkeit der drei Teilkomponenten und der sozioökonomischen Merkmale, sondern auch eine Analyse der personellen Einkommensverteilung. Dabei wurde auf das Verteilungskonzept der Lorenzkurve und des Gini-Koeffizienten zurückgegriffen. Durch diese Verteilungsmaße wird die Ungleichverteilung der Einkommen in Abhängigkeit von Bevölkerungsanteilen gemessen. Im Rahmen dieser Arbeit wurde hierbei auf die sozioökonomischen Bevölkerungsanteile nach Geschlecht, Altersgruppen und Haushaltstyp zurückgegriffen. Basierend auf den modellinduzierten Ergebnissen wurde somit die Verteilung der verfügbaren Haushaltsnettoeinkommen, der möglichen Einkommen der drei Teilkomponenten sowie des aggregierten Gesamteinkommens analysiert. Die Verteilung kann aufgrund der gewählten Modellstruktur nur auf Makroebene erfolgen. Bei der Modellierung der Teilkomponenten sind aktuell keine mikroökonomischen Informationen, bspw. der Bildungsstand oder der Erwerbsstatus der Personen, die die nicht-marktlichen Tätigkeiten ausführen, enthalten. Somit kann auch keine mikroökomische Einkommensgröße modelliert werden.

Die vorliegende Datenlage ermöglicht daher noch keine Aussagen auf Mikroebene. Vor allem die genauen Haushaltszusammensetzungen konnten in dem hier gewählten Ansatz nicht vollständig aufgegriffen bzw. berücksichtigt werden, sodass manche Aspekte vor allem bei der Modellierung der Haushaltstypen, die zur Entstehung der Ergebnisse beitragen nicht umfassend berücksichtigt werden können. Zusammenfassend kann jedoch festgehalten werden, dass der SHE-Indikator auf makroökonomischer Ebene neue Erkenntnisse zur materiellen Wohlstands- und Verteilungssituation in Deutschland beitragen kann.

6 Fazit und Ausblick

Die Wohlstandssituation in Deutschland wird oftmals über das BIP bzw. das Wirtschaftswachstum bewertet. Das BIP wurde jedoch ursprünglich als Wirtschaftsindikator entwickelt und etabliert. Somit können viele Wohlstandsdimensionen und Wohlstandsaussagen mit dem BIP nicht abgebildet und gemessen werden.

Die vorliegende Arbeit beschäftigte sich daher mit der Frage, wie ein Indikator modelliert werden könnte, der Aussagen zu materiellen Wohlstands- und Verteilungsfragen ermöglicht und welche empirischen Implikationen damit verbunden sind. Es wurde ein Modell entwickelt, das in einem ersten Schritt nicht-marktliche Tätigkeiten identifiziert, die Einfluss auf den materiellen Wohlstand haben. In einem zweiten Schritt wurden die mit der Arbeitsleistung der nicht-marktlichen Tätigkeiten induzierten Einkommen und deren Auswirkungen auf die Einkommensverteilung untersucht. Ausgehend von den Unzulänglichkeiten des BIPs hinsichtlich materieller wohlstands- und verteilungsrelevanter Aspekte und den Empfehlungen der Enquetekommission wurden die Komponenten bzw. die Arbeitsleistungen im Bereich

- der Schwarzarbeit
- der Haushaltsproduktion und
- des Ehrenamtes

als zentrale Ergänzungen für das verfügbare Einkommen abgeleitet und zeitlich sowie monetär bewertet. Die daraus resultierenden Ergebnisse wurden in Kapitel 5 beschrieben. Auf der einen Seite wurde die Zusammensetzung der drei Teilkomponenten Schwarzarbeit, Haushaltsproduktion und Ehrenamt (SHE-Indikator) in Abhängigkeit der sozioökonomischen Merkmale Geschlecht, Alter und Haushaltstyp sowie deren Einfluss auf den materiellen Wohlstand analysiert. Auf der anderen Seite wurde die personelle Verteilungssituation der Einkommen der Teilkomponenten sowie des aggregierten SHE-Indikators mit dem verfügbaren Monatseinkommen bzw. dem aggregierten neuen Gesamteinkommen untersucht.

Es konnte gezeigt werden, dass der zeitliche Umfang der nicht-marktlichen Tätigkeiten nahezu dem Wert der durchschnittlichen Arbeitszeit regulärer Erwerbsarbeit entspricht. Anders ausgedrückt, werden pro Jahr ca. 16 Prozent der zur Verfügung stehenden Zeit mit marktlicher Arbeitsleistung und weitere 14 Prozent mit nicht-marktlicher Arbeitsleistung verbracht. Dabei investieren Frauen ca. 1,6-mal mehr Zeit mit der Ausführung dieser Tätigkeiten als Männer.

Gesamtwirtschaftlich wurde somit ein zusätzliches Einkommen von ca. 790,60 Milliarden Euro durch die Modellierung der nicht-marktlichen Teilkomponenten des SHE-Indikators berechnet. Der höchste Betrag konnte dabei durch die Haushaltsproduktion mit 667,70 Milliarden Euro realisiert, während es im Bereich des Ehrenamtes ca. 65,40 Milliarden Euro und im Bereich der Schwarzarbeit ca. 57,50 Milliarden sind. Generell zeigt sich, dass die Entlohnung der nicht-marktlichen Arbeitsleistung das verfügbare Nettomonatseinkommen auf Haushaltseben durchschnittlich um 30 Prozent erhöhen könnte. Zudem wurde deutlich, dass das damit einhergehende neue Monatseinkommen nach Geschlecht und Alter gleichmäßiger und nach Haushaltstypen ungleicher verteilt ist als die jeweiligen verfügbaren Einkommen der marktlichen Arbeitsleistung.

In den betrachteten sozioökomischen Gruppen trägt die Teilkomponente der Haushaltsproduktion ebenfalls am meisten zum materiellen Wohlstand bei. So würde sich das Nettomonatseinkommen der Frauen durchschnittlich um 907 Euro, das der Männer dagegen nur um ca. 598 Euro erhöhen. Dies würde einem relativen Einkommenszuwachs von ca. 42,3 Prozent bei den Frauen und ca. 17,5 Prozent bei den Männern entsprechen. In den Altersgruppen ist der höchste absolute und relative Einkommenszuwachs mit ca. 974 Euro bzw. 40,8 Prozent bei den über 65-Jährigen zu beobachten. Bezüglich der Haushaltstypen lässt sich konstatieren, dass Alleinerziehende durch Entlohnung der Haushaltsproduktion einen durchschnittlichen Einkommensanstieg von ca. 39,3 Prozent realisieren könnten. Es wurde deutlich, dass Frauen – auch im Haushaltskontext – die meiste Zeit für Hausarbeit aufbringen und somit auch den höchsten relativen Einkommensanstieg durch die Entlohnung der Haushaltsproduktion aufweisen.

Des Weiteren konnte gezeigt werden, dass die Berücksichtigung der Schwarzarbeit und des Ehrenamtes die materielle Wohlstandssituation der privaten Haushalte ebenfalls positiv beeinflusst, wenngleich auf einem viel niedrigerem Niveau als die Haushaltsproduktion. Die Erfassung der Teilkomponente Schwarzarbeit kann bei Männern das verfügbare Einkommen um ca. 106 Euro bzw. ca. 3,1 Prozent erhöhen. Dieser Wert übersteigt das mögliche Schwarzarbeitseinkommen der Frauen um nahezu das Vierfache. Der relative Einkommenszuwachs im Bereich des Ehrenamtes beträgt sowohl für Männer als auch Frauen ca. 2,9 Prozent. Hinsichtlich der Altersgruppen belegen die Ergebnisse, dass in der jüngsten Altersgruppe die Berücksichtigung der Schwarzarbeit und des Ehrenamts mit je ca. 3,9 bzw. 3,8 Prozent in Relation zum verfügbaren Monatseinkommen den höchsten relativen Einkommensanstieg in den vier Altersgruppen implizieren würde. Die Wohlstandsergebnisse der Haushaltstypen belegen, dass der absolute Einkommenszuwachs durch die drei Teilkomponenten in den Paarhaushalten immer größer ausfällt als in den Haushalten der Alleinlebenden bzw. Alleinerziehenden. Zudem konnte gezeigt werden, dass in kinderlosen Haushalten das mögliche Einkommen aus dem Ehrenamt größer ist als das mögliche Einkommen aus der Schwarzarbeit. In Haushalten mit Kindern ist dagegen der umgekehrte Fall zu beobachten. In Kapitel 5.4 wurde zudem dargelegt, dass die Haushaltsproduktion über alle sozioökonomischen Gruppen hinweg neben dem verfügbaren Einkommen aus der marktlichen Arbeitsleistung die zweithöchste Einkommenskomponente darstellen würde.

Neben möglichen Aussagen zur materiellen Wohlstandsituation konnten auf Basis des SHE-Indikators zudem Erkenntnisse zur personellen Einkommensverteilung gewonnen werden (vgl. Kapitel 5.1.2, 5.2.2 und 5.3.2). Folgende zentrale Ergebnisse können festgehalten werden: Die Einkommen der Haushaltsproduktion verteilen sich über das Geschlecht und die Altersgruppen gleichmäßiger, über die Haushaltstypen jedoch ungleicher. In diesem Zusammenhang konnte gezeigt werden, dass sich das verfügbare Monatseinkommen zu Gunsten der Männer, das Einkommen der Haushaltsproduktion dagegen zu Gunsten der Frauen verteilt. Die Verteilungssituation nach Haushaltstypen ergibt dagegen, dass das Einkommen aus der Haushaltsproduktion mit einem Wert von 0,23 zum einen ungleicher verteilt ist als das verfügbare Nettoeinkommen mit 0,19 und zum anderen deutlich ungleicher verteilt ist als nach Geschlecht oder Alter. Die Schwarzarbeitseinkommen verteilen sich dagegen in allen drei sozioökonomischen Gruppen ungleicher als die verfügbaren Nettomonatseinkommen und zudem ungleicher als die Einkommen der Haushaltsproduktion. Die Verteilung der Schwarzarbeitseinkommen ist für Frauen ungleicher als für Männer und ergibt einen Gini-Wert von 0,31. In den Altersgruppen konnte ein Gini-Wert von 0,21 berechnet werden, sodass das Einkommen deutlich ungleicher als das Monatseinkommen (Gini-Wert: 0,09) verteilt ist. Hinsichtlich der Haushaltstypen lässt sich konstatieren, dass diese einen relativ hohen Ungleichheitswert von 0,19 beim verfügbaren Monatseinkommen aufweisen. Im Bereich der Schwarzarbeit würden sich die Einkommen mit einem Wert von 0,27 noch ungleicher verteilen. Das Ehrenamtseinkommen verteilt sich über die Geschlechter im selben Maß wie das verfügbare Haushaltseinkommen. Auch die Verteilung des Ehrenamtseinkommens nach Altersgruppen sowie Haushaltstyp zeigt in diesem Zusammenhang nahezu identische Gini-Werte an wie die entsprechende Verteilung der verfügbaren Einkommen.

Neben der differenzierten Erfassung und Analyse der drei Teilkomponenten wurden in dieser Arbeit zudem die aggregierten Ergebnisse des SHE-Indikators ausgewertet. Die Einkommensverteilung der privaten Haushalte kann durch die Berücksichtigung der drei Teilkomponenten des SHE-Indikators beeinflusst werden. Aus den vorherigen Einzelauswertungen konnte abgeleitet werden, dass die Haushaltsproduktion sowohl auf die materielle Wohlstandssituation als auch auf die personelle Verteilungssituation den größten Einfluss hat. Diese ist auf die absoluten Einkommenszuwächse zurückzuführen, sodass die Einkommen der Schwarzarbeit und des Ehrenamtes Einfluss auf den materiellen Wohlstand haben. Allerdings kann kein signifikanter Einfluss auf die Verteilung der Einkommen nachgewiesen werden. Dies bedeutet, dass sich die Ungleichverteilung des verfügbaren Einkommens über das Geschlecht und über die Altersgruppen durch Berücksichtigung der Teilkomponenten des SHE-Indikators reduzieren würde. Werden als sozioökonomische Bezugsgröße jedoch die Haushaltstypen herangezogen, so wurde in dieser Arbeit gezeigt, dass sich das verfügbare Einkommen inklusive der SHE-Komponenten ungleicher verteilen.

Das Ergebnis dieser Arbeit ist, dass der vorgestellte SHE-Indikator als makroökonomische Kennzahl zur Analyse von materiellen Wohlstands- und Verteilungseffekten identifiziert werden kann. Zudem liefert er zusätzliche Erkenntnisse zur Zeitverwendung der Haushalte, der Einkommenszusammensetzung und der Einkommensverteilung der nicht-marktlichen Tätigkeiten. Als weiterer Forschungsbedarf kann die zeitliche Erfassung der nicht-marktlichen Tätigkeiten in Abhängigkeit der Erwerbsform der Personen und die Einbeziehung weiterer Sekundärstatistiken erfolgen, um Informationen der Haushalte auf Mikroebene zu erhalten. Damit könnten bspw. auch Armutsquoten und Äquivalenzgewichtete Markteinkommen zur personellen Verteilung erfasst werden.

Literaturverzeichnis

Alda, H. / Hauss, F. / Land, R. / Willisch, A. (2004): Erwerbsverläufe und sekundärer Integrationsmodus. Ergebnisse einer empirischen Untersuchung. Berliner Debatte Initial, Jg. 15, Nr. 2, S. 70–85.

Alscher, M. / Dathe, D. / Priller, E. / Speth, R. (2009): Bericht zur Lage und zu den Perspektiven des bürgerschaftlichen Engagements in Deutschland. BMFSFJ, Berlin.

Backes, G. M. (2011): Geschlechterdifferenz im Engagement. In Olk, T. / Hartnuß, B.: Handbuch Bürgerschaftliches Engagement, S. 65–75.

Baethge, M. / Bartelheimer, P. (2005): Sozioökonomische Entwicklung als Gegenstand der Berichterstattung. In SOFI/ IAB/ ISF/ INIFES (Hrsg.): Berichterstattung zur soziökonomischen Entwicklung in Deutschland – Arbeit und Lebensweisen, Wiesbaden, S. 37–62.

Bandura, R. (2008): A Survey of Composite Indices Measuring Country Performance: 2006 Update. UNDP/ODS Working Paper; Office of Development Studies, United Nations Development Programme, New York.

Baur, N. (2001): Soziologische und ökonomische Theorien der Erwerbsarbeit: eine Einführung. Campus Verlag.

Becker, G. S. (1965): A Theory of the Allocation of Time, in: The Economic Journal, Vol. 75, Nr. 299, S. 493–517.

Becker, G. S. (1993): A Treatise on the Family. Enlarged Edition. Cambridge, MA/ London Harvard University Press.

Becker, I. (2012): Personelle Einkommensverteilung. In: Forschungsverbund Soziökonomischer Berichterstattung (Hrsg.): Berichterstattung zur soziökonomischen Entwicklung in Deutschland – Teilhabe im Umbruch, Zweiter Bericht, S. 597–632.

Berger-Schmitt, R. / Noll, H.-H. (2000): Zur Konzeption eines Europäischen Systems Sozialer Indikatoren. Querschnitt. Festschrift für Max Kaase. ZUMA, Mannheim, S. 29–45.

Bergh, J. van den (2009): The GPD paradox. In: Journal of Economic Psychology 30, S. 117–135.

Blossfeld, H.-P. / Buchholz, S. (2009): Increasing resource inequality among families in modern societies: The mechanisms of growing educational homogamy, changes in the division of work in the family and the decline of the breadwinner model. In: Journal of Comparative Family Studies, S. 603–616.

BMAS (2011): Statistisches Taschenbuch 2011, Berlin.

BMAS (2013): Lebenslagen in Deutschland – Der vierte Armuts- und Reichtumsbericht der Bundesregierung.

BMFSFJ, Statistisches Bundesamt (2003): Wo bleibt die Zeit? Die Zeitverwendung der Bevölkerung in Deutschland 2001/02. Wiesbaden.

BMJ (2004): Gesetz zur Bekämpfung der Schwarzarbeit und illegalen Beschäftigung (Schwarzarbeitsbekämpfungsgesetz – SchwarzArbG); Online abrufbar unter: http://www.gesetze-im-internet.de/schwarzarbg_2004/ BJNR184210004.html (letzter Zugriff am: 21.02.2014).

Boockmann, B. / Döhrn, R. / Groneck, M. / Verbeek, H. (2010): Abschätzung des Ausmaßes der Schwarzarbeit. IAW Policy Reports Nr. 4, Tübingen.

Bowman, W. (2009): The economic value of volunteers to nonprofit organizations. In: Nonprofit Management and Leadership, 19: S. 491–506.

Braakmann, A. (2004): Schattenwirtschaft und Messung des Wirtschaftswachstums. Thünen-Series of Applied Economic Theory, Nr. 43–1.

Braakmann, A. (2009): Indikatoren für Wirtschaft, Lebensqualität und Nachhaltigkeit – der Stiglitz-Bericht als Herausforderung für die Statistik. In Wirtschaftsdienst 89. 12: Wie lässt sich Wohlstand messen?, S. 783–804.

Braakmann, A. (2010): Zur Wachstums- und Wohlfahrtsmessung – Die Vorschläge der Stiglitz-Sen-Fitoussi-Kommission und der Initiative „BIP und mehr". In: Wirtschaft und Statistik 7/ 2010, S. 609–614.

Brücker, H. / Klinger, S. / Möller, J. / Walwei, U. (2012): Handbuch Arbeitsmarkt 2013 – Analysen, Daten, Fakten. Bielefeld.

Brümmerhoff, D. (2007): Volkswirtschaftliche Gesamtrechnungen, 8. Auflage, Oldenburg Verlag, München.

Brümmerhoff, D. / Grömling, M. (2011): Volkswirtschaftliche Gesamtrechnungen, 9. Auflage, Oldenburg Verlag, München.

Bundesagentur für Arbeit (2010): Beschäftigungsstatistik: Sozialversicherungspflichtige Bruttoarbeitsentgelte, Nürnberg.

Bundesagentur für Arbeit (2013): Arbeitsmarkt in Zahlen – Beschäftigung nach Ländern in wirtschaftsfachlicher Gliederung (WZ 2008), Berichtsmonat Dezember 2013, Nürnberg.

Bundestag, D. (2002): Bericht der Enquete-Kommission „Zukunft des Bürgerschaftlichen Engagements": Bürgerschaftliches Engagement: auf dem Weg in eine zukunftsfähige Bürgergesellschaft, Drucksache 14/8900.

Bundestag, D. (2012): Achter Familienbericht: Zeit für Familie – Familienzeitpolitik als Chance einer nachhaltigen Familienpolitik, Drucksache 17/9000.

Bundestag, D. (2013): Schlussbericht der Enquete-Kommission Wachstum, Wohlstand, Lebensqualität: Wege zu nachhaltigem Wirtschaften und gesellschaftlichem Fortschritt in der Sozialen Marktwirtschaft, Drucksache 17/13300.

Bundeszentrale für politische Bildung (bpb): Stichwort: schwarzer Freitag. Online abrufbar unter: http://www.bpb.de/nachschlagen/lexika/lexikon-der-wirtschaft/20576/schwarzer-freitag (letzter Zugriff am: 07.01.2014).

Carstensen, K. / Wieland, E. (2013): Wohlstand und Wachstum – zu den Ergebnisse der Enquete-Kommission des deutschen Bundestages. In: ifo Schnelldienst, 15/2013, S. 3–7.

Chadeau, A. (1992): What is households' non-market production worth? OECD Economic Studies Nr. 18, S. 86–103.

Chaloupek, G. / Feigl, G. (2012): Die Wachstumskontroverse vor vierzig Jahren und heute. In: Wirtschaft und Gesellschaft, 38. Jahrgang, Heft 4, S. 771–800.

Clarke, M / Islam, S. M. N. (2003): Health adjusted GDP (HAGDP) measures of the relationship between economic growth, health outcomes and social welfare. CESifo Working Paper Nr. 1002.

Cobb, C. W. / Halstead, T. (1994): The Genuine Progress Indicator – Summary of Data and Methodology. Redefining Progress, San Francisco.

Constanza, R. / Hart, M. / Posner, S. / Talberth, J. (2009): Beyond the GDP: The Need for New Measure of Progress. The Pardee Papers, Nr. 4, Boston University.

Diefenbacher, H. / Zieschank, R. (2010): Wohlfahrtsmessung in Deutschland: Ein Vorschlag für einen nationalen Wohlfahrtsindex. Umweltbundesamt Texte 02/2010.

Dörner, K. (2010): Leben und Sterben, wo ich hingehöre. Dritter Sozialraum und neues Hilfssystem, 5. Auflage, Paranus Verlag.

Easterlin, R. A. (1974): Does Economic Growth Improve the Human Lot? Some Empirical Evidence.

Easterlin, R. A. (1995): Will Raising the Incomes of All Increase the Happiness of All? In: Journal of Economic Behavior & Organization 27, S. 35–47.

Ebert, A. / Trischler, F. (2012): Altersübergänge. In: Forschungsverbund Soziökonomischer Berichterstattung (Hrsg.): Berichterstattung zur sozioökonomischen Entwicklung in Deutschland – Teilhabe im Umbruch, Zweiter Bericht, S. 533–561.

Ehling, M. / Holz, E. / Kahle, I. (2001): Erhebungsdesign der Zeitbudgeterhebung 2001/2002, in Statistisches Bundesamt (Hrsg.), Wirtschaft und Statistik 6/2001, S. 427–436.

Ehling, M. (2004): Zeitbudgeterhebung 1991/1992 und 2001/2002 – Kontinuität und Wandel, in Statistisches Bundesamt (Hrg.) Alltag in Deutschland, Analysen zur Zeitverwendung, S. 10–22, Forum der Bundesstatistik, Band Nr. 43, Wiesbaden.

Eurobarometer (2007): Undeclared Work in the European Union, Special Eurobarometer 284, Wave 67.3 – TNS Opinion & Social.

Eurostat (2008): Harmonised European time survey, in Methodologies and Working papers; Online abrufbar unter: http://ec.europa.eu/eurostat/ramon/statmanuals/files/KS-RA-08-014-EN.pdf (letzter Zugriff am: 27.11.2013).

Eurostat, International Monetary Fund, OECD, United Nations, World Bank (2009): System of National Accounts 2008, New York.

Enste, D. H. (2002): Schattenwirtschaft und institutioneller Wandel – Eine soziologische, sozialpsychologische und ökonomische Analyse, Tübingen.

Enste, D. H. (2003): Ursachen der Schattenwirtschaft in den OECD-Staaten. In: IW-Trends 4/2003, Köln.

Enste, D. H. (2009): Schwarzarbeit in Deutschland. In: IW-Trends 11/2009, Köln.

Enste, D. H. (2012): Schwarzarbeit und Schattenwirtschaft, Wirtschaftsdienst 2/2012.

Enste, D. H. / Schneider, F. (2006): Schattenwirtschaft und Irreguläre Beschäftigung: Irrtümer, Zusammenhänge und Lösungen. In: Alt, J. / Bomme, M. (Hrsg.): Illegalität-Grenzen und Möglichkeiten der Migrationspolitik, Wiesbaden, S. 35–59.

Enste, D. H. / Hardege, S. (2007): Regulierung und Schattenwirtschaft; IW-Trends 2007, Köln.

Enste, D. H. / Hülskamp, N. / Schäfer, H. (2009): Familienunterstützende Dienstleistungen – Marktstrukturen, Potenziale und Politikoptionen. IW Analysen Nr. 44, Köln.

ESVG 1995: Verordnung (EG) Nr. 2223/96 des Rates vom 25. Juni 1996 zum Europäischen System Volkswirtschaftlicher Gesamtrechnungen auf nationaler und regionaler Ebene in der Europäischen Gemeinschaft (ABI. EG Nr. L 310), Stand 30. Oktober 2003.

Feld, L. / Larsen, C. (2012a): Undeclared Work, Deterrence and Social Norms: The Case of Germany; Springer-Verlag, Berlin, Heidelberg.

Feld, L. / Larsen, C. (2012b): Das Ausmaß der Schwarzarbeit in Deutschland: Odense [u.a.]: Univ. Press of Southern Denmark [u.a.].

Frey, B. S. (2012): Macht Geld allein glücklich? In Hennerkes, B.-H. / Augustin, G. (Hrsg.): Wertewandel mitgestalten, gut Handeln in Gesellschaft und Wirtschaft, S. 562–575.

Frey, B. S. / Frey Marti, C. (2010): Glück – Die Sicht der Ökonomie. In: Wirtschaftsdienst 2010/7, S. 458–463.

Frick, J. R. / Goebel, J. / Grabka, M. M. / Groh-Stromberg, O. / Wagner, G. G. (2007): Zur Erfassung von Einkommen und Vermögen in Haushaltssurveys: Hocheinkommensstichprobe und Vermögensbilanz im SOEP. In: SOEPpapers on Mulitdisciplinary Panel Data Research 19, Berlin.

Gadrey, J. / Jany-Catrice, F. (2006): The New Indicators of Well-Being and Development. Palgrave Macmillan, New York.

Geissler, B. (2010): Haushaltsdienstleistungen als informelle Erwerbsarbeit: neue Ungleichheit oder Ausdifferenzierung des Arbeitsmarkts? In Arbeit, Heft 1, Jahrgang 15, S. 194–205.

Geissler, B. (2010): Haushalt und informeller Sektor: Haushaltsarbeit und Haushaltsdienstleistungen. In Böhle, Voß, Wachtler (Hrsg.): Handbuch Arbeitssoziologie, S. 931–962, Wiesbaden.

Gensicke, T. / Geiss, S. (2004): Erfassung freiwilligen Engagements (Ehrenamt, Freiwilligenarbeit, Bürgerengagement) in den Freiwilligensurveys 1999/ 2004 und in der Zeitbudgetstudie. In: Forum der Bundesstatistik (Hrsg.): Wirtschaft und Statistik, 34/2004, S. 357–372.

Gensicke, T. / Picot, S. / Geiss, S. (2006): Freiwilliges Engagement in Deutschland 1999–2004. BMFSFJ, Wiesbaden.

Gensicke, T. / Geiss, S. (2010): Hauptbericht des Freiwilligensurveys 2009 – Ergebnisse der repräsentativen Trenderhebung zu Ehrenamt, Freiwilligenarbeit und bürgerschaftlichen Engagements, München.

Gerster, F. / Afheldt, H. (2008): Wachstum und Gesundheit – Chancengleichheit, Wettbewerb und Konsumentensouveränität. Managerkreis der Friedrich-Ebert-Stiftung.

Glatzer, W. / Berger-Schmitt, R. (1987): Die unterschätzten Haushalte – Das Leistungspotenzial der privaten Haushalte und der informellen sozialen Netzwerke. In Gewerkschaftliche Monatshefte, 87(4), S. 239–250.

Goldschmidt-Clermont, L. (1993): Monetary valuation of non-market productive time – Methodological considerations, The Review of Income and Wealth, Series 39, Number 4, S. 419–433.

Gorz, A. (2000): Arbeit zwischen Misere und Utopie. Suhrkamp Verlag.

Grabka, M. M. / Westermeier, C. (2014): Anhaltend hohe Vermögensungleichheit in Deutschland. In: DIW Wochenbericht 9/ 2014, S. 151–164.

Graf, G. (2007): Die volkswirtschaftliche Bedeutung von Schwarzarbeit. In: List Forum für Wirtschaft- und Finanzpolitik, Band. 33, S. 106–128.

Hacket, A. (2012): Arbeitszeit und Lebenszeit – Die Zeitverwendung abhängig Beschäftigter im Kontext von Erwerbsarbeit. In: Forschungsverbund Soziökonomischer Berichterstattung (Hrsg.): Berichterstattung zur sozioökonomischen Entwicklung in Deutschland – Teilhabe im Umbruch, Zweiter Bericht, S. 659–692.

Hammes, W. (2011): Haushalte und Lebensformen der Bevölkerung – Ergebnisse des Mikrozensus 2010, in Statistisches Bundesamt (Hrsg.), Wirtschaft und Statistik Oktober/ 2011.

Hank, K. / Erlinghagen, M. / Lemke, A. (2006): Ehrenamtliches Engagement in Europa. Eine vergleichende Untersuchung am Beispiel von Senioren. In: Sozialer Fortschritt 55 (1), S. 6–12.

Hank, K. / Erlinghagen, M. (2008): Produktives Altern und informelle Arbeit. In: Erlinghagen, M. / Hank, K. (Hrsg.): Produktives Altern und informelle Arbeit in modernen Gesellschaften – Theoretische Perspektiven und empirische Befunde, VS Verlag für Sozialwissenschaften, S. 9–24.

Hanousek, J. / Palda, F. (2003): Why People Evade Taxes in the Czech and Slovak Republics: A Tale of Twins, in: Belev, B. (Hrsg.): The Informal Economy in the EU Accession Countries – Size, Scope, Trends and Challenges to the Process of EU Enlargement. Center of the Study of Democracy, Sofia, S. 139–173.

Hawrylyshyn, O. (1976): The Value of Household Services: A Survey of Empirical Estimates, in: The Review of Income and Wealth, Vol. 22, S. 101–131.

Hawrylyshyn, O. (1977): Towards a definition of non-market activities. In: The Review of Income and Wealth, Vol. 23, S. 79–96.

Heimeshoff, L.-M. / Schwenken, H. (2013): „Das bisschen Haushalt…sagt mein Mann": Die politische Regulierung von Hausarbeit und Implikationen für die geschlechtliche Arbeitsteilung, in Arbeit: Zeitschrift für Arbeitsforschung, Arbeitsgestaltung und Arbeitspolitik, Jg. 22, Heft 3, S. 199–211, Stuttgart.

Heilmann, D. (2014): Wohlstandsmessung – Das BIP ist besser als sein Ruf. Handelsblatt Research Institute. Online abrufbar unter: http://research.handelsblatt. com/wp-content/uploads/2014/03/2014-3-21__Wohlstandsmessung.pdf (letzter Zugriff am: 29.05.2014).

Henke, K.-D. / Ostwald, D. A. (2012): Gesundheitssatellitenkonto – der Erste Schritt. In: Lohmann, H., Preusker, U., Gesundheitswirtschaftspolitik: Frischer Wind durch neues Denken, Heidelberg, S. 17–31.

Hill, T.P. (1977): On Goods and Services. In: The Review of Income and Wealth, Vol. 23, S. 315–333.

Hill, T.P. (1979): Do-It-Yourself and GDP. In: The Review of Income and Wealth, Vol. 25, S. 31–39.

Hufnagel, R. (2004): Empirische Ermittlung von Haushaltsführungsstilen mit Daten der Zeitbudgeterhebung 2001/02, in Statistisches Bundesamt (Hrsg.) Alltag in Deutschland, Analysen zur Zeitverwendung, S. 274–303, Forum der Bundesstatistik, Band Nr. 43, Wiesbaden.

IAB (2013): Daten zur kurzfristigen Entwicklung von Wirtschaft und Arbeitsmarkt 04/2013. Online abrufbar unter: http://doku.iab.de/arbeitsmarktdaten/ tab-az2013.pdf (letzter Zugriff am: 14.07.2014).

IAW (2013): Schattenwirtschaftsprognose 2013. Online abrufbar unter: http:// www.iaw.edu/iaw/Hauptseite (letzter Zugriff am: 27.11.2013).

IAW (2014): Schattenwirtschaftsprognose 2014. Online abrufbar unter: http:// www.iaw.edu/iaw/Hauptseite (letzter Zugriff am: 27.04.2014).

Islam, S. M. N. / Clarke, M. (2001): The Relationship between Economic Development and Social Welfare: A New Adjusted GDP Measure of Welfare. Social Indicators Research, Volume 57, Nr. 2, S. 201–228.

Janisch, U. / Brümmerhoff, D. (2004): Möglichkeiten und Grenzen der Schätzung der Schattenwirtschaft: kritische Auseinandersetzung mit den Schätzergebnissen der Bargeldmethode nach Schneider. Thünen-Series of Applied Economic Theory, Nr. 43-1.

Kahle, I. / Schäfer, D. (2005): Ehrenamt und bürgerschaftliches Engagement – Ergebnisse der Zeitbudgeterhebung 2001/2002: Wirtschaft und Statistik, 4/2005, S. 311–317.

Kahneman, D. / Krueger, A. B. (2006): Developments in the Measurement of Subjective Well-Being. In: Journal of Economic Perspective, Volume 20, S. 3–24.

Kettschau, I. / Hufnagel, R. / Holz, E. (2004): Lebensgestaltung auf Haushaltsebene – Verknüpfung zwischen Armutsforschung und Zeitbudgeterhebung, in

BMFSFJ: Expertise zum zweiten Armuts- und Reichtumsbericht der Bundesregierung, S. 3–82, Münster.

Koch, W. A. S. (2007): Zum Umfang der Schwarzarbeit in Deutschland. In: List
Forum für Wirtschaft- und Finanzpolitik, Band. 33, S. 153–172.

Kümmerling, A. / Jansen, A. / Lehndorff, S. (2008): Immer mehr Frauen sind
erwerbstätig – aber mit kürzeren Wochenarbeitszeiten. Institut Arbeit und
Qualifikation, IAQ-Report 2008/04.

Kuznets, S. (1934): National income 1929–1932. A report to the U.S. Senate, 73rd
Congress, 2nd Session. Washington, DC.

Kroker, R. (2011): Wachstum, Wohlstand, Lebensqualität: Brauchen wir einen
neuen Wohlstandsindikator?. ifo Schnelldienst 4/2011 – 64. Jahrgang, S. 3–6.

Krugman, P. / Wells, R. (2010): Volkswirtschaftslehre. Schäfer-Poeschel, Stuttgart.

Lamnek, S. / Olbrich, G. / Schäfer, W. (2000): Tatort Sozialstaat: Schwarzarbeit,
Leistungsmissbrauch, Steuerhinterziehung und ihre (Hinter-)Gründe. Leske
und Budrich, Opladen.

Lauk, M. / Meyer, S. (2004): Frauen, Männer und die Hausarbeit – Hintergründe der Zeitverwendung in Theorie und Empirie, Darmstadt Discussion Paper
in Economics Nr. 125.

Lepenies, P. (2013): Die Macht der einen Zahl: eine politische Geschichte des
Bruttoinlandsprodukts. 1. Auflage, Suhrkamp Verlag, Berlin.

Malthus, T. R. (1798): An Essay on the Principle of Population. Mineola,
New York.

Meadows, D. (1972): Die Grenzen des Wachstums. Stuttgart.

Meier, S. / Stutzer, A. (2008): Is Volunteering Rewarding in Itself? In: Economi-
ca, 75(1), S. 39–59.

Meier-Gräwe, U. (2010): Erwerbsarbeit und generative Sorgearbeit neu bewerten und anders verteilen – Perspektiven einer gendersensiblen Lebenslaufpolitik in modernen Dienstleistungsgesellschaften. In: Naegele, G. (Hrsg.):
Soziale Lebenslaufpolitik, VS Verlag für Sozialwissenschaften, S. 245–267.

Merkel, A. (2003): Rede auf dem 17. Parteitag der CDU am 01. Dezember 2003
in Leipzig. Online abrufbar unter: http://www.zeit.de/reden/deutsche_innen-
politik/200349_merkelcduparteitag/seite-13 (letzter Zugriff am: 05.01.2014).

Merz, J. (2001): Zeitbudget in Deutschland – Eine Einführung zur bisherigen
Nutzung von Zeitverwendungsdaten. In Statistisches Bundesamt (Hrsg.),

Zeitbudget in Deutschland – Erfahrungsberichte in Deutschland, S. 7–18, Wirtschaft und Statistik 6/2001.

Mill, J. S. (1852): Grundsätze der politischen Ökonomie. Band 2. Übersetzung Adolf Soetbeer, Hamburg.

Mucha, T. (2013): Wirtschaft und öffentlicher Sektor – Volkswirtschaftliche Gesamtrechnungen. In: Datenreport 2013 – Ein Sozialbericht für die Bundesrepublik Deutschland. Bundeszentrale für politische Bildung (bpb), S. 93–100.

Mutz, G. / Korfmacher, S. (2004): Lokale Infrastruktureinrichtungen und informelle Tätigkeiten. Neue Instrumente für den Arbeitsmarkt? In: Korfmacher, S. / Mutz, G. (Hrsg): Beschäftigungseffekte durch informelle Arbeit? Arbeitspapier 80, S. 5–16.

Niehues, J. / Schröder, C. (2012): Integrierte Einkommens- und Vermögensbetrachtung. In: IW Trends 1/2012, Köln.

Noll, H.-H. (2000): Konzepte der Wohlfahrtsentwicklung: Lebensqualität und „neue" Wohlfahrtskonzepte. In: Papers der Querschnittsgruppe Arbeit & Ökologie, Wissenschaftszentrum Berlin für Sozialforschung, Nr. P00–505.

Noll, H.-H. (2002): Globale Wohlfahrtsmaße als Instrumente der Wohlfahrtsmessung und Sozialberichterstattung: Funktionen, Ansätze und Probleme. In Glatzer, W. / Habich, R. / Mayer, K. U.: Sozialer Wandel und gesellschaftliche Dauerbeobachtung, S. 317–335.

Nordhaus, W. / Tobin, J. (1972): Is growth obsolete? In Moss, M. (Hrsg.): The Measurement of Economic and Social Performance. Columbia University Press, S. 509–532.

Notz, G. (2008): Arbeit: Hausarbeit, Ehrenamt, Erwerbsarbeit, in: Ruth Becker/ Beate Kortendiek (Hrsg.): Handbuch Frauen- und Geschlechterforschung, 2. erweiterte und aktualisierte Auflage, Wiesbaden, S. 472–480.

OECD (2002): Measuring the Non-observed Economy – A Handbook. Paris. Online abrufbar unter: http://www.oecd.org/std/na/1963116.pdf (letzter Zugriff am: 15.01.2014).

OECD (2012): Verfügbares Einkommen der privaten Haushalte. In OECD in Zahlen und Fakten 2011–2012: Wirtschaft, Umwelt, Gesellschaft, OECD Publishing. Online abrufbar unter: http://dx.doi.org/10.1787/9789264125469-21-de (letzter Zugriff am: 20.05.2014).

Olk, T. / Hartnuß, B. (2011): Handbuch Bürgerschaftliches Engagement. Beltz Juventa.

Paqué, K.-H. (2011): Präzise falsch oder vage richtig? Ein pragmatisches Plädoyer für das BIP als Wohlstandsmaß. ifo Schnelldienst 4/2011 – 64. Jahrgang, S. 7–9.

Pennekamp, J. (2011): Wachstum ohne Wohlstand: ein Literaturüberblick. Max-Planck-Institut für Gesellschaftsforschung, Köln.

Piorkowsky, M.-B. (2002): Präventive Einkommens- und Budgetberatung. Das Bundes- und Landesmodellprojekt „Einkommens-Budget-Beratung für Familien in der Hansestadt Rostock" – Evaluationsbericht. Deutsche Gesellschaft für Hauswirtschaft.

Piorkowsky, M.-B. / Stamm, T. (2003): Haushaltsaktivitäten und Wohlfahrtserträge in Familien mit Niedrigeinkommen. In: BMFSFJ: Expertise zum zweiten Armuts- und Reichtumsbericht der Bundesregierung, S. 3–57, Bonn.

Prognos AG / Generali Deutschland (2009): Engagement Atlas 09 – Daten, Hintergründe, volkswirtschaftlicher Nutzen. Berlin und München.

Raehlmann, I. (2004): Zeit und Arbeit – Eine Einführung. VS, Verlag für Sozialwissenschaften.

Reid, M. (1934): Economics of Household Production. J. Wiley & Sons, New York.

Sachverständigenrat (2010): Wirtschaftsleistung, Lebensqualität und Nachhaltigkeit: Ein umfassendes Indikatorensystem. Expertise im Auftrag des Deutsch-Französischen Ministerrats; Paris, Wiesbaden.

Salamon, L. M. / Sokolowksi, S. W. / Haddock, M. A. (2011): Measuring the Economic Value of Volunteer Work Globally: Concepts, Estimates and a Roadmap to the Future. In: Annals of Public and Cooperative Economics 82, S. 217–252.

Schäfer, D. / Schwarz, N. (1994): Wert der Haushaltsproduktion. In: Wirtschaft und Statistik, Heft 8, S. 597–612.

Schäfer, D. / Schwarz, N. (1996): Wert der unbezahlten Arbeit der privaten Haushalte – Das Satellitensystem Haushaltsproduktion. In: Zeit im Blickfeld: Ergebnisse einer repräsentativen Zeitbudgeterhebung; Schriftenreihe des Bundesministeriums für Familien, Senioren, Frauen und Jugend, 121; S. 15–69.

Schäfer, D. (2004a): Unbezahlte Arbeit und Haushaltsproduktion im Zeitvergleich. In: Forum der Bundesstatistik (Hrsg.): Wirtschaft und Statistik, 9/2004, S. 960–978.

Schäfer, D. (2004b): Unbezahlte Arbeit und Bruttoinlandsprodukt 1992 und 2001. In: Statistisches Bundesamt (Hrsg.): Alltag in Deutschland – Analysen zur Zeitverwendung, Band 43, S. 247–273.

Schäfer, W. (1984): Schattenökonomie. Theoretische Grundlagen und wirtschaftspolitische Konsequenzen, Göttingen.

Schäfer, W. (2006): Schattenwirtschaft, Äquivalenzprinzip und Wirtschaftspolitik, in: Enste, D.H. und Schneider, F. (Hrsg): Jahrbusch Schattenwirtschaft 2006/2007, Wien, Berlin, S. 165–182.

Schaffer, A. / Stahmer, C. (2005): Die Halbtagsgesellschaft – ein Konzept für nachhaltige Produktions- und Konsummuster. In: GALA – Ecological Perspective for Science and Society 14.3, S. 229–239.

Schaffer, A. / Stahmer, C. (2006a): Erweitertes Gender-BIP – Eine geschlechtsspezifische Analyse des traditionellen Bruttoinlandsprodukts und der Haushaltsproduktion in Deutschland, in Jahrbücher für Nationalökonomie und Statistik, Bd. (Vol.) 226/3, S. 308–328.

Schaffer, A. / Stahmer, C. (2006b): Women's GDP – a time-based input-output analysis, in Swiss journal of economics and statistics, S. 367–394, Bern.

Schepelmann, P. / Goossens, Y. / Makipaa, A. (2010): Toward Sustainable Development: Alternative to GDP for measuring progress. Wuppertal Spezial 42, Wuppertal Institute.

Schettkat, R. (2010): Dienstleistungen zwischen Kostenkrankheit und Marketization, WisoDiskurs.

Schmidt, T. (2012): Gender und Genderregime. In: Forschungsverbund Sozioökonomischer Berichterstattung (Hrsg.): Berichterstattung zur sozioökonomischen Entwicklung in Deutschland – Teilhabe im Umbruch, Zweiter Bericht, S. 89–110.

Schneider, F. / IAW (2002): Schattenwirtschaft und Schwarzarbeit: Beliebt bei Vielen – Problem für Alle. Nomos Verlagsgesellschaft, Baden-Baden.

Schrooten, M. (2012): Nachhaltiges Wachstum: Die Berücksichtigung ökologischer Fragestellungen bei der Wohlfahrtsmessung. In: Aufderheide, D.; Dabrowski, M. (Hrsg.): Effizienz oder Glück? Wirtschaftsethische und moralökonomische Perspektiven an der Kritik ökonomischer Erfolgsfaktoren. Duncker & Humblot, Berlin.

Schulte, M. / Butzmann, E. (2011): Messung von Wohlstand – Ein Überblick über verschiedene Verfahren. Denkwerk Zukunft. Online abrufbar unter: http://www.denkwerkzukunft.de/downloads/Wohlstand.pdf (letzter Zugriff am: 25.02.2014).

Schwahn, F. / Schwarz, N. (2010): Einkommenskonzepte in der amtlichen Statistik; Präsentation im Rahmen des 19. Wissenschaftlichen Kolloquiums zur Wohlfahrtsmessung am 11. und 12. November 2010, Wiesbaden.

Schwahn, F. / Schwarz, N. (2012): Einkommensverteilung als Baustein der Wohlfahrtsmessung – Ein Beitrag der Volkswirtschaftlichen Gesamtrechnungen. In: Statistisches Bundesamt (Hrsg.): Wirtschaft und Statistik, 10/ 2012, S. 829–842.

Schwarze, J. / Elsas, S. (2013): Analyse von Einkommensverteilungen: Ansätze, Methoden und Empirie. University of Bamberg Press.

Sesselmeier, W. / Funk, L. / Waas, B. (2010): Arbeitsmarkttheorien: Eine ökonomisch-juristische Einführung. Physica-Verlag, HD.

Sesselmeier, W. / Ostwald, D. A. (2011): Das Arbeits-BIP: Eine umfängliche Berücksichtigung der Arbeitsleistung bei der Wohlstandsberechnung, Wiso-Diskurs.

Sojka, E. (2012): Haushaltsnahe Dienstleistungen. In: Forschungsverbund Soziökonomischer Berichterstattung (Hrsg.): Berichterstattung zur sozioökonomischen Entwicklung in Deutschland – Teilhabe im Umbruch, Zweiter Bericht, S. 633–658.

Spangenberg, J. H. / Lorek, S. (2002): Lebensstandardmessung einschließlich nicht-marktlicher Dienstleistungen. In: Bosch, Hennicke, Hilbert, Kristof, Scherhorn (Hrsg.): Die Zukunft von Dienstleistungen – Ihre Auswirkung auf Arbeit, Umwelt und Lebensqualität, Campus Verlag Frankfurt/ New York, S. 455–481.

Stahmer, C. (2003): Satellitensystem für Aktivitäten der privaten Haushalte und Umwelt. In: Seel, B. und Stahmer, C. (Hrsg.): Haushaltsproduktion und Umweltbelastung, Ansätze einer Ökobilanzierung für den privaten Haushalt. Reihe Stiftung, Der Private Haushalt, Bd. 24. Frankfurt a.M., Campus, S. 60–111.

Statistisches Bundesamt (2001): Zeitbudget in Deutschland – Erfahrungsberichte der Wissenschaft; Spektrum der Bundesstatistik, Band 17, Wiesbaden.

Statistisches Bundesamt (2004): Alltag in Deutschland – Analysen zur Zeitverwendung, Beiträge zur Ergebniskonferenz der Zeitbudgeterhebung 2001/02a. 16./17. April 2004 in Wiesbaden.

Statistisches Bundesamt (2006): Zeitbudgets Tabellenband I. Zeitbudgeterhebung: Aktivitäten in Stunden und Minuten nach Geschlecht, Alter und Haushaltstyp 2001/2002. Wiesbaden.

Statistisches Bundesamt (2007): Volkswirtschaftliche Gesamtrechnungen. Inlandsprodukt nach ESVG 1995 – Methoden und Grundlagen. Fachreihe 18 Reihe S. 22. Wiesbaden.

Statistisches Bundesamt (2011a): Volkswirtschaftliche Gesamtrechnungen – Wichtige Zusammenhänge im Überblick 2010. Wiesbaden.

Statistisches Bundesamt (2011b): Fachserie 1 Reihe 4.1.1: Bevölkerung und Erwerbstätigkeit – Stand und Entwicklung der Erwerbstätigkeit in Deutschland. Wiesbaden.

Statistisches Bundesamt (2011c): Datenreport 2011 – Ein Sozialbericht für die Bundesrepublik Deutschland, Band I, Wiesbaden.

Statistisches Bundesamt (2012a): Qualitätsbericht: Wirtschaftsrechnungen – Einkommens- und Verbrauchsstichprobe, Einkommensverteilung in Deutschland 2008. Wiesbaden.

Statistisches Bundesamt (2012b): Fachserie 15 Heft 6: Wirtschaftsrechnungen – Einkommens- und Verbrauchsstichprobe, Einkommensverteilung in Deutschland 2008. Wiesbaden.

Statistisches Bundesamt (2012c): Fachserie 15 Reihe 1: Wirtschaftsrechnungen – Laufende Wirtschaftsrechnungen, Einnahmen und Ausgaben privater Haushalte 2010. Wiesbaden.

Statistisches Bundesamt (2013a): Statistisches Jahrbuch – Deutschland und Internationales 2013. Wiesbaden.

Statistisches Bundesamt (2013b): Fachserie 1 Reihe 3: Bevölkerung und Erwerbstätigkeit – Haushalte und Familien, Ergebnisse des Mikrozensus. Wiesbaden.

Statistisches Bundesamt (2013c): Fachserie 18: Volkswirtschaftliche Gesamtrechnungen – Private Konsumausgaben und verfügbares Einkommen, Beiheft. Wiesbaden.

Statistisches Bundesamt (2013d): Strategie- und Programmplan für die Jahre 2013 bis 2017. Wiesbaden. Online abrufbar unter: https://www.destatis.de/DE/UeberUns/UnsereZiele/Strategieplan2017.pdf?__blob=publicationFile (letzter Zugriff am: 25.05.2014).

Statistisches Bundesamt (2013e): Fachserie 16: Verdienste und Arbeitskosten – Verdienststrukturen 2010. Wiesbaden.

Statistisches Bundesamt (2013f): Fachserie 18 Reihe 1.5: Volkswirtschaftliche Gesamtrechnungen – Inlandsproduktberechnungen 2012. Wiesbaden.

Statistisches Bundesamt (2013g): Fachserie 1 Reihe 4.1.1: Bevölkerung und Erwerbstätigkeit – Stand und Entwicklung der Erwerbstätigkeit in Deutschland. Wiesbaden.

Statistisches Bundesamt (2014a): Volkswirtschaftliche Gesamtrechnungen – Wichtige Zusammenhänge im Überblick 2014. Wiesbaden.

Statistisches Bundesamt (2014b): Fachserie 18: Volkswirtschaftliche Gesamtrechnungen – Private Konsumausgaben und verfügbares Einkommen, Beiheft. Wiesbaden.

Stein, U. (2013): Leitfaden Einkommensverteilung. IMK Praxis, Düsseldorf.

Stiglitz, J. / Sen, A. / Fitoussi, J.-P. (2009): Report by the Commission on the Measurement of Economic Performance and Social Progress. Online abrufbar unter: http://www.stiglitz-sen-fitoussi.fr/documents/rapport_anglais.pdf (letzter Zugriff am: 23.04.2014).

Stricker, M. (2011): Ehrenamt. In Olk, T. / Hartnuß, B.: Handbuch Bürgerschaftliches Engagement, S. 163–171.

Suntum, U. van / Lerbs, O. (2011): Theoretische Fundierung und Bewertung alternativer Methoden zur Wohlfahrtsmessung. Rat für Sozial- und Wirtschaftsdaten (RatSWD), Working Paper Nr. 181, Wiesbaden.

Suntum, U. van (2011): Zur Kritik des BIP als Indikator für Wohlstand und Wirtschaftswachstum. Studie im Auftrag des Bundesverbandes der Deutschen Industrie, Rat für Sozial- und Wirtschaftsdaten (RatSWD), Working Paper Nr. 208, Berlin.

Teichert, V. (2000): Die informelle Ökonomie als notwendiger Bestandteil der formellen Erwerbswirtschaft: Zu den ökonomischen, sozialen und ökologischen Wirkungen informellen Arbeitens. Papers der Querschnittsgruppe Arbeit & Ökologie, Wissenschaftszentrum Berlin für Sozialforschung, No. P00-524.

UN – United Nations (1985): International Volunteer Day. Online abrufbar unter: http://www.un.org/en/ga/search/view_doc.asp?symbol=A/RES/40/212 (letzter Zugriff am: 25.02.2014).

UNDP – United Nations Development Programme (2013): Human Development Report 2013: The Rise of the South – Human Progress in a Diverse World. Online abrufbar unter: http://hdr.undp.org/sites/default/files/reports/ 14/hdr2013_en_complete.pdf (letzter Zugriff am: 24.04.2014).

VGRdL – Volkswirtschaftliche Gesamtrechnungen der Länder: Begriffsdefinitionen. http://www.vgrdl.de/arbeitskreis_vgr/definitionen.asp (letzter Zugriff am 05.03.2014).

Weinkopf, C. (2005): Haushaltsnahe Dienstleistungen für Ältere. Expertise im Auftrag der Sachverständigenkommission 5.

Wolff, K. (1986): Das Potential an Schwarzarbeitern in der Bundesrepublik Deutschland. Ergebnisse einer Untersuchung der Sfb3-Nebenerwerbstätigkeitsumfrage nach potentieller Abgabenhinterziehung. Sfb3-Arbeitspapier 233, Frankfurt/ Mannheim.

Anhang

Tabelle 0-1: Zuordnung Tätigkeiten, Berufe und Bruttostundenlöhne

Beruf	Bruttostundenlohn in Euro		
	gesamt	männlich	weiblich
Koch	11,60	12,40	10,60
Maurer	15,30	15,30	
Elektroinstallateure, -monteure	17,40	17,40	14,80
Maler	13,90	14,00	12,80
Dachdecker	13,80	13,80	
Zimmerer	15,00	15,00	
Raumreiniger	10,50	10,90	10,30
Glasreiniger	10,70	11,20	9,30
Gärtner	12,40	12,60	11,40
Tierpfleger	13,00	13,10	12,80
Hauswirtschafter	14,10	21,00	13,10
hauswirtschaftlicher Betreuer	10,50	11,50	10,30
Kindergärtnerinnen, Kinderpflegerinnen	16,00	16,40	15,90
Sonstige Lehrer	19,10	20,10	17,20
Seelsorger	22,60	22,60	
Krankenschwestern, -pfleger, Hebammen	17,00	18,20	16,70
Helfer in der Krankenpflege	13,80	14,40	13,20
Sozialarbeiter, Sozialpfleger	14,80	15,90	14,40
Floristen	10,50		9,40
Kellner, Stewards	11,20	11,60	10,90
Kraftfahrzeuginstandsetzer	16,10	16,10	16,20
Friseure	8,30	11,00	8,00

Quelle: Eigene Darstellung; Statistisches Bundesamt (2013e), S. 503ff.

Tabelle 0-2: Zuordnung Tätigkeiten, Berufe und Nettostundenlöhne

Beruf	Nettostundenlohn in Euro		
	gesamt	männlich	weiblich
Koch	8,50	9,10	7,80
Maurer	11,30	11,30	
Elektroinstallateure, -monteure	12,80	12,80	10,90
Maler	10,20	10,30	9,40
Dachdecker	10,20	10,20	
Zimmerer	11,00	11,00	
Raumreiniger	7,70	8,00	7,60
Glasreiniger	7,90	8,20	6,80
Gärtner	9,10	9,30	8,40
Tierpfleger	9,50	9,60	9,40
Hauswirtschafter	10,40	15,40	9,60
hauswirtschaftlicher Betreuer	7,70	8,40	7,60
Kindergärtnerinnen, Kinderpflegerinnen	11,70	12,10	11,70
Sonstige Lehrer	14,00	14,80	12,60
Seelsorger	16,60	16,80	
Krankenschwestern, -pfleger, Hebammen	12,50	13,30	12,20
Helfer in der Krankenpflege	10,10	10,60	9,70
Sozialarbeiter, Sozialpfleger	10,90	11,70	10,60
Floristen	11,00		6,90
Kellner, Stewards	8,50	8,50	8,00
Kraftfahrzeuginstandsetzer	8,20	11,90	11,90
Friseure	11,90	8,10	8,10

Tabelle 0-3: Maximaler Zeitaufwand der Aktivitäten und relevante Tätigkeiten der nicht-marktlichen Tätigkeiten in der Zeitbudgeterhebung nach Geschlecht

	Tätigkeit	männlich	weiblich
		Zeit in Minuten pro Tag	
Haushaltsführung	Zubereitung von Mahlzeiten	23	65
	Bauen und handwerkliche Tätigkeiten	16	3
	Instandhaltung und Reinigung der Wohnung	27	75
	Gartenarbeit, Pflanzen- und Tierpflege	21	21
	Planung und Organisation	6	6
	Einkaufen und Besorgungen	19	26
Pflege & Betreuung	Kinderbetreuung	9	21
	Sonstige Betreuungen	1	1
Ehrenamt	Ehrenamtliche Tätigkeiten	9	6
	Informelle Hilfe	8	8
	Haupterwerbstätigkeit	158	84
	Nebenerwerbstätigkeit	3	3

Quelle: Eigene Darstellung, Statistisches Bundesamt (2006).

Tabelle 0-4: Maximaler Zeitaufwand der Aktivitäten und relevante Tätigkeiten der nicht-marktlichen Tätigkeiten in der Zeitbudgeterhebung nach Altersgruppen

	Tätigkeit	15–29	30–44	45–64	>65
		Zeit in Minuten pro Tag			
Haushalts-führung	Zubereitung von Mahlzeiten	30	44	52	73
	Bauen und handwerkliche Tätigkeiten	10	12	11	7
	Instandhaltung und Reinigung der Wohnung	45	52	60	77
	Gartenarbeit, Pflanzen- und Tierpflege	18	16	29	34
	Planung und Organisation	4	6	7	9
	Einkaufen und Besorgungen	28	23	26	27
Pflege & Betreuung	Kinderbetreuung	20	41	4	2
	Sonstige Betreuungen	1	1	1	1
Ehrenamt	Ehrenamtliche Tätigkeiten	9	6	9	10
	Informelle Hilfe	9	5	11	9
	Haupterwerbstätigkeit	173	203	134	4
	Nebenerwerbstätigkeit	7	4	3	0

Quelle: Eigene Darstellung, Statistisches Bundesamt (2006).

Tabelle 0-5: Maximaler Zeitaufwand der Aktivitäten und relevante Tätigkeiten der nicht-marktlichen Tätigkeiten in der Zeitbudgeterhebung nach Haushaltstypen

	Tätigkeit	Allein-lebende	Zusammen-lebende Paare ohne Kinder	Allein-erziehende	Zusammen-lebende Paare mit Kindern
		Zeit in Minuten pro Tag			
Haushalts-führung	Zubereitung von Mahlzeiten	49	57	61	50
	Bauen und handwerkliche Tätigkeiten	6	11	5	14
	Instandhaltung und Reinigung der Wohnung	59	61	75	57
	Gartenarbeit, Pflanzen- und Tierpflege	21	30	23	21
	Planung und Organisation	8	8	8	6
	Einkaufen und Besorgungen	24	27	30	24
Pflege & Betreuung	Kinderbetreuung	1	3	45	47
	Sonstige Betreuungen	0	1	2	1
Ehrenamt	Ehrenamtliche Tätigkeiten	10	8	4	7
	Informelle Hilfe	11	10	8	6
	Haupterwerbs-tätigkeit	119	99	153	176
	Nebenerwerbs-tätigkeit	3	2	3	4

Quelle: Eigene Darstellung, Statistisches Bundesamt (2006).

SOZIALÖKONOMISCHE SCHRIFTEN

Herausgegeben von Professor Dr. Dr. h.c. Bert Rürup und
Professor Dr. Werner Sesselmeier

Band   1   Marietta Jass: Erfolgskontrolle des Abwasserabgabengesetzes. Ein Konzept zur Erfas-
           sung der Gesetzeswirkungen verbunden mit einer empirischen Untersuchung in der Pa-
           pierindustrie. 1990.

Band   2   Frank Schulz-Nieswandt: Stationäre Altenpflege und "Pflegenotstand" in der Bundesre-
           publik Deutschland. 1990.

Band   3   Helmut Böhme, Alois Peressin (Hrsg.): Sozialraum Europa. Die soziale Dimension des
           Europäischen Binnenmarktes. 1990.

Band   4   Stephan Ruß: Telekommunikation als Standortfaktor für Klein- und Mittelbetriebe. Tele-
           kommunikative Entwicklungstendenzen und regionale Wirtschaftspolitik am Beispiel Hes-
           sen. 1991.

Band   5   Reinhard Grünewald: Tertiärisierungsdefizite im Industrieland Bundesrepublik Deutsch-
           land. Nachweis und politische Konsequenzen. 1992.

Band   6   Bert Rürup, Uwe H. Schneider (Hrsg.): Umwelt und Technik in den Europäischen Ge-
           meinschaften. Teil I: Die grenzüberschreitende Entsorgung von Abfällen. Bearbeitet von:
           Thomas Kemmler, Thomas Steinbacher. 1993.

Band   7   Mihai Nedelea: Erfordernisse und Möglichkeiten einer wachstumsorientierten Steuerpolitik
           in Rumänien. Dargestellt am Beispiel der Textil- und Bekleidungsindustrie. 1995.

Band   8   Andreas Schade: Ganzjährige Beschäftigung in der Bauwirtschaft – Eine Wirkungsanaly-
           se. Analyse und Ansätze für eine Reform der Winterbauförderung. 1995.

Band   9   Frank Schulz-Nieswandt: Ökonomik der Transformation als wirtschafts- und gesellschafts-
           politisches Problem. Eine Einführung aus wirtschaftsanthropologischer Sicht. 1996.

Band 10   Werner Sesselmeier, Roland Klopfleisch, Martin Setzer: Mehr Beschäftigung durch eine
           Negative Einkommensteuer. Zur beschäftigungspolitischen Effektivität und Effizienz eines
           integrierten Steuer- und Transfersystems. 1996.

Band 11   Sylvia Liebler: Der Einfluß der Unabhängigkeit von Notenbanken auf die Stabilität des
           Geldwertes. 1996.

Band 12   Werner Sesselmeier: Einkommenstransfers als Instrumente der Beschäftigungspolitik.
           Negative Einkommensteuer und Lohnsubventionen im Lichte moderner Arbeitsmarkttheo-
           rien und der Neuen Institutionenökonomik. 1997.

Band 13   Stefan Lorenz: Der Zusammenhang von Arbeitsgestaltung und Erwerbsleben unter be-
           sonderer Berücksichtigung der Erwerbstätigkeiten von Frauen und Älteren. 1997.

Band 14   Volker Ehrlich: Arbeitslosigkeit und zweiter Arbeitsmarkt. Theoretische Grundlagen, Prob-
           leme und Erfahrungen. 1997.

Band 15   Philipp Hartmann: Grenzen der Versicherbarkeit. Private Arbeitslosenversicherung. 1998.

Band 16   Martin Setzer, Roland Klopfleisch, Werner Sesselmeier: Langzeitarbeitslose und Erster
           Arbeitsmarkt. Eine kombinierte Strategie zur Erhöhung der Wiederbeschäftigungschan-
           cen. 1999.

Band 17   Dorothea Wenzel: Finanzierung des Gesundheitswesens und Interpersonelle Umvertei-
           lung. Mikrosimulationsuntersuchung der Einkommenswirkung von Reformvorschlägen zur
           GKV-Finanzierung. 1999.

Band 18 Ingo Schroeter: Analyse und Bewertung der intergenerativen Verteilungswirkungen einer Substitution des Umlage- durch das Kapitalstocksverfahren zur Rentenfinanzierung. 1999.

Band 19 Roland Klopfleisch: Fiskalische Konsequenzen der Europäischen Währungsunion. Die Veränderung des Seigniorage und dessen Bedeutung für die nationalen EWU-11 Haushalte. 2000.

Band 20 Klaus Heubeck, Bert Rürup: Finanzierung der Altersversorgung des öffentlichen Dienstes. Probleme und Optionen. 2000.

Band 21 Manon Pigeau: Der Einfluß der Arbeitszeit auf die Erwerbsbeteiligung von Frauen. Empirische Befunde, mikroökonomische Modellierung und politische Konsequenzen. 2002.

Band 22 Carsten Müller: Existenzgründungshilfen als Instrument der Struktur- und Beschäftigungspolitik. 2002.

Band 23 Stefan Lewe: Wachstumseffiziente Unternehmensbesteuerung. 2003.

Band 24 Erscheinen unbestimmt.

Band 25 Alexander Meindel: Intergenerative Verteilungswirkung beim Übergang zu einer nachgelagerten Rentenbesteuerung. 2004.

Band 26 Jochen Gunnar Jagob: Das Äquivalenzprinzip in der Alterssicherung. 2004.

Band 27 Tobias Fehr: Recht des außerbörslichen Aktienhandels vor dem Hintergrund des Rechts des börslichen Aktienhandels. Das Kapitalmarktszenario für kapitalmarktaktive Aktiengesellschaften, deren Unternehmensführungen und aktuelle und potentielle Aktionäre und für Wertpapierdienstleister. 2006.

Band 28 Stefan Fetzer: Zur nachhaltigen Finanzierung des gesetzlichen Gesundheitssystems. 2006.

Band 29 Oliver Ehrentraut: Alterung und Altersvorsorge. Das deutsche Drei-Säulen-System der Alterssicherung vor dem Hintergrund des demografischen Wandels. 2006.

Band 30 Martin Debus: Arbeitsmarkteffekte des demografischen Wandels. 2007.

Band 31 Jens Hujer: Regionalökonomische Effekte von Flughäfen. 2008.

Band 32 Zulia Gubaydullina: Nicht-monetäre Inflationsursachen in Russland. Eine empirische Analyse. 2008.

Band 33 Jasmin Häcker: Die Soziale Pflegeversicherung: Eine Generationenbilanz. 2008.

Band 34 Christina Benita Wilke: German Pension Reform. On Road Towards a Sustainable Multi-Pillar System. 2009.

Band 35 Stefan Pfaffenbach: Nachhaltigkeit in der Gesetzlichen Rentenversicherung – Was leistet die kinderzahlabhängige Rente. 2009.

Band 36 Anabell Kohlmeier: Die Ausweitung des Versichertenkreises der Gesetzlichen Rentenversicherung. Bestimmungsgründe und Verteilungswirkungen. 2009.

Band 37 Matthias Heidler: Reformen der gesetzlichen Rentenversicherung: Politisches Risiko und intergenerative Umverteilung. 2009.

Band 38 Anna Rosinus: Vermögensdekonzentration und Mitarbeiterkapitalbeteiligungsgesetz. 2009.

Band 39 Gabriele Somaggio: Start mit Hindernissen. Eine theoretische und empirische Analyse der Ursachen von Arbeitslosigkeit nach der dualen Berufsausbildung. 2009.

Band 40 Johannes Kalusche: Ausmaß und Stärke der automatischen Stabilisatoren in Deutschland vor dem Hintergrund der jüngsten Steuer- und Sozialreformen. 2010.

Band 41 Nicolas Gatzke: Public Private Partnerships und öffentliche Verschuldung. PPP-Modelle im Licht deutscher und europäischer Verschuldungsregeln und ihre Transparenz in den öffentlichen Haushalten. 2010.

Band 42 Olaf Weddige: Measuring Public Pension Liabilities in the European Union. 2011.

Band 43 Christina Boll: Lohneinbußen von Frauen durch geburtsbedingte Erwerbsunterbrechungen. Der Schattenpreis von Kindern und dessen mögliche Auswirkungen auf weibliche Spezialisierungsentscheidungen im Haushaltszusammenhang. Eine quantitative Analyse auf Basis von SOEP-Daten. 2011.

Band 44 Jörg Schoder: Theorie und Empirie der Alterssicherung in Deutschland. Eine Bestandsaufnahme zu den Versorgungswegen des Drei-Schichten-Modells unter Berücksichtigung regionaler Aspekte. 2011.

Band 45 Robert Arnold / Angelika Oelschläger / Jeanine Staber: Sozialversicherungsbeiträge und Steuern von Selbständigen und Arbeitnehmern im Vergleich. Bestandsaufnahme und Reformvorschläge. 2012.

Band 46 Sebastian Hesse: Input und Output der Gesundheitswirtschaft. Eine Stabilitätsanalyse der Gesundheitswirtschaft in Bezug auf die gesamtwirtschaftliche Bedeutung in den Jahren der Finanz- und Wirtschaftskrise. 2013.

Band 47 Dirk Heeger: Quantitative Analyse der ökonomischen Bedeutung eines Unternehmens. Vor dem Hintergrund neuer Herausforderungen der Industriepolitik. 2013.

Band 48 Tobias Ehrhard: Personalbedarfsprognose im Gesundheits- und Pflegewesen. Eine berufs-, einrichtungs- und regionalspezifische Betrachtung für Deutschland. 2014.

Band 49 Tobias Benz: Ausgabenprojektion, Reformszenarien und Rücklagenbildung der Beamtenversorgung in der Bundesrepublik Deutschland. 2014.

Band 50 Sandra Hofmann: Einfluss nicht-marktlicher Tätigkeiten auf den materiellen Wohlstand und die Einkommensverteilung in Deutschland. 2015.

www.peterlang.com